U0164169

雲山日記（二）
快雪齋集
孤篷倦客集
京口三山志

陸右丞蹈海録
西征日録
制府雜録
開沙志（一）

陳慶年 編

橫山草堂叢書

④

江蘇地方文獻叢刊

廣陵書社

雲山日記卷下

元　京口　郭畀　天錫

橫山草堂

至大二年歲在己酉正月初一日　拜親　陳菊田來留以酒章子實來留午酌　陳行之來相拉過其家小飲　回謁朱艮卿三酌吳成甫在坐

初二日晴　表叔忌　陳舍人貞空叟來三酌　雪消

初三日泥消　早賀郭元吉會王應夫俞宜中　次回謁章子實乃尊章司丞相接丹徒戴典史亦至　回謁李行簡乃尊提舉公相接　石民瞻來龔子中續至　晚約陳舍人李四乙郎小飲　夜雨

初四日陰　燒土地紙卜兆吉　石民瞻惠筆　訪房春谷時自杭回會陳大師田白雲三酌　李四乙郎立于後門

前邀入其家小飲
初五日　顧子靜來
初六日　章子賓來房春谷後至三酌　子賓約余及春谷到其家小集　大人章君文後至共酌　次同春谷訪李仁卿留酒孫駒山後至　路遇盛季高蕭景玉景玉送至冠子巷南分路
八日早晴　天無片雲　訪堯葵軒會楊古性就問葵軒揀日　孟宅揀大衣羅　訪因勝昂鶴峯長老留飲餅之食薑齋麪　見盛親家看羅留三酌　戈君讓盛子中來值出　楊古性來甘雲卿後至三酌　晚送羅還孟宅染紅
初八日早陰　高子西來章君文續至　焦彥明來　賈仲傑與史來　章子賓來求寫章綵帛宅位牌　東高總管

送屏風四扇求書　施公恕自常州來䌷紙二大幅求畫

初九日陰　出回謁洪天錫　次見孟君澤父子同孟子長回謁高子西施公恕不遇　回謁焦彥明　次回謁戈君讓不遇　同子長造勝果寺顏大師具茶次入方丈華山主煮銀杏小酌有張其姓者帶酒直入予别而出　訪房春谷會田白雲出與子長分路各歸　騎馬訪章子實同到長安店訪牟景陽孔德𣱵演新授臨海主簿自京師來會趙心甫張仲方二山長别後同子實到蕭景玉家茶罷各散

初十日晴　回謁賈仲傑　陳茂叔張泰齋來

十一日晴　洪天錫孟子長來　王竹所來　貴監院來出訪堯子泰爲揀日事會楊趙二兄　見顧子靜知事留

三酌

十二日晴　同謁孟子長乃尊相接會孫湛然　同謁陳茂叔值出　朱艮卿道傍相遇邀茶

十三日晴　盛季高來施公恕後至取竹二紙

十四日晴　春色盎然　同謁盛季高　同陳景南出到市閒看斷酒榜　次同張泰齋禮　次過千秋橋有陳氏子剪紙燈懸于門首紙帶十六條其間作走獸及人物花草極其精妙牽絡處只如絲髮狀用工五月方得辦此　蕭景玉來值出　晚章子實來同出看燈邀至其家三酌步月而歸

十五日　早路學拜殿　訪孟君澤會洪九二哥　陳行之來求作小竹一紙湯秋厓後至行之約余同秋厓出鶴林

門游張祠及西岳廟囘路行之買酒一尊共飲仍呼一老者壓二絃子消遣半日　祭先

十六日晴暖　飯後同仲同弟遊東岳廟　次入靈濟院解后盛季高蘇硯山房仲明同入僧房有一畏吾僧年方二十五卻著江南禪衣游方問道步趨儼然南僧也法姓月章子賓來五酌　晚同朱選卿橋上看月四顧荒城紅燈數點而已　蔡宣使來辭入京

十七日晴　早見袁國梁縣尉不遇范千三郎具茶　次到蔡郎中　趙仲山張仲方來留午酌同登壽丘見本宗主啜茶

十八日晴　蘇知觀來　陳行之相約同出囘湯秋厓禮次同謁張仲方同路行之具午麪　林君昭來約小酌

十九日早陰　趙景明自毗陵遣沈提控來　問候邢竹埜
　趙仲山王仲章來送刻漏圖　夜大風
二十日風作　送書與王榮之家託轉寄　訪陳茂叔會史
克誠　訪孟子長　訪章子實三酌于公右後至傳疥藥
方　在杭時借盛親家鈔二匆今已還訖索回元批本日
扯碎訖　晚訪朱艮卿解后朱元度講命閑坐半日吳誠
甫亦在
二十一日晴　問候潘堯章會陳景南　訪顧子靜　堯葵
軒來待以酒囑揀日事　洪九二哥孟子長來　同長弟
到普照寺看念藏經王提點邀茶會古庭及浙東二僧
二十二日晴　賈仲傑來酌以酒　龍舟過
二十三日晴　安同舍人自淮州同來見三酌　劉二總管

來留以酒

二十四日晴　李行簡來　張廷玉來爲小弟看脉

二十五日雨　送郝仲明書與楊古性不遇　見張仲方亦出

二十六日雨　發張德輝書口盛親寄去　夜大雪

二十七日雪到燈後大作　戈君讓盛子中來

二十八日雪止　立契許神香紙庚戌十二月初一日還訖

二十九日晴　張君玉房春谷來五酌　章子實來

三十日　楊主簿來顧子靜續至袁仲平趙仲山後至　以木犀象棋一副到報親道院別張君玉道判就付陳又新書蓋明日入京陳庵主具茶楊希微出紙求書　送字法與章子實

二月初一日　府學拜殿　耶律經歷下學　師善講書祭如在祭神如神在是早會花提領新任趙古灘大使陳東村歸舍雨作　孟正夫同親保下金壇　滿道判來　龔子中來借王荆公萬言書　焦彥明來　嘉興學正陳汝梅趙茂元來道曹舜咨致意　鄰婦劉氏爲欠陳舍錢託其陳令少緩于取索陳舍領余登樓數酌　訪朱艮卿會范仁卿李司服　阮大舅邀茶　夜雨

二月二陰　四哥生日　小集

初三日　四更同二弟到學觀禮　問候邢毅夫會陳東村乃尊相接　同四哥出見朱敬之　次到張廷玉處取藥

訪章子賓不遇　見趙岳甫大使有客不復進　訪余繼善不遇　訪郭元吉

初四日　章子寶來　倪松巖道録來

初五日晴　出同謁倪道録不遇　見滿道録留茶　到安同舍八家　到林君昭書院　以紅羅錢壹定送孟宅

見龔子中不遇　湖溪趙伯可來待以小集　次同到伯可舟邊姚兄留茶

初六日　早請趙伯可早飯倪松巖同集飯已出游孫硯山園見河間李輔道郎中時爲財賦事產在園中德符堂置局整吏牘　同伯可游口隆寺本長老延數酌　回路訪鄭子美陳茂叔俱出與伯可小市分路四哥同行

初七日　到孫園見陳舍爲修埠糧事　華堯章來　甘露伏首座焦山雅首座同觀本心數僧來求書畫蘭就以墨竹屏風面子與伏兄雅首座號澹雲　安同舍人引戴宜

鄉來見丹徒典史之子也　斗香
二月八日　早夢得一銀盃兩環繫其上掣之有聲而覺蓋
孟正夫自金沙回扣門聲也得曹彥艮書　和華堯章詩
令長弟送去　侍親張祠灶香　次灶西岳行宮香　同
二弟□□□寺　盧元吉來　鄰里醵會爲紀君瑞孫女
不□收淚　趙伯可來值出　晚雨
初九日　趙伯可來待酒午麪　晚見伯可次同見盧元吉
趙五官人亦往
初十日晴　趙伯可相約早飯飯已發書請伏虎林首座引
領作焦山之行虎林聞呼即至是日春色佳麗江靜無風
到山見謙選中維那次入方丈見尊無能長老留茶茶已
領入具酒煮麪坐者余及趙伯可二僧司官伏首座登山

之頂看塔展目眺望次憩于飛仙亭同見雅澹雲首座選中煎魚具酒小集酒盡伯可先睡度不可回先遣諸僕渡江晚陪尊長老虎林澹雲到海門邊看日落一瞬萬頃金波蕩搖可謂奇觀散步而回尊老既別仍送酒果到澹雲房小酌次拉虎林選中踏月上羅漢巖訪福東濟禪房佛燈熒然爐香未過具茗果閑話俯視栖鶻危巢皆在窗下與二僧月下聽江聲倚樹清論久之一洗城市之塵俗也夜宿選中房虎林共榻

十一日　四更鐘動大衆諷經宗性海監寺相約食索麪先赴澹雲首座早飯飯後出紙求書畫　次到庫堂暕暘谷監寺具三盃餅出登寶蓮閣次上江山偉觀樓觀本心侍者引了郎休書記來前在徑山伏虎巖徒弟癯而有文

三山人也同赴性海之約坐客余及趙伯可了郎休雅澹
雲陳暘谷伏虎林謙選中集散游朝宗亭留題與諸僧說
詩氣味相投宛勝章句之儒也　次同諸公入蒙堂訪省
徹堂和尙登小閣設茗果澹雲復約寫扁　性海具酒三
盃後上船虎林伯可同還　方仲思自吳江來見寄蒜山
舅書以金鱅壽麪爲大人壽
十二日　早寫遊山詩寄虎林首座　到孟宅算還紅羅錢
解后常子正　同謁方仲思不遇七姨婆令新婦袁氏
出拜　路遇趙伯可　又遇孟子長同歸至市閒分路
陳東村來送壽儀　雨作　伯可來値出　二弟冠巾
十三日雨晴　寫香狀還七載之前常州心願　上墳
十四日晴　飯後到表叔呂西厓墳所挂紙　伏虎林同瑛

白石侍者來求作廬山詩留一麪　是日二公就和余焦山詩

十五日晴　大人壽日　午閒家宴至晚乃散

十六日　侍大人出見昂鶴峯長老不遇　回路見徐耐翁會劉遵道　趙伯可來辭歸金壇

十七日晴　春暖可愛　見鶴峯偱出眞首座留茶會焦佑之常維那　章子實來李行簡後至　蘇知觀來　暕都寺送素饅頭　騎馬到甘露寺回謁伏首座伏欲具酒辭之余云本欲聽清論耳初不用此爲禮也次入新古厓房晚出寺門望定波門外桃李紅白遠見焦阜樹石歷歷可數蓋江靜無風故耳

十八日清明三月節晴　陳東村來留早飯　楊舍人來

陳汝梅學正自水北來曹謙所致意　陳菊田來　楊叔
義來　午後同二弟出鶴林門造鶴林勝果二寺
十九日晴　約陳汝梅早飯　顏子固自金陵來拜　章子
實攜其子兒奴來求書值出　訪朱艮卿會吳總領聶舍
人　爲章子實書鵲橋仙詞四軸　錢子有來正卿之子
也求書二幅　晚見章子實會于公右　次到丹陽館前
遇王教直學輩　過千秋橋馬上遇高唐劉總管　訪宗
範卿不遇　晚同謁張君遠　雨作
二十日陰　顏仲元來求書　伏虎林遣僧來取證道歌去
到學中
二十一日又陰　陳和父來　晚得張德輝書
二十二日晴　楊叔義張青陽四哥來求牒保充濂溪學吏

送詩與陳汝梅不遇　送德輝書與莫知事乃子保保收　聶舍人來

二十三日晴　早見陳舍人爲埠糧事　會葉子華　薛艮甫來葉子華來同到孫園見財賦劉提舉張都目分付修埠事　孟子長來章子實後至陳汝梅亦至　道沖觀徐知觀來　貴監院來　朱艮卿來取靴　春日清明會事有不如意者悶坐而已　侍大人見汝梅沃已山

二十四日　早聞阮大官人爲酒事到蔡市橋紙鋪問之鬪石民瞻自杭歸就路見之留坐出示摘瓜圖併六朝古鏡待早飯飯罷耦提領來余別而上馬　沃已山來辭歸三茅　陳汝梅來辭歸嘉興

二十五日　邢侍郎李八哈郎中來　盧仲益來借馬

二十六日晴　訪朱良卿　晚見陳茂叔顧子靜會茂叔同謁趙心甫時自杭州歸就問遇事報李仲陽王師善至余馬不及入

二十七日晴　早到路學行辛巳日同仲弟造普照寺禮趙處士本宗主領上新閣具茶　訪朱敬之俞景仁路遇葉子華同行至玄妙觀前王大師具茶會朱信庵　李提舉來值出　送鮓與張君文父子作別　斗香

二十八日晴暖　訪龔子中不遇是日爲岳氏與李宅過禮有幹故也　馬過郎二哥藥鋪解后李行簡具茶　早上城隍祠問籤得不如且守東方祿不久遲遲喜事來之兆見邢竹埜會陳四官人　貴監院來　賈景顥來求作

範圍歌解致　晚回謁景顥會盧元吉
二十九日晴暄　章君文來辭赴長山鹽司丞年老遠官有惜別之意　王應夫學正來　范仁卿來　到孟宅爪羅餞　晚雨大作
三月初一日　游普照寺龍華會新閣上具茶解后陳茂叔
初二日晴　同四哥遊普照寺是日天氣晴暖游人甚盛解后趙岳甫張仲方趙仲山楊有之王提點邀茶　賈景顥送紙求書　陳東村來值出　伏虎林來送焦山諸僧所和詩茶罷伏兄拉出游萬壽寺見謀長老會端都管　顧子靜來
三月三　千秋節早到學行香領衆　見陳舍人不遇　回謁陳茂叔不遇　聞章君文昨日已行見章東叔

初四日雨晴　呂二叔自儀眞來　同口哥出見陳舍不遇　次訪林君昭同游龍華庵惠庵主具茶餠閑話　次同登山岡江山俱可見茲寺不十年而創造已復如此栽種竹樹蒼翠可愛　次同四哥過長橋游南報恩寺寺僧裕兄延茶一新土木舍其舊而别作山門佛殿兩廊壯加於昔聞之歲收米麥不滿三百石而規模若此堂堂郡學歲收四千而爲鼠輩竊食遠不若緇流之盛也令人浩歎吾師有靈何時假我以權出一臂力爲吾徒吐氣耶　晚待呂二叔

初五日　早見陳舍人爲孫七修埠糧米事　呂二叔去丹陽

初六日晴　晝長無事同仲同弟到靈濟寺訪樫古林盛季

高房仲明續至淨監寺待茶　次入登雲寺寺靜闃然無
人門徑雖深窈殿堂卻窄狹　次入永安寺問觀音籤
初七日晴　蔡德甫寄書遣惠老來　寫書寄孟子長問杭
省選事　宗居士來陳菊田後至同茶　參政下朱總領
來求曹山長書爲糴米　晚同仲同弟到楊師香堂問兆
吉　是早五哥渡江之揚州
初八日　新任本路學正吳艮貴來見婺州浦江人也攜至
顧淵白書
初九日　早飯後送吳學正禮上會士友于三鱣小堂　次
見王恩善趙心甫陳茂叔趙仲山石剛中陳副使送吳兄
到其寓所會館客方韶卿茶罷茂叔約王趙二兄及余到
其家具茶茶已乃歸　蘇知觀來求寫茅山記事　常州

葛明甫同錄事司宣差大令似來見　以人事送葛明甫
入北兩見不遇託姜生轉達　方韶卿來　陳和甫來
初十日晴　訪宋艮卿借說文字韻
十一日　十二日　保福大聖院衆比丘尼求午齋
十三日晴　湖溪趙景明遣沈提控送茶來就爲售馬事得
景明書　前本路塗教授令司子履道來自江西　同謁
塗履道於丹陽館不遇　方韶卿來
十四日　塗履道來　袖詩同謁方韶卿　會吳艮貴孟君
澤吳公具餛飩　回路馬上遇雨
十五日　早路學拜殿　馬錄事行香　吳學正講書孔子
曰入其國其教可知也云云　虞琴隱陪講點爾何如鼓瑟
希云云　景明二僕騎馬歸湖溪　高子陽來爲揀日事孟

君澤續至郭元吉續至報新文　貴監院來謝齋　出見
余提點新自平江歸會上官道判余繼善蕭君玉
十六日晴　塗履道來　朱貝卿來
十七日雨作終日　陳東村來
十八日雨止　買舟下湖溪　夜泊珥村雨大衾裯半濕
十九日雨大作　午後至湖溪見趙東湖趙景明昆仲及諸
子姪館客王敬仲書院小酌　晚飯　宿于樓下客房
二十日雨　寓趙宅　景明待早飯　是日東湖令愛接東
宅定禮留宴於書院坐客媒人潘兄子及敬仲　晚景明
留燈議乃事
二十一日雨　寓趙宅　景明早出商議乃事就挽敬仲寫
擇日帖子與常州諸子姪求字法東湖待酒晚飯　夜雷

雨
二十二日雨作不可歸　東湖待早飯　劉仲明相招坐客路司吏陳子野徐巡檢趙東湖余及潘仁卿鄒提領劉仲玉期而不至者景明酒散徐巡檢者與蔣其姓致爭　晚歸景明待飯既出就宿景明長子都官攜酒肴夜酌雨如傾盆　景明令人灼龜

二十三日　雨作　無舟可買溪流如箭　寫詩送景明以四月初三日起程赴處州明善書院山長　午間東湖具酒余及王華甫王敬仲東湖令壻潘兄　潘心月來求書卦牌就浼卜課　晚景明送出又欲具酒辭之話至夜深啜茶三盞

二十四日　飯後別趙東湖趙景明言歸　會葉居竹　次

同景明別劉仲明兄弟令乃子君用送至溪邊上船　午抵金壇縣中壩上水急舟三次上而復下借人夫拽之乃上　學僕蔣興輩來接　晚泊珥村又雨

二十五日　早發珥村堰與水平不勞車拽　午過丹陽練湖水出聲如雷震晡時到家自出路至到家七晝夜並雨

二十六日晴　方韶卿來同大人出見吳艮貴會趙仲山趙茂元別後大人約韶卿同游甘露寺登多景樓上千佛閣伏虎林相延于清虛室小集午麪

二十七日晴　龔子中來　塗履道來　訪普照本宗主留午麪

二十八日　訪盛季高會房其辰房六哥　拉其辰相伴游東岳廟解后沈義方同歸至竹竿巷分路　眞空叟首座

來

二十九日晴　盛季高同萬壽寺因無礙首座來見次陪二公訪朱艮卿借絳帖看又觀許道寧松樹二幅秀潤可愛訪范仁卿不遇　范仁卿周東溪來　次同仁卿到其園採桑　會嚴四哥

四月初一日晴　早路學殿謁　鄭鵬南廉訪下學路學官輩同行會王成之奏差　回謁龔子中不遇　見李提舉會老卒總管趙大使趙子翙辛提舉李提領　回謁蕭景玉留午麪　林君昭來　郎共之孟希聖來値出　盛子中下世時年少而有文可惜

初二日晴　見范提領擬零鈔　李山泉來　修鋪

初三日　燒白龍王香紙　曾照善友二人來上錢修寶塔

佃客劉七二劉七三經省五皆壯夫也不半月皆病死可傷

初四日　房子通自揚州來見留少集　吉州陰陽教授劉心天張君遠來　晚回謁房子通不遇

初五日晴　見范提領不遇　回謁劉心天不遇託楊以吾致意　回謁張君遠不遇　問候盛親家呂姊病　鄰里諸人醵會爲王二開米鋪與錢者王老劉總管令舅何秀才朱舍人妣崇節約十四五人　訪盧元吉閑話久之會陸二哥出門遇林君昭同登龍華庵沈國寶亦至曹首座具茶茶已而下沈兄相邀於鄰家小水亭晚酌數行仍請洗浴及歸已暮　曹舜咨山長孔天隱教諭章共之王叔恭自金壇來歇於後屋　初三日侍大人問候徐五乙郎

令婿㳄見龔子中不遇　㳄見滿道判會史石庵余繼善
觀山谷題彭口口畫魚十幅夏提點物也　連日事有未
就緒者隨事輒忘附錄于此
初六日　早見舜咨天隱共之　張雲心州判經過下訪請
舜咨相見復送於河上登舟
初七日　陳茂叔來　朱敬之來　茂叔就見舜咨會心甫
盛親家來　見盛親不遇盛二哥同出問卜吉
八日雨　會客孔天隱曹舜咨韋共之王叔恭　潘生載酒
初九日晴　以香紙弔徐將仕令婿丁三郎　陳菊田來李
山泉續至　到平准庫見范提領爲換鈔事　宗範卿來
鄭翔遠來　晩見菊田不遇再造乃見　同謁鄭翔遠
祝眞白參政來

初十日　早送丁三郎殯出中土門　陳茂叔來張藥山續至　李仲陽王仲祥張仲方來　宗耆宿來　曹千二郎爲賃屋劉府判來　段知事來　曹舜咨置酒坐客大人孔天隱韋共之王叔恭不期而會者錢正甫茆仁甫

十一日晴　李山泉來待早飯　徐允伯來　陳子野外郎來　李行簡來　普照善友來勾錢修塔

十二日晴　何經師來王竹所續至　陳嫣憫忌日　盛親家來約到其家小集會陸大使

十三日　燒九里紙　孔天隱王叔恭歸金壇　鄰居王道士過門報張君玉道判羽化可惜可惜年三十

十四日　何經師過門留早飯　同韋共之出見龔子中次訪張仲方不遇　共之招飲于范公橋下潘店　過舟

中見段吉甫
十五日　早路學拜殿　朱敬之講書菁菁者莪　石總管下學　爲其之書字數紙　李山泉來　曹舜咨拉出到市樓小飲坐客杜五哥楊壽卿余及舜咨共之　夜共舜咨說詩
十六日　陳舍人相約小酌
十七日　伏首座辨都寺來同見舜咨　何西賓來　聞滿道錄令師孫王監齋羽化往弔之年二十二謙而好學亦可惜也
十八日　早送王監齋殯出青陽門外　金壇李叔恭韋其之來二句復會于舜咨座上欲相約一出余辭之　石民瞻來自杭歸　先曾祖省元忌日　晚陪舜咨出見龔子

中陳君實　次見石民贍會劉府判朱正甫　次見李仲陽
十九日晴　置酒與舜咨午集一麪　同謁李叔恭會蕭舍人見張藥山不遇　李山泉來　晚曹彥高自金壇來
二十日　陳菊田來高子陽續至　趙心甫同令弟趙台叟來　史州判來劉舍人同至袖紙乞書　午延曹舜咨小集侍大人送至河邊登舟　錢正卿相約集坐客曹彥高及余二人
二十一日芒種晴　午共彥高小酌同彥高到高橋修馬鞍
二十二日晴　房春谷來謝道滿道録之意　同彥高孟正夫上普照寺看繡旛二各長二丈餘平江張總管布施者懸于處士堂與知庫待茶　次同彥高上北固山甘露寺

彥高買果一盤見伏首座會惠首座王提點留午酌二僧先去是日本寺接使臣賜金襴袈裟門首就見姚推官回路彥高邀市樓午麪　晚浴罷少涼與彥高路座閑話

二十三日雨　呂二叔自丹陽來

二十四日晴　陳菊田陳靜齋來報新任張教到揚州見

二十五日　陳菊田趙資深來　孟君澤來報杭省選事

二十六日　見張仲舉教授不值　王思善張教二人來陳茂叔來曹彥高相延開尊　同曹彥高袁敬叔游萬壽宮　晚見張仲舉

二十七日己卯　到萬和店見郭祥卿新自北歸授廣德照磨坐上會盛季高章同文同文報余得宗文山長云得之俞景仁說　是早張教禮任往送之趙資深諸公爲欠俸

米阻押解由與王生陪李仲陽輩送王思善歸

二十八日晴　兀坐無口到普照登楚山閣壁上畫松一株

張居士具午麪宗主及數善友同集　趙資深來

二十九日晴　驟熱　曹雲居相請到玄妙觀雲堂後午集

坐客王雲閑曹彥高余及薛雲山潘上座袁叔明集散同

彥高叔明到勝果寺納涼

三十日　陳菊田來陳茂叔後至　徐養石自太平教諭滿

歸相訪　俞景仁來報薪除　見余繼善會東平孫待詔

時塑玄帝像　訪楊石泉　張廷玉來　趙資深來　爲

鄮道判作修靈應道院疏　爲曹上座作化鍾磬疏

五月初一日晴　早到學拜殿　俞景仁高德剛講書　郭

元吉焦彥明來彥明約至其家烹雞小集集散陪二丈到

章同父家分路乃歸　林君昭暘以吾續至　徐卷石來
初二日　早到長巷顧宣使宅送元二朔奉殯出青陽門
回路李仁卿盛季高同入報恩寺覓茶茶已上馬
初三日　王功父來　孟希聖送扇求書　趙資深來
初四日晴
五月五日微雨　祀先
初六日夏至　祀先　到學中會朱敬之何講師　見張仲
舉不遇　見郭元吉會石剛中　薛老來浼見徐吉水借
米
初七日　趙資深來　李山泉來　陳景南來周寬夫續至
曹彥高自金壇來　邢毅夫來說杭省選事　朱艮卿
來　斗香

初八日　范仁卿來待午麵彥高同集　訪朱艮卿會陳菊田吳成甫菊田說乃子山長公賣屋事陳公去後艮卿出香印盤一面作三層刁以香印之如層臺之狀妙物也黃平山司丞自北歸來見　訪錢正卿不遇　晚與彥高聯轡見黃平山　次訪孟君澤

初九日晴　祖母生日壽麵

初十日

十一日　黃平山來並馬出見薛艮卿　次見朱敬之　送平山至小市分路　曹彥高約出小飲

十二日　聶舍人來約出小飲邀彥高同往　是日聞孟子長自杭歸報予得饒州鄱江山長　蔣公秉來　石民瞻來

十三日　早見孟子長問新除　次見蔣公秉新授德清教
諭會房晦叔　曹副觀來求寫清眞觀化鍾磬疏
十四日　楊主簿次子來云歸自杭州攜扇求書　是日會
黃平山陳茂叔
十五日雨　午後上城隍祠炷香曹彥高同行避雨于孟子
長家
十六日微雨　朱艮卿來
十七日　邢毅甫來　孫提領遣華三郎來取書與饒州楊
正卿問缺事　過朱艮卿家借新得香篆看會王道士
斗香
十八日　回謁邢毅甫乃尊相接　到路學會黃平山張仲
舉坐閒聞王思善被軍人捉酒犯禁凌辱于道昨夜已在

逃矣　訪東高千戶不遇　訪郭元吉聞趙德章自杭歸有新聞往見之不遇會堯子泰楊以吾子泰學生高兄求書扇二柄　回謁石民瞻不遇　到余直學家尋趙兄不見而回　到孟鋪買紗送黃平山司丞值雨　曹彥高歸金壇

十九日微雨　陳茂叔主簿來趙德章續至送到饒州路鄱江書院山長省劄待以三酌　陳菊田來　盛季高續至季高歸自常州道乃叔虎林教授致意四月十八日禮任出見毛聲甫新得松江府上海縣儒學教諭省劄亦是趙兄帶來者　訪王山意不遇

二十日　方詔卿來留早飯

賀客　趙心甫　徐卷石　孟君澤　鄭子美　明光甫

毛聲甫　焦義明　陳茂叔　陳景南　房晦叔
以果麵出謝趙德章乃叔心甫相接會張仲方王仲祥堯
子泰牟兄善丹青者　回謁盛季高值出　方蒜山次子
祐大師自吳江來見
二十一日雨　連日天氣涼甚可衣袷衣　孟子長教諭來
石民贈寄所和詩來
二十二日晴　洗衣　金壇蔣興來寄至孔天隱書　訪張
藥山　回謁孟君澤父子　次回謁祐大師于方七姨家
回謁焦彥明時長弟同行　訪朱敬之會章同父　回
謁陳景南　于君璧來求乃兄楝塘挽詩　龔子中來
二十三日　回謁鄭子美　次見陳茂叔過朱艮卿門留茶
石民贈續至閑話久之　回謁龔子中　會李行簡　次

訪陳簪林　陳和甫來　蔣興取回書去　伏虎林首座
來值出不及接
二十四日　寫岳祠香狀　張仲舉教授來待羊飯
二十五日　石民瞻送紙來寫所和詩　盛伯眞邀午集
伏首來求書受戒文　赴盛伯眞席坐客丹陽黃壽卿偶
師得郎希顏伯眞季高賢昆仲期而不至者石民瞻李仁
卿
二十六日　濕熱　蔡松江自廣東英德府歸經過下訪
陳景南來　孟子長來求送行詩
二十七日　侍親上岳祠炷香　倪性堂來　邢竹埜來
朱敬之來待午飯　林君昭來　斗香
二十八日　早約盛茂實林君昭早飯飯已同二公上次到

報親道院　次訪羅秀夫不遇回路盛公邀午飯　李行簡同洪舍人載酒求書余已醉矣乘興作大字二紙客乃去

二十九日　飯後訪郭元吉留坐門首看神會徐卷石盛八四哥陳二哥布舍人曹克明令舅俞秀才同集午麵

六月初一日　約盛茂實渡江　路學殿謁　到茂實家就手三酌同出解后雷將仕邀早飯飯已行至西津有人追逐報盛茂叔乃尊歸遂不得成行時暑熱可畏過金山少憩僧窗數酌而回

初二日　早起騎馬到江上盛茂實後至登舟絕江瓜洲換船會劉舍人巨川之子　楊子橋午飯　午後至揚州歇行李于茂實鋪中　訪裴君得相邀小樓共飲坐客余及

茂實蔣善輔裴蔣二公求書　是夜就鋪中宿多蚊不得寍寢

初三日　早茂實邀洗浴市樓早飯三品孟一哥同集　飯罷趁舟抵邵伯　換舟晚至高郵　是日行舟兩邊淺水皆紅白荷花行數十里不斷亦一奇也舟中有章武殿果大師者同宿舟中是夜雖熱郤無蚊

初四日　早趁興化船載雨而行船中客多相與促膝而坐二溝買飯晚抵興化登岸解后鄉人俞七哥引至詹廉訪宅相見會劉巨川陳總把詹公令婿王時中令子詹德潤待晚飯留宿遇晚蚊極多揮逐不少退比之江南之蚊既大且觜利夜眠不敢揭紗帳也

初五日　寓興化詹宅　早投書與詹公　看況肩吾逵所

畫山水況廣西廉訪司書吏也　黄仲文來鄱陽人也前興化教諭陳升甫縣尉劉巨川亦至詹公相留小酌坐頃就問黄兄鄱江事體　同巨川時中出游開元觀道士彭南溟相接正殿塑玄帝人言兵燹時本縣寺觀多焚蕩不存獨此殿歸然有欲焚之者鋸其柱流血梁間光彩發露畏之而止具以茲事刻之柱間事之是否姑勿論特彰神靈耳余亦作禮而出　次登縣前譙樓此非通都大邑覺規模少隘而縣官如詹雲卿劉漢臣王之芳三縣宰後皆爲御史亦一盛事也　次游城隍廟有畫師王景山作鬼神二堵差得　次游寶嚴寺觀新塑佛像　次訪許桂巖俞七哥

初六日　寓興化詹宅　早訪黄仲文出所著理學源流圖

大率祖濂洛諸儒語耳　就見胡子貞臧子玄子玄子貞之妹婿也

初七日　許桂巖來同出到縣學揖　先聖見教諭李景恭陳總把載酒劉巨川同集　晚同王時中赴桂巖俞七哥之約　觀詹公所藏書畫

初八日　陳千戶來因識之　晚同臧子玄胡子貞游義阡寺次訪醫士李恆甫　觀歷代聖賢圖

初九日　寓興化詹宅　胡子貞送紙求書

初十日　寓興化詹宅　胡子貞置酒集於德潤客位坐者詹公余及黃仲文李景恭趙伯潛主人　時中求書

十一日晴極熱　李景恭趙伯潛二公置酒坐客即昨日諸公　晚同王時中李趙二公造義阡寺長老密隱峯待茶

瓜云數年前曾于本宗主坐上相識云暑氣在在皆然雖行野外亦無涼意

十二日　寓興化　詹德潤置酒亦昨日諸公但添龔子芳子芳子中之姪也居於高郵集散陪諸公到全眞道院有梓樹四株坐于其下以待風涼爲趙伯濳寫飲酒詩二十首

十三日　爲詹公畫英石石不滿一尺許高六七寸奇怪特異若神剜鬼刻無一點釜鑿痕也畫就招畫師王生來看仍取椰瓢酌酒至午已醉　晚同龔子芳臧子玄許桂巖訪李景恭于縣學會黃趙二公以隻雞斗酒席地而飲飲散各歸

十四日　寓興化縣　劉巨川新醅初熟味頗純美早擕一

壺來與詹公共酌數行　午閒劉公燒二舰載酒共飲坐客余及黄仲文李景恭諸人飲罷胡子貞妹婿臧子玄呼小舟約余及龔子芳徐昇之游荷花蕩趙伯潛同往少頃詹公父子劉巨川掉小舟亦至盤桓片時入義阡寺寺主具酒味不甚佳復登舟採蓮時日落風凉衆客多折荷葉作盃傾酒不善飲者輒爲酒狠籍至月上乃還　是日甚樂但多蚊敗興耳

十五日　寓興化詹宅　本縣宣差暗都剌同邢典史來詹公置酒食瓜餡　晚與詹公坐橋上風月頗清剖瓜酌酒

十六日　爲詹公書大字　午酌

十七日　寓興化　每夜酷熱出汗如雨興化之蚊既大且

蒻利露坐閒著人如撒沙土然　晚巨川約至縣學乘涼
晚酌李口臧黄同集
十八日　寓興化　胡子貞李景恭王時中諸公相約到縣
學口黄仲文綵帳　晚熱不可當詹公撑船入海子乘涼
亦爲蚊所窘又復罷興　是日詹公出古銅敦上有銅馬
字兩行曰賢伯長宜子孫擊之有聲
十九日　胡子貞家早飯　夜雨少涼
二十日　爲王時中畫蘭　龔子芳臧子玄約于開元觀納
涼次造四聖道院約徐東溪徐昇之同余五人訪劉東庵
諸人醵飲門見荷花至暮乃歸　是日到縣治正廳扁曰
景范堂蓋文正公作宰于此云　晚催德潤辦乃事
二十一日　寓興化詹宅　劉巨川來共午飯　龔子芳徐

昇之買紙求字墨竹
二十二日　與詹德潤文字　詹公烹鵝爲余送路坐客余及胡子貞　邢典史來　爲德潤書韋蘇州詩一卷
二十三日　阿伴總領交鈔　李景恭趙伯潛知余將行送乾魚十斤攜紙一束求書畫　邢仁卿典史求字坐屏畫竹仍以雙鵝石麪酒樽爲送留李趙諸公假尊
二十四日　寓興化　今日滿擬登舟忽雨大作終日不止又留一日　徐東溪善傳神者攜紙二幅求竹　胡子貞以口字小書爲贈求題温上人蒲桃并畫竹　爲詹公畫古木二軸畫已收拾行李
二十五日　早别詹公父子以椰瓢端硯相送復令王時中雨中送至河橋忽爲宣差拘船捕蝗託王時中到縣衙分

付乃得行　是日徐昇之龔子芳二公出船錢捌千晡時至高郵府同龔徐二公游東岳廟歇行李于龔子芳宅晚涼一浴覺神思頗清比之興化更無蚊穩睡至半夜滿牀月色

二十六日　留高郵府　早龔子芳同出游天王寺訪海長老觀新起之閣子芳待早飯飯已同到府治過濯纓橋次到府學揖　先聖學後有亭曰愛蓮錢渟父書也後有文游亭燕五峯書陳茂叔建傍祠塑孫莘老秦太虛像次同子芳𫎇樓問茶　次過畫史張心鑒門問是鄉中八留一茶出所畫閑看　次到徐昇之家昇之他出出門解后龔子翔山長說十三年前相會時事攜登西番佛刹臺殿偉甚子翔拉余到其家具午集出示徐熙畫紫□□牛

并書畫數種仍買紙求書十餘幅三子侍側長曰立夫小者曰伯牙兀夫其次忘其名也集散子翔送歸子芳家子翔所居曰仙居坊前有玉女井云　徐昇之相尋不見送猪頭麵餅　晚子芳烹鵝共酌立夫攜紙來求書子芳令弟同集子芳月溪之子也署中延客禮意甚厚

二十七日　早子芳相送出高郵城外登舟舟中早飯　午抵邵伯換船　雨大作不可上岸冒雨趁航而行湫隘之甚舟中皆匹夫無可語者郤喜風順晡時至揚州見盛茂實同到浴堂洗浴回到其寓所具酒裴君得亦至共酌宿于鋪肆中

二十八日　早裴君得陳仲明邀余及盛茂實市樓共飯飯已到通泗橋登舟舟中一僧曰普和尚金山禪僧也又一

客曰安奏差云是于參政門人差可與語午後抵瓜洲渡
江風濤可畏抵舍日猶未西
二十九日晴　洗衣
七月初一日　早路學拜殿　鄭鵬南僉事高唐劉總管新
官下學登堂聽張教講書儼如北方道傍之小說者斯文
埽地一至于此可勝歎哉可勝歎哉　余時與同歸到舍
下共茶　王四坊正者來喚蝗夫　見陳茂叔同上府見
段知事分付蝗夫事喚蔣子東省會放免　郎共之孟希
聖來　張藥山來　高子陽來　到張千戶家送小百戶
所寄之錢　訪郭千戶
初二日晴　出見高子陽　次到孟宅問綾　次慰章子實
乃尊君文司丞殁于慶元長山鹽場　回謁孟希聖郎共

之　訪焦彥明龔子中　曹彥博自安口賣米歸寓于玄
妙觀往訪之就拉曹雲厓到舍下小集
初三日　同五哥訪郭千戶商量買絹　到孟鋪下買綾定
錢　同五哥到沈宅　曹雲厓曹彥博來相約午間會于
玄妙陳和父來到玄妙東廊乘涼曹雲厓具午集予及彥
博潘玉溪道士同酌　西廊邊亦坐會蔣竹坡高士坐頃
方韶卿亦至剖瓜茶各散
初四日晴　寫書發王二過揚州銷金　到學中會張仲舉
朱敬之于公右方韶卿陳子南張藥山盛君錫何明二生
會聞口方老求齋發事二直學二司吏亦口　訪東高總
管陳茂叔口出　訪孟君澤父子
初五日　方韶卿來辭留飯　陳靜齋來范仁卿續至　陳

菊田來　林君昭來

初六日　訪盛親家公託買物不值　曹千二郎來　祀先

約盛親午集付鈔五笏上杭州買物

七月七晴　送染錢與孟宅　林君昭蔣君楚來　謙選中

維那來相拉上甘露寺攜魚酒酌于虎林首座房酒雖不

多味極厚數酌徑醉　龔子中來值出

初八日　侍親見茂叔爲許生事　次見段知事□□留午

麪會□用□見劉府判道詹廉訪致意　同謁陳靜齋會

陳子南　同謁張仲方會青陽四哥探問張仲舉不出

見郭元吉待茶瓜　訪堯葵軒不遇

初九日　早楊達道自金壇洪墓來同蕭君益相訪君益相

邀余及楊兄早飯于市樓　次同二公見孟子長教諭盞

楊君新授丹陽縣小學教諭與予長爲同官　次到學中
會張教堯葵軒周石二直學張藥山盛君錫　爪郭千戶
絹錢不遇留其錢分付乃妥　訪房石□　同謁陳菊田
　邢毅夫來毅夫新除饒州雙溪山長聞之與鄱江相去
三十里他日赴任庶幾聲跡相聞亦一美事　作書招楊
達道來日早飯
初十日晴　早邀楊達道早飯期而不至者蕭君益　堯葵
軒來　本宗主送位牌四座求書　邢毅夫來
十一日晴　送所畫山水與伏虎林託轉寄謙還中
十二日晴　東高總管來　孟子長同張福□來　訪徐耐
翁朱敬之李山泉趙貲深
十三日晴　滿道錄來陳茂叔後至邢四哥亦至二公去後

留茂叔午麪　訪本宗主會顔知事留茶瓜
十四日晴　早見毛聲甫爲趙生闕省劄錢事
十五日　早路學拜殿朱敬之講書七月陳王業也同堯葵軒先散　祀先　毛聲甫來　郭元吉來　張鄉司來告齋發
十六日　陳茂叔來　周寬夫來
十七〻　到孟宅問染　過郎其之藥鋪乃□□湯戈君讓同集　訪陳饗林
十八日晴　石國寶知房來請來日公宴
十九日天壽聖節　路學隨班　公堂錫宴三品　范仁卿來爲照籍事　龔子中來浼書二籤　章子實來謝　戈君讓同焦鄭毛三令史來見

二十日喜雨　范仁卿來求保牒待午麵
二十一日雨　常州蔡德甫遣惠老寄書來爲道日事
二十二日雨　到張敬之家付詹德潤所寄平江書信　早發惠老行　到路學會石周二直學張盛二教諭張仲舉陳茂叔是日爲分付蕭令史埶范仁卿文書　次與茂叔分路歸細雨過橋滑甚
二十三日　曾祖妣楊氏太君忌日祭祀　訪俞景仁病瘧自杭歸問彼中事體　次到玄妙觀見房春谷會曹雲厓茅存庵陳大師戴居雲　李行簡來　訪蕭景玉借綳子乃知夜來弄璋之喜　訪朱艮卿
二十四日　曾祖省元忌祭祀　訪陳茂叔　訪孟子長雨作濕熱

二十五日　訪陳茂叔　次到學中問范仁卿文書會張教朱敬之陳和甫周直學蕭學司　孟子長來值出　晚曹彥博至目金沙留歇

二十六日　陳茂叔來　趙伯可遣王提控寄書來早飯以茶麪見本宗主稿土木之工　見王伯玉知房　邢竹埜來

二十七日

二十八日　早送孫子明閣中盛氏殯出鶴林門

二十九日　早到錄事司見王伯玉　次訪陳茂叔不遇顏提點來

三十日　蕭雲心送扇求畫　見堵濟川不遇　見龔子中會呂幹臣書吏章子玉典史顧漢卿奏差　蔡古梅來

李行簡來
八月初一日　府學拜殿迎接不講書　堵濟川章子玉周
謙夫來　范仁卿來　薛正叔自龍興歸來見　鄭子美
送紙求書
初二日　到錄事司　陳東村來　高子陽來　蔡古梅來
余與曹彥博留午麪　到孟宅爲絲帛事解后蕭景玉就
以所畫扇還之　到潘庵主道院還結子　到郭元吉先
生家以鈔十五兩託轉送與趙德璋還關省劄錢　到七
姨家尋蒜山乃子不值　俞和甫鍾國寶來見彥博同余
晚酌
初三日雨　朱艮卿來借大字筆　爲鄭子美畫山水寫梅
花賦　陳秀才來　陳大師來

初四日　早到録事司見陳典史　同謁蔡古梅不遇　同
謁薛正叔不遇　蕭景玉來范主一舍人後至曹彦博亦
至　同彦博到普照寺同謁興提點不遇張居士錢善友
領登新閣具茶　晚同彦博見余繼善　次同謁范主一
不遇乃伯仁卿相接　陳茂叔來留午麪　楊友之主簿
來
初五日　到録事司换牒　郭總管來　見陳菊田賀新遷
同謁朱艮卿　余繼善來　是日録事司見陳典史王
伯玉孫君得
初六日　陳媽忌日祭祀
初七日丁巳　五更路學陪位祭　先聖先師　見范月觀
提舉時自湖廣來將赴北爲解納書籍之行　會客鄭子

美曾彦博湯定一秀期而不至者朱良卿
初八日　請陳大師來穿珠冠　趙資深來陳菊田朱敬之
續至盛伯貞令子亦至同茶　晚見范月觀提舉付文書
次見陳三舍人新授營田提舉
初九日晴　趙伯可遣王提控寄書來爲道日事　到錄事
司同五哥出見張廷玉不值　次見堯葵軒擇日　買金
紙解后沈國器邀茶　到孟宅催綾緞　鑽魫冠只用火
燒鍼攜往匠者鑽之巧言索錢甚多小人趍利一至于此
晚見俞景仁　同謁朱敬之　趙資深來求保牒令見
響林同作保狀
初十日　早送椀盞孫千二提領殯出中土門　陳提舉來
小酌　同五哥見張廷玉候脈取藥　張福四郎來修堂

後門限裝修書院窗子通作三間

十一日雨　曹千二郎來道孫同知致意見留眞州明日登舟不果見也時自黃州任滿云　五哥熱嗽走馬尋張廷玉遇諸塗拉同舍下用藥

十二日陰雨　盛親家自杭州發花朵冠盏口物來者

十三日陰　張泰齋來爲小弟看脉并求詩

十四日陰　早到館驛前聞潘御史到解后蕭君益同造隱居藥室共茶　鄭翔遠來　見茂叔値出　到學中見陳教石剛中朱敬之等聞之宣差出屋　龔子中來說浙東近聞　回謁鄭翔遠以字二幅還之　晚曹彥博相招余及景德長陳三哥同集德長善吹簫酒邊作數曲可聽

十五日　早府學拜殿　潘御史何萬戸劉萬戸蘭溪宣差

石總管宋同知高唐劉總管等官下學解后靳弘道知事

是日庾琴隱講書　靳弘道來　曹彥博議花氏之親

相招小飲坐客予及曹雲厓陳孟二兄　茅六官人遣外

孫惠柿子　孫七自沙上來

十六日雨　早到館前　次問蕭君益免役之文　次見陳

舍人問石灰　曹彥博下定相招坐客余及曹雲厓陳西

巖孟正夫仲同弟是日袁叔明來自金壇報李伯康抵此

借屋歇行李余諾之

十七日雨　表叔呂四一教諭忌日祭祀　李伯康來會于

客位

十八日風雨　焦山寶都寺謙維那來　夜雨

十九日雨　以詩送別曹彥博并託買羊會李伯康袁叔明

雨作驟寒

二十日　先祖朝奉憫忌祭祀　以詩送還張泰齋父子會堯葵軒　問候羅宣慰會宋同知堵濟川童子玉出門解后楊有之趙岳甫　到孟改之鋪中會高子陽　到學中無人乃出　訪范仁卿乃知提舉公十七日起程赴北矣烹雞留午飯招客李伯康袁叔明　同謁伯康到蕭譯史宅不遇

二十一日晴　見王伯玉不遇　艾主簿來　陳靜齋來

二十二日晴　俞景仁來謝昨日禮上直學　陳菊田來陳叔後至　堯葵軒來朱敬之續至

二十三日　張藥山來　早得曹彥博書　見靳弘道不遇

晚發官保下金壇齊免役文字與本齋東湖天隱

二十四日　早雨中饒州李山意相訪話鄱江事　訪菊田
菊田來同出見陳茂叔議斫墳木事　還過杜五官人
門首解后盧千五郎同茶　李山泉來
二十五日子時九月節晴　早到錄事司　張仲舉來　曹
彥高自金壇來袁叔明具晚酌　趙宅王提控來
二十六日　到學中押保張仲方闢子轉申總府陳菊田解
后于學中同出行至京口壩上丹徒縣尉司前相陪道墳
木事　以申狀與張仲方不遇　二十五早見張仲舉會趙
資深張公留蒸餅　晚見陸洞之　景德長來　李伯康
蕭舍人來　李山意袖紙求作蘭竹　訪高子陽
二十七日晴　金壇趙君貿茅叔叔來　上城隍祠卜籤
李山意來　晚李伯康蕭舍人趙茅二兄具小酌集于後

屋

二十八日晴　陳菊田來　訪靳弜道不遇　龔子中來

二十九日雨　李伯康袁叔明辭歸金壇

九月初一日庚辰　早到路學石侯拜殿　張教講書鄙俚之談不可聞遂出　生日壽麪　發請期儀物往常州

小酌　晚見陳舍人爲石灰事　會楊三郎員首座烹魚

小飲　新濂溪山長苗懷德同張仲方來見寄至吳江万

教書

初二日　辛巳好日　路學拜殿　同茂叔到濂溪書院送苗懷德禮上會諸士友欲送仲方歸以馬滑不敢前也

青陽君輔來　戈君讓景德長來説明日焦彦明禮上淮

海小學教諭　冏謁龔子中相留數酌午麪趙心甫續至

初三日微雨　早到淮海送焦彥明禮上會休寍典史張德明王仲祥童子玉蒙古朱教授及諸公常州請期
初四日　李行簡來　擕香紙弔房文一官人大令愛　晚見陸生不遇　次到倉前尋趙宅船
初五日　同長弟到王庫　趙心甫張仲方來　還李四郎口錢　周寬夫來　陳靜齋來　早到錄事司　午後二走卒至
初六日晴
初七日晴　早到錄事司　寫聘儀啟狀
初八日晴　到孟宅取紅斑及雜物　曹彥高歸金壇
九月九晴　王主管來酌之以酒　祀六神　午後趁湖溪趙宅船載聘儀下金壇仲方弟及諸僕同行舟中有妝金

黃待詔　帶月夜半宿丹陽

初十日晴　早發丹陽晡時抵湖溪見趙景明及趙伯可昆仲　景明留晚飯宿歇

十一日晴　寓湖溪趙宅　早景明取聘物看過令閽逐一點對整頓　午間寫禮物狀　景明具酒午集坐客水北潘子秀余及王敬仲仲方弟趙伯大　趙東湖自縣中歸劉仲明續至茶罷仲明拉至其家觀新起後堂九間穿堂三間書院內具酒晚酌坐者潘子秀趙東湖余兄弟　去歲余作竹石於仲明書院石民贍題其上飲罷陪東湖踏月而回

十二日晴　景明待早飯飯已粧船二隻陪景明往常州一舟載諸僕及聘儀一舟景明及余兄弟共之是夜泛白鶴

溪月落浩然如白日也景明烹雞具酒舟中小酌比住舟時已夜半矣宿道士橋
十三日晴　四更行舟　午前抵常州　余到學中見盛虎林先生　景明到錢府　仲方弟將聘儀到蔡德甫家見盛先生相接一年之别如轉首也乃子季方乃親二施兄出見具小酌晚飯留宿于教授廳　燈下出示伯時人馬精妙圖四騎作走射狀生氣活動又出舜舉倦繡圖伯幾詩卷及陸寶翁手帖
十四日癸巳晴　趙景明仲方弟發送錢府聘儀　寓常州路學盛教授廳　盛先生具早飯飯已借馬同盛季方游玄妙觀看新起三清大殿偉麗可觀　次見李叔敬待小酌李兄鮮于伯幾之外孫也令余受禮　次到尼寺看子

昂古木　同歸寓所趙景明蔡德甫在坐德甫不知予到
此也景明相報已收聘禮中有多荷景明維持是日二公
辦事小倦借馬送歸　晚盛先生待酒蔡德甫載酒肴來
共酌蔡公去後余與盛先生對飲至二鼓　是日盛季方
出紙求書
十五日　常州　費剛叔來見　陳亭甫學錄陳道夫教諭
周若虛張玉田章德遠來　景明來商議姻期數事議已
作別登舟蔡德甫送別于學前車二堰　晚帶月宿柵口
小舟容席坐臥不便所賴者天晴若風雨則不可
十六日晴　早發柵口　午間到家已上出外八日並喜天
晴
十七日晴　早送河三官八母氏殯于登雲門　訪陳菊田

不遇　訪滿道錄　訪郭千戶不遇　回謁焦仲明　回謁盛季高不遇乃姪相接　訪湯秋厓留小飲蕭君益俞韶卿續至續尊共飲及暮乃歸

十八日晴　湯秋厓來取荔枝合齒藥　元復初文學齎擎詔書經過令人相請走馬至丹陽館見之會眾官　次陪元公見竹眞伯參政同行者姚推官劉經歷宋提領靳知事　□人上馬送出南水門余以步行不可往故止之　楊有之主簿來陳菊田續至小酌　夜風

十九日晴　驟寒可挾纊　早到錄事司吏輩不出閭子者在　回至府前解后趙心甫張仲方許桂巖同張趙二兒到林耕甫紙鋪一茶　見陳茂叔　歸家飯後出見陸動之不遇　訪張廷玉會松江陸悅道紹興錄事曹彥卿朱

元度　馬過郎共之門首解后堯葵軒王芝山共茶　李千戶林千戶王聖保來為王子琪墓牌事　哈班郎中陳茂叔來

二十日晴　驟寒　孫君得來　寫關文為貢德成屋事到學中見張仲舉乃子張國祺石剛中蕭學司　以文書二册還陳茂叔三匀乃婿徐舍在坐馬過忠祐祠門遇孟君澤問乃子丹暘近況待三匀洪者宿續至　以路學申牘見馬彥寶外郎　次見張仲方不遇楊以吾相接　晚見朱良卿會陸靜居吳成甫　曹彥卿來

二十一日晴　薄寒

二十二日晴　見陳舍人會來舍人三酌分付孫七事　以手卷送七哥宣差赴武進宣差　訪林君昭館主沈國寶求書大字邀入巫氏園庭小酌　晚訪郭千戶　次見陸

洞之　陳景昭干路學求米作書託添力
二十三日晴　早見王伯玉　次到方七姨家送方大師入
情　寫盛元仁先生書七哥宣差三匀　會陳舍人同出
到陳舍處三匀　孫君得來
二十四日晴　訪靳弘道知事　次見孫吏目不遇　到學
中公堂與直學輩坐久之　訪陳茂叔　訪李總把留數
酌
二十五日晴　早到總管府見馬彥實　到録事司　飯後
到學中見張仲舉次同仲舉見茂叔不遇　次見東高伯
昇總管張公先去　高侯留坐求書素屏風哈班郎中高
唐劉總管陳茂叔同集具午飯　李行簡蔣用和來值出
孫顯卿來值出

二十六日晴　苗懷德來青陽君輔續至　茅六官八大令似來　訪菊田以易簡方還之
二十七日　出見郭元吉　次見張子新　次見曹彥卿不遇　到方七姨家見祐大師　訪章同父會章帥幾就付謝趙景明書　見王伯玉議乃事　次到千秋橋陳書鋪門首有北客出書數種賣下馬一觀解后張輔之　夜風雨
二十八日雨中侍親老上墳
二十九日陰　陳靜齋來　早約盛親家陸大使午集　次約陳東村二酌
三十日雨　陳東村來謝筵　王二王七皆王子琪知事之子也以松木大牌求書乃尊知事墓扁擕酒肴至時趙心

甫相訪同飲　王二議姻　盛親家送斜皮韉材併京棗一合
十月初一日　早雨中路學拜殿　張教諭書余入淵源堂與石剛中輩少坐不及詳聽
初二日雨　滑不可出　陳茂叔來錄示新文　章同父來青陽君輔來言新得本學小學教諭　余繼善作書借馬鞍不及應命　爲謙選中作山水枕屏　陳景南來
初三日　早出見張子新爲閏子事　次見曹彥卿　肚餓急歸　到錄事司見王伯玉　見陳東村會蔣用和　同王七哥禮煎魚小酌　訪孟君澤　李仁卿來　孟良卿送貢德成房屋府帖來值出　晚以府帖送與孫君得王君德邀茶

初四日晴　薄寒　陳總管來　訪亙卿會石剛中　東高伯昇總管郭千戶來陳東村續至

初五日晴　謝盛親家不遇　訪滿道錄　陳典史借馬雲谷來求書

初六日晴　馬彥賓眭君玉二人來求書樓扁曰心遠留早飯乃去　同小弟見蔡炳三哥不遇　過郎芸之門留茶次見張泰齋會邢子正北方之醫者泰齋爲小弟診脈到蕭令史家分付府劄乃尊相飲　到學中請二石直學分付俸米事　陳行之相約小飲　次請洗浴

初七日晴　官沙小牟來　謙選中同萬壽先維那來取山水小屏去　斗香

初八日晴　陳菊田來作山水

初九日　李提舉來　滿道録來　到高橋　到學中會直學輩茲到甘露寺下問羊　次登寺訪伏虎林首座煎麸小酌　送鈔陸拾交還盛親家公煮蠏三酌吳三哥小弟同集

初十日晴　早伞伏七來領去買羊錢伍拾貫　到録事司見王伯玉爲貢屋事司存坐久候墊文書　訪本宗主教化國公下世普照擅鐘　同季弟見童子玉問祭羅老事次見堯葵軒解后楊有之主簿

十一日晴　取染　買紙

十二日晴　早同季弟到五條街看羅都水出殯　到路學尋蕭君谥分付鈕佃租事次見王伯玉送弔挂四紙山水獨幅　陸靜居同知來以獐猿圖典錢酌以三盃　晚見

見俞景仁言俸米事路遇盛壽一哥邀小酌以酒惡辭出
十三日晴　早到馬市見松江衛山齋治中會童子玉王宣
使　到學中爲鈕貞二欠租事關學追徵見張教會陳東
叔楊古性及直學輩　訪東高總管會哈班郎中亦剌馬
丹千戶李總把林百戶魏仲素都目　訪孫顯卿不遇
訪艮卿會范仁卿相嚴二兒　范仁卿來　伏首座來寫
中峯和尚叢林說　同季弟見張廷玉候脉　次見蕭景
玉會顧宣使
十四日晴　陳行之送羊　邢毅夫來　訪菊田艮卿　房
共辰來　趙伯可自湖溪來歇于客位
十五日晴　早路學拜殿石總管下學　俞景仁直學講書
日俞教諭非名正言順之義　待趙伯可早飯　先妣憫

忌日祭祀已到墳所燒紙　陳元吉典史來石民贈續至林君昭攜手卷三種來爲亟兄求題　孫顯卿徐威卿來二公皆軍中吏目　到方七姨家欲送保住學裁縫

十六日晴　陳靜齋來　趙心甫張仲方來　曹彥博來自金壇亦歇于客位　到路學發饒州儒學闕文照闕期會章子實同到倉前尋錄事司吏輩　晚同趙伯可曹彥博登普照寺閣錢知庫待茶季弟同行　晚以一尊待伯可彥博

十七日陰　到學中過教授廳見張仲舉會趙心甫張仲方時菊田同行

十八日晴　出見張廷玉不遇　次到王仲祥家見張仲方先到淮海見趙心甫不遇乃子相接　與趙曹二兄夜

話　送闕文與君益
十九日晴　祐大師來　見張仲方索墨竹會李仲陽王仲祥趙心甫　訪廷玉又不遇長弟同行　陳行之約飲于潘店至晚乃醉
二十日陰　滿天雪意同伯可彥博聯轡到萬壽寺訪謀無略長老　次訪因無礙首座出所藏書畫閑看　米老墨跡一冊計四幅　米老書琴詩潛乎無味中指下淸音發□□□□□空山墮涼月歸尋英光集撿之不見　東坡墨跡　參寥子書東坡海棠詩後有辨才師及李方叔廌題跋三公字跡皆學東坡　圜悟禪師墨跡　張孝祥墨跡　陸放翁帖近世溫上人能畫蒲桃者作字師放翁　參寥子書海苔古詩　吳道玄涅槃圖羅漢九人作涕淚

悲泣之狀看已上馬　到因勝寺訪昂鶴峯長老留五酌訪陳子野外郎延坐園亭小集坐客金壇李副使余及伯可彥博

二十一日　陳菊田來　出見張仲舉教授　長興丁君耀來取鈔二十五兩　會客陳子野趙五官人趙伯可曹彥博陳行之湯定一哥

二十二日　早伯可彥博賦歸及余起時已上馬矣　金壇趙君質來寄章共之詩　陸靜居來三酌

二十三日雨　湯定一哥歸金壇付王敬仲書　盛親家雨中相招坐客陸大使余及周二官人杭州王一郎

二十四日晴　出到學中　次分付夏姓納苗　訪孟君澤五條街解后茅六官人孟希聖相邀小酌　訪焦彥明

二十五日　先叔忌　孫君得來說許生被箠　訪陳茂叔會哈班郎中　次到府前問折白米事　楊達道自洪墓來　送米

二十六日　送米五石五斗與夏家納苗　到學中　訪王提點留坐久之看江西晏生雕觀音　訪邢竹埜　陳無逸教授赴澧州新任同乃親趙煥道趙心甫過訪留飲至暮

二十七日　楊達道來伏虎林首座後至留二公早麵茹素飯罷達道言別託寄其之書　虎林以紙求書永明壽禪師誠語圭峯座右銘龍門三自省　孟君澤來三酌　趙宅王主管來　滿道錄　茅六哥令似來

二十八日陰　作宋同知詩　和昂鶴峯詩韻併寄石民瞻

江西黃省堂來

二十九日陰　陳行之邀小酌

三十日雨

雲山日記卷下終

共字一萬八千六百九十八箇

丹徒張恩慶校刊

元郭天錫手書日記墨跡四冊始於至大元年戊申八月二十七日止於二年己酉十月三十日并閏月共十六閱月逐日詳書天氣之陰晴寒暑人事之往來酬答委曲瑣屑靡不備盡所尤詳者遇飲酒必書求書畫者必書所觀書畫必書所游寺觀必書稱謂之間褒譏寓焉感歎之際義理昭焉細讀一過如見其人之性情心事而與之周旋談笑於十有六月之久也天錫墨跡傳世已少此冊行楷細書妙逼松雪翁四冊凡三萬餘字逐日書之無一懈筆眞海內尤物厲樊榭先生曾摘鈔其客杭日記吾友鮑以文曾刻入叢書第一集中非全文也余於乾隆己酉之冬以大米行書赤壁賦易之於揚州汪竹農兄旋爲吳杜村同年借觀去冬復來游揚

始獲索歸十二月十九日作武昌之行因於舟中錄成副本藏之行篋甲寅元日舟泊九江安邑宋葆淳記

余少具書癖聞父執厲樊榭先生有手錄郭天錫日記未克一見既爲吾友鮑淥飲刻入叢書然僅客杭一卷惜當日樊榭未錄其全也今春密友宋君芝山招余小飲出手錄全帙見示酒邊展卷狂喜不可遏攜歸靜讀覺朋友之往來風氣之好尚歷歷在目不啻追隨古人于朝夕而數十年所未遂者於是大暢天下事殆有不求而自得者耶芝山云此書宜贈淥飲以廣其傳蓋淥飲所好篤所校精而且勇於從事余因急命長男之玉日夜鈔錄行款悉依原文閒有字體草草未能識者芝山僅據墨跡不可不闕疑也錄成急以遺之時嘉慶庚

申春日錢唐趙輯盦跋於竹影盦

嘉慶庚申四月初九日錢唐趙素門先生鈔贈知元蹟在宋芝山先生處十一日借周松泉五兄訪芝山於翦刀巷寓館以原蹟不在行篋中出手鈔副本見借即趙本所從出也袖歸舟次校勘竟日五鼓次大麻始畢記此以誌良友之惠　廷博

雲山日記跋

元郭天錫手書日記四册眞蹟原在揚州程氏雍正乙巳厲樊榭客揚州見之錄其中客杭事以歸未全錄也至乾隆己酉安邑宋芝山（葆淳）易得眞蹟於癸丑年錄爲副本嘉慶庚申錢塘趙素門（輯寧）復從芝山借錄以贈歙縣鮑淥飲（廷博）自是四册眞蹟始有鈔本可以傳觀錢塘丁松生善本書室藏書志有精鈔天錫日記一卷爲勞氏丹鉛精舍藏書蓋即傳錄之本光緒丁未丁氏八千卷樓藏書載歸江南此日記在焉板心題曰雲山日記余以江督端忠敏之命領江南圖書館事因得迻錄析爲二卷爲之雕播其書始於至大元年戊申八月二十七日止於二年己酉十月三十日并閏月共十六閱月逐日書之人事酬答靡不備盡芝山跋所謂如見

其人之性情而與之周旋者誠有味之言也自元克江南畸人逸士浮沈里閭閒多以詩酒玩世元貞大德以後稍出儒賢以淑後進天錫於大德閒一鎮江儒學學錄耳戊申至江浙行省求充學正山長所志不遂已酉五月始得劄授饒州鄱江書院山長詳是月十二日日記蓋是時天錫三十歲矣天錫年五十六見於俞用中天錫文集序序作於至正十五年中有天錫子啟曰不幸棄諸孤今二十餘年矣從至正十五年上推二十年爲至元二年丙子序文謂二十餘年是天錫之卒最少在丙子前一年乙亥姑以乙亥爲年五十六上推至至大已酉爲年三十也余別有郭天錫年歲考略詳橫山鄉人類稿年事方壯所抱未能酬也故其言曰郡學歲收四千而爲鼠輩竊食令人浩歎何時假我以權爲吾徒吐氣耶已酉三月初四日日記其自傷身世之意固已情見乎詞此俞用中序天錫文所以謂仕不稱其志也惟此記十六閱月中其在里居者及十閱月閏之者舊皆在往還而梵宇

琳宮又靡所不造謂與諸僧說詩氣味相投勝章句之儒至大二年二月十一日可以想見其逸致其經行闤闠高橋修馬鞍至大二年四月二十一日千秋橋陳書肆有北客售書九月二十七日知彼時市廛之盛在城內漕渠一帶也又記所遊有巫氏園庭至大二年九月二十二日孫硯山園圃中德符堂會置局整理財賦至大二年二月初六日至順志無所記也又記本路學正吳良貴婺州浦江人二年三月初八日而至順志十七學正無吳之名也又記王思善被軍人捉酒犯禁凌辱於道至大二年五月十八日至順志卷十七教授王公進字師善嘉興人大德九年二月至則元時軍人之橫可知又記元復初文學齎擘詔書經過鎮江事至大二年九月十八日可以補史傳之遺元史元明善傳仁宗居東宮首擢爲太子文學不記此事又馬祖常元公神道碑至大戊申仁宗養德東宮公首被簡拔授以直郎太子文學是吾鄉舊聞往往見於是記誠足寶也惟天錫眞蹟自芝山錄副後不知

流傳何所趙素門跋即言原文閒有字體草草未能識者芝山僅據墨蹟不可不闕疑滌飲跋亦謂得素門贈本訪芝山借眞蹟不得但借得其手鈔副本校勘趙本云云此則校錄之餘想望原墨余所引爲深憾者也巳未仲夏月三十日庚戌丹徒陳慶年跋於傳經樓

元郭畀思
快雪齋集
一卷

甲寅孟夏

橫山草堂

郭天錫文集序

吾友郭君天錫之子啟一日捧[redacted]口門而告余曰此啟先君子文集也惟不幸棄諸孤時啟方孩提未有知今二十餘年矣平生著述詩文散失之餘蒐羅箱篋殘編斷簡僅得若干首釐爲若干卷繕寫成帙而碑陰先友惟先生在儻賜觀覽而敘冠其端俾得以傳世則先君子爲不朽也余老矣停雲之思日切于懷其忍爲君執筆乎然誼不可辭吾父韋齋翁與君之父義山先生爲道義交往來款密有通家之好先生年且七十母夫人尚無恙余每拜堂下必殷勤話舊相慰藉壽九十二乃終君少於余一歲童丱相從意氣已相得然惟以學問相濯磨戲言狎態未始一形於聲音笑貌也弱冠同試藝憲司而貢于六府各版授校官自是宦遊朔南或出

或處會合之日少而乖違之日多故雖居同里閈而詩詞倡醻見於集中者無幾焉君身長八尺餘美須頫善論辯通國語倜儻略邊幅堂堂然偉丈夫也王公大人見之莫不竦然起敬且長於書畫吳興趙公子昂漁陽鮮于公伯機薊丘李公仲賓房山高公彥敬曹南商公德符皆相與頡頏磔磔餘子眎之若無人而喜與方外之士游談空覈玄往往挫其機鋒抉其微妙山林清饋踵接于門一時名聲藉甚江浙行省嘗奉旨擇能書者楷寫大學衍義以進君與其選飲酒有鯨吸之量醉墨淋漓信手揮灑當其得意脫幘卻立咄咄自嗟賞曰此不減古人也尺縑片楮得者寶之延祐甲寅之秋科舉肇行君以經明行修賓興於鄉次場試太極賦日方午盤桓場屋間時憲使佟公伯起實監試柎闈中望其狀貌魁梧

遣吏召之前問鄉貫姓名且曰汝賦已就乎曰已納卷矣曰汝能倍誦乎君應口誦無疑音吐洪暢聽者屬耳曰汝能更賦秋暘乎君曰唯唯即授簡援翰立就亹亹數十韻多奇峭語佟公大奇之曰取士得如此足矣洎揭榜而君名弗與蓋考官避嫌也繇是文譽益振後累舉皆不赴吁今復有若人者哉余嘗讀劉賓客柳河東集序謂三光五嶽之分合繫乎文章之高下誠哉是言也我朝奄有四海蟠天際地悉主悉臣光嶽之合亘古莫京英才碩彥宜乎出於斯時使之作爲文章以鳴國家之盛君生於混一之後而卒於承平之世發揚蹈厲大肆厥辭氣完而聲淳調高而格正煥乎斧藻之彰施鏗乎金石之考擊泰和渾厚之氣藹然溢乎簡册誠治世之雅音而盛時之傑作也惜乎天不假之年仕不稱其志使

其蹐清華承著作周旋乎道山延閣翺翔乎西掖北門得以闡鴻猷鋪景鑠則其可觀豈止如是而已乎君先世洺水人宋靖康中避地於兹自其高曾大父四世相傳終鮮兄弟其祖母禱於神而得君故其名畀而字以天錫也晚年號退思以自抑其兼人之過方其教授吴江辟掾丞相府人謂駸駸要途將自此升而竟弗克壽年財五十六耳豈造物者豐其賦予而嗇其設施耶豈豐嗇有定數而造物者無所容其心耶抑偶然耶莫可得而詰也君三子曰永曰肇而啟其最幼者也乃能掇拾遺文汲汲乎思有以傳後世而光先業亦可謂賢也已序而歸之姑以寓夫朋友之誼云爾若曰君之詩文藉是以傳則非余之所敢當也至正十五年八月既望儒林郎松江府判官致仕俞希魯謹識

元退思郭子吾嘗聞其人矣文則未之見也希魯俞子序退思集吾今見其文矣人則未之聞也夷考其序步驟贍足有典爲則字畫且有楷法見其文固可得其人矣因俞之文以求郭之文有不待承其顔面聽其論議而後知者然非曹卿汝學持此以示二子得無失乎錦包玉軸曹能裝潢珍重以存之其爲人與文又得之矣　崑山周倫跋

思退集世無傳本此序從眞跡錄出後有崑山周司寇跋語並爲寫出以附雲山日記之後嘉慶己丑秋仲趙魏識

此文從眞跡卷子錄出中有闕文紙破損也廷博識

快雪齋集

京口郭畀　天錫

橫山草堂

會同館賦

風災鬼難之域僻臥接飲之士或雕其題或漆其齒或貫其胸或鏤其體或缺其舌或魋其結或毛以爲車或革以爲船亂鯨波涉雷淵夙夜虎豹之林寢食蛟龍之川梯山棧谷沙度繩行莫不來享來賓來貢其珍蜿蜒濩略扶服稽顙請吏而稱臣未始壓羊刑馬而要之以盟也

明妃曲

君不見王昭君家住子規嗁處郙生來住近離騷國悲歌慷慨惡離羣紉蘭結茝佩蘅芷芝澤頰面薇骨熏瑶琴慣識九歌譜懷慼遠道偏消魂

夜宿山寺

客行暫憩此禪林路繞溪流石磴陰山氣入舟知夜久雨聲連樹覺村深寒添芋火增多事風落鐙花息妄心憶與高僧宿靈鷲月斜松頂一猨吟

贈筆工范君用

光分願兔一毫芒徧灑春分翰墨場得趣妙從看劍舞全身功貴善刀藏夢花不羨雕蟲巧試草曾供倚馬忙昨過山僧餘習在小書紅葉拭新霜

次韻袁通用

晚風索索酒初醒巖桂花開香滿庭掩書不讀亦不寐明暗一鐙如露螢

題宋春卿城市山林

功名身外聊復爾上壑胸中實過之盤谷壽康懷李愿輞川瀟灑友王維何人使氣鐵如意老子放懷金屈巵市井收聲良夜永竹風杉月亂書帷

普照寺楚山圖

白衣處士息羣機高閣登臨送夕暉吳地荒凉征馬盡楚山空闊斷鴻飛畫一作圖閒墻影來朱戶月落鐘聲隱翠微直下先人敝廬在暮年蓮社得相依

大年便面

疏雨灑荷氣微涼生柳陰閒亭不受暑坐占清湖心無客且罷棋有風宜披襟向來行路錯足底黃埃深此意一領略落日孤蟬吟

爲僧作山水二首

門有方袍客圖成水墨山我非求肖似汝亦愛幽閒密樹難分辨高雲任往還行當絕世事終老屋三間

有客被方袍合爪前致辭不獨愛公畫仍復愛公詩詩成縱意書了此一段奇世人稱三絕公胡不自知我心了不知晚歲聊嬉嬉向來用世心轉首成弃遺所嗟聞道晚倏已雙鬢絲前賢去已遠來哲未可期寓形宇宙閒悵悵欲何之願誨藥石言再拜眞吾師

三月十日寄了卽休

白水起寒霧蒼林騰溼煙會心圖已竟假筆意難傳一悟空中色相忘定外禪裏茶來竹院風雨落花前

送樂伯善赴都三首

石磴雲昏筍蕨香江城花落燕鶯忙黃金臺高地形聳白玉

堂深春日長之子顯擢神所與吾道將亨民小康臨行握手出輭語東鄰夜雨淋槽牀

燕趙感慨鼓俠氣江湖搖落嗟虛華艱危歷盡爲憂國事業無成非戀家江光隱現魚龍窟雲海蒼茫鷗鷺沙桃花水長三月暮片帆挾雨飛天涯

篆籀堆牀窺逸跡歌詩到耳遺古音歲華正似阮孚屐世事眞成昭氏琴翦毛肥脾一作羊快一飽泛駕駿骨輕千金暄風拂帽春衫薄小甜官牆楊柳陰

趙千里小景

鸜鴿喧柳陰生鵁樂清泚竹風遞荷氣長夏涼如水王孫翰墨仙丹青絕紈綺何當著幽人艇子沙頭檥

元暉山

灌木蔭滄洲閒雲疊層巘茅茨在咫尺徑路渾莫辨王家玉印章翰墨屹冠冕悵望海嶽庵禾黍西風轉

下隍朱氏竹山圖

鳳臺東南山萬里山人宴坐何從容乾坤清氣不可過一夜春雷起鑾龍詩家襟度蔚蕭爽百尺琅玕日應長我欲驅車訪此君祇恐山靈杜來往

題米南宮像

海嶽庵空骨已仙風神超邁畫中傳淩雲健筆飛光怪不顧人間喚米顛

題滿川花馬趙子昂畫

曲江洗刷雲滿身雄恣逸態何超羣眼中但覺肉勝骨幹也合讓曹將軍嗟哉今人畫唐馬藝精亦出曹韓下玉堂學士

重名譽一紙千金不當價山窗擁雪觀畫圖據鞍便欲擒於菟天廄真龍有時有杜老歌行絕代無

客有蓄青玉荷盤色奇古擎杯作蓮蓬下屈爲柄上覆作蓋蓋十九點青質而紫章匠氏剜爲蓮房殆奪天巧故人元復初命不肖賦詩

碧雲亭亭水天永翠蓋翻風墮秋影文姬團扇感初涼露華亂落月珠冷紫莖綠葉歌秋蘭涉江折得煙蓬還前緣已被專房誤守宮血點猶斑斑麴生解后誇奇特倒卷滄溟供一吸太華峯高歸路遥但覺滿懷春拍拍俗眼傲睨琉璃鍾金罍未用爭誇雄嗚呼古詩調高和者寡擬喚杜陵醉中把

右近詩數首書遺了堂高弟林上人畀了堂上人方外友如天錫者情爲至矣故其手蹟盈篋每皆惜之不令有所散逸雖俗士有不及之者宜勤師拳拳不忘歐公於冥冥中也錢良右跋

唐摹蘭亭墨蹟并序

唐賢摹晉右軍蘭亭宴集序字法秀逸墨彩豔發奇麗超絕動心駭目此定是唐太宗朝供奉搨書人直弘文館馮承素等奉聖旨於蘭亭眞蹟上雙鉤所摹與米元章購於蘇才翁家褚河南檢校搨賜本張氏石刻對之更無少異米老論精妙數字皆具有之毫鋩轉摺纖微備盡下眞蹟一等余家舊藏趙摹搨本雖結體閒有小異而義類旦是然各有絕勝處要之俱是一時名手摹書前後二小半印神龍二字卽唐中宗年號貞觀中太宗自書貞觀二字成二小印開元中明皇自書開元二字作一小印神龍中中宗亦書神龍二字爲一小印此印在貞觀後開元前是御

府印書者張彦遠名畫記唐貞觀開元書印及晉宋
至唐公卿貴戚之家私印一一詳載獨不載此印蓋
猶搜訪未盡也余觀唐摹蘭亭甚衆皆無唐代印跋
柰若此帖唐印宛然眞蹟入昭陵搨本中擇其絕肖
似者祕之内府此本乃是餘皆分賜皇太子諸王中
宗是文皇帝孫内殿所祕信爲最善本宜切近眞也
至元癸巳獲於楊左轄都尉家傳是尙方資送物是
年二月甲午重裝於錢塘甘泉坊僦居快雪齋

神龍天子文皇孫寶章小璽餘半痕鸞飛離離舞秦雲龍驚
蕩蕩跳天門明光宫中春曦温玉案卷舒娱至尊六百餘年
今幸存小臣寧敢比璵璠

趙子昂人馬圖

平生我亦有馬癖曾向畫圖求象龍曹韓已化伯時遠昂翁筆底寫追風

李昇林泉高隱圖

爲厭緐華愛好山幽棲贏得此身閒生平已足林泉興留取高名滿世間

營丘江山招隱圖

健枝無冗筆樹外來江山泝渚蘆荻空斜陽澹煙鬟歸鞍轉危橋短蓬止荒灣業漁古云樂寧論晉宋閒菰米蓴菜羹妻兒有餘閒坐令王李輩濡毫破天慳展玩不去手綠陰掩柴關浩歌滄浪辭濯我塵土顏悠悠江湖夢隱者招不還

題高尚書秋山暮靄圖

遠樹含空煙羣峯緘積翠離離雁外檣落日來天際高侯丘

鋆心點墨悟三昧我欲傚滄洲畫長枕蓬睡

題雷雨護嬰圖

轟雷欲破山急雨撼坤軸母兮抱兒歸掩耳趨茅屋畫師巧爲此村景了在目一時似可驚四郊想霑足明朝雨霽還復來平疇御看秧鍼綠

遊焦山

砥柱中流障北溟海門對勢兩峯青鶴歸幽竇玄煙冷龍捲長江樹石腥爲爾欲招蓬社侶嗟余久負草堂靈坡翁綸老之何處西日荒寒照野亭

元日登北固望金焦二山

弟兄常共屋三間元日登高北固山江水拍隄知雪盡晴風著面覺春還新年且醉一杯酒勝地同消半日閒放目金焦

天宇闊暮雲低處擁煙鬟

宿焦山上方

揚子江頭風浪平焦山寺裏晚鐘鳴鑪煙已斷鐙花落喚起山僧看月明

龔翠巖天馬圖

髯龔畫馬師曹霸相見開元天寶年水滿曲江春草碧何知蜀棧上青天

快雪齋集補

保母帖跋　御刻三希堂石渠寶笈法帖第二冊

右晉太宰中書令王獻之字子敬書保母帖至元己丑九月獲於趙兵部子昂及來杭與別本較之大不同然未易與口舌爭深曉王氏書者迺能知之余愛帖中氏字於字石字于字臨學三年無一字似者古人眞難到耶壬辰長至日易跋

蘭亭貴重玉石刻云是率更脫眞迹至今眞贋亂紛紜爭似王書親入石八百餘年保母辭獻之筆法似羲之斷碑剝落百餘字高作歐顏千世師金城郭天錫審定祕玩有天錫金城郭氏快雪齋北山珍玩四印　後有明人徐守和郭右之保母帖贊則此是贊非詩

夢奠帖跋　鐵網珊瑚書品一

右唐銀青光祿太夫太子率更令渤海郡歐陽詢字信本書

仲尼夢奠帖七十八字前後御府法書二小印後有紹興小印合縫處古印甚多下跋一吉字未曉誰氏庚寅十月購於楊中齋家悅生圖書亦曾入賈秋壑文府率更初學王逸少書後漸變其體筆力險勁爲一時之絕人得其尺牘咸以爲楷範張懷瓘云歐陽眞行出於大令自羊薄已後略無勍敵獨永師持兵精練議欲旗鼓相攻歐惟猛銳長驅永則破膽奪氣法書苑亦云信本行書蟬聯起伏凝結遒聳裁蕭永之柔懦拉羲獻之筋髓比之諸勢出於自得此本勁嶮刻厲森森然若武庫之戈戟向背轉摺渾得二王風氣世之歐行第一書也辛卯二月辛未重裝九日丁丑跋於嚴陵官舍金城郭天錫審定祕玩

子奇帖跋 鐵網珊瑚書品一

右唐銀青光祿大夫弘文館學士太子率更令歐陽詢字信本書新序子奇帖行書見於淳熙祕閣書目御府帖也歐陽平生愛書故事度尚帖余家夢奠帖皆是故事夢奠帖暮年所書紛披老筆殆不可攀此帖精謹中歲書惜不刻石以永其傳也乙酉獲於廣陵甲午三月命工重裝於錢塘金城郭天錫祐之審定真跡祕玩

東坡重九辨跋 鬱岡齋墨妙第十

東坡先生中年愛用宣城諸葛豐雞毛筆故字畫稍加肥壯晚歲自儋州回挾大海風濤之氣作字如古槎恠石如怒龍噴浪奇鬼搏人書家不可及也郭畀拜觀於靈濟寺

元故西巖處士朱公墓志銘 光緒續纂句容縣志卷二十拾補

公諱士林字桂芳其先潤丹徒人曾大父安福徙江郡之句

容居古隍大父崇生三子長南强宋補貢進士公進士公之
子以仲父南野之無子也命公爲之子繼乃有子士毅三歲
而父母歿公友愛篤至怡然同居始終無閒宗兄榮祖蚤世
進士公將取諸孫以爲後而未果立慊然中懷一日寢疾感
發夢寐公聞惻然以子承命進士公大喜自慰而疾良愈娶
錢氏早卒公方盛年義重伉儷弗忍再娶終身公由禰祧爲
後仲父謹竇致孝矣而進士公之即世也執喪以心禮同情
至仲子見善爲後宗兄亦異居以承祀矣而撫育視諸子資
於公以室其子二人其秉心立行類此公自幼侍進士公持
身治家事有所法克佐厥成其處昆弟艱瘁儉約樂以自任
視遊佚侈靡漠然若無見者且毫髮無所私其睦族姻雖疏
遠貧窶必謹無弛鄉黨故舊不以貧富盛衰有所易訓飭後

進勖之勤家謀疑發蒙終告無隱與人雖厚怨未嘗謀所以報至性持重無或戲慢衣冠儼然恪守常度其言論非以誨人不妄發其有所為一視禮義何如利怵害迫無所顧慮故觀德者咸有取焉公四子長君美次君善出繼於宗兄次君義君義孫男六人紘紳綬皆壯有室彌孫嗣卽善慶尙幼孫女一人適陳元善曾孫女二人公自號西巖潛然有拔俗出塵之意以至順二年正月二十七日終於家年六十九其冬十月十三日葬於大培之原先事其孤狀行實使其子紳乞銘於予如右古者三物之教其行實必本諸孝友而德行道藝敬敏任卹睦婣及有學者有州閭族閈月書歲考申之以鄉大夫賓興之禮教育選舉以實而無遐棄當是時以公之篤行其必在所舉乎夫銘以稱美孝子之志君子樂道人之

善況公之成就若是哉乃謹敘而銘之曰

惟古教令本於里閭德行道藝敦篤以書教也其誠舉以其實賢能長治成人有德我覯於公孰云無人於流遡源孝友睦婣孰玩於華而泯其實悠悠古風誰因誰極似續持守勖哉有成潛德幽光於墓爾銘

快雪齋集跋

右快雪齋集一卷元郭畀撰畀字天錫鎮江人歷饒州路鄱江書院山長處州路靑田縣臘源巡檢調平江路吳江州儒學教授未上江浙行省辟充掾史克紹其父義山先生之學尤精書畫（至順鎮江志卷十八）其詞翰與松雪困學諸公齊名天錫旣歿之後其幼子啟掇拾遺文俞用中爲之序但云釐爲若干卷不知其幾矣千頃堂書目載元人集甚備無天錫文集其集殆無刊本傳世也錢竹汀補元史藝文志有天錫快雪齋集不言卷數丁氏善本書室藏書志舊鈔元人小集十二卷中有天錫快雪齋小集一卷余此刻卽從之出自會同館賦至題雷雨護嬰圖二十三題是也然疑其錄自眞蹟非出於啟之原編故自第一篇賦至次韻袁通甫五題（通甫元詩選誤作通用）

見於珊瑚網法書題跋卷十中次序亦同汪砢玉跋所謂天啟丁卯冬覩郭畀手錄詩文一帙者是也亦見卞永譽式古堂書畫彙考卷十七中自題宋春卿城市山林至客有蓄青玉荷盤題詩十二題見於式古堂書畫彙考卷十七天錫書遺林上人詩卷中吳升大觀錄元賢法書卷八同唐摹蘭亭墨蹟題見於珊瑚網法書一大觀錄魏晉法書卷一同題子昂人馬圖至題高尚書秋山暮靄圖四題雖未詳所出並是題畫之作其爲錄自眞蹟可知題雷雨護嬰圖一題在朱存理鐵網珊瑚畫品卷四中顧嗣立元詩選畀詩以上次序全同小集但於遺林上人詩中刪去題滿川花馬一首耳末四首顧所加遊焦山元日登北固望金焦山宿焦山上方三題見於明張萊京口三山志中僅末一首龔翠巖天馬圖未詳所出殆亦錄於題畫之原墨也攷俞用中天錫文

集序謂子啟釐爲若干卷者是必不止一卷甚明據雲山日記天錫詩文之可考者尚有即席賦東湖壽詞（至大元年十二月二十二日）和華萼章詩（二年二月八日）證道歌（二月二十日）送陳汝梅詩（二月二十二日）範圍歌辭序（二月二十八日）送景明赴慶州詩（三月二十三日）宋同知詩和昂鶴峰詩韻併寄石民瞻（十月二十八日）又戴表元剡源文集有次韻和郭祐之雙桔堂趙母壽詩（卷二十八）爲葉秀軒戲掃壁間竹石就題（陸心源穰梨館過眼錄卷十一郭花山父子詩翰卷）此數詩當在啟所編集中嘗讀明楊文襄草秋山詩序云國初顧利賓郭天錫戈仲京俱有名詩壇然未脫元末氣息是天錫集當爲明世所有故文徵明題錫山安君所藏趙氏三世聯馬軸引郭右之題趙文敏畫馬云世人但說李龍眠那知已出曹韓上（式古堂書畫彙考卷十六）則天錫之遺句尚可以徵引也是明時天錫文集似當別

有傳本然自康熙四十八年　御選元詩錄天錫詩十六題顧無出元詩選之外者豈快雪齋集明代固未盛行故康熙時已求之不得耶余旣合元人小集與顧氏詩選刻爲快雪齋集復輯其文數篇爲之補遺云己未夏六月初五日乙卯丹徒陳慶年跋於傳經樓

元陳以貞
孤篷倦客
集一卷

甲寅孟夏
橫山草堂

孤篷倦客集

元京口陳方子貞

題割股孝女卷

蜂蠆螫我手阿譽須動色如何割股女引刀不愛惜見父不見肉視股如視石眼前秦越人區區較肥瘠

天平山

東吳水爲州西山茲獨秀上有百歲松下有千尺溜況當泉石間野花亂如繡頓足忘僕勞長歌發余陋沈沈范公祠蕭蕭香火舊碑猶鞏洛時寺當風雨後烏乎一代尊廟食今誰守寂寞壯士懷松風動淸晝

靈巖山

客吳十五載始上靈巖山入門地如削憑軒絕躋攀孰云念

鄉國不復憂險艱回首楚與越茫茫一氣閒向來朝會時自謂吞百蠻焉知王氣衰空忝禪棲閑山川自瀟灑木石饒斕斑俛仰萬里外浩歌風雨還

羊腸嶺

迢迢羊腸北山深日當午道傍多奇石百態不受侮高或如飛龍低或如踞虎岌嶪積鐵間參差意無迕僕夫如怪我疾行齊過弩悤悤莫辭勞悄悄愧不羽野果綴微殷春泉流亂乳焉知下山時淒迷更何許

涵虛閣

高標何崔嵬結構蒼崖上羣山如兒孫羅列皆北向勢入五湖小氣敵萬夫壯想當全勝時自足恃保障登之尚心懷卻倚獨惆悵遠近互出沒風靄相摩盪草木亂如雲乾坤悄孤

望矯手不成翔無從挽塵鞅

題宣和所製赤駒圖

房星委地生神物眾馬不得相儔匹千里風輕白玉蹏平淵春浴丹砂質自從長養入天閑振鬣常陪乘輿出未知赴敵見戈矛所慣承恩聞警蹕嘶當落日近尊嚴氣抹長林動蕭瑟不慚芻豆飽微軀尙覬朝家三品秩宣和殿裏圖書暇親見圉人事爬櫛當時青海九萬餘未有一匹當宸筆臨軒睥睨迥出羣落紙須臾欻奔逸內侍傳宣賜近臣再拜奎光欲騰室秋深沙苑多蒺藜夜半河南吹颾粟已詔民閒置牧地如此龍媒敢輕失青城道上塵眯人六宮粉黛無精神此時此馬奮首知激烈不能追隨天子向南去京哉委骨俱蒙塵

題龔翠巖中山出游圖

楚龔胷中墨如水零落江南髮垂耳文章汗馬兩無功痛哭乾坤遽如此恨翁不到天子傍陰風颯颯無輝光翁也有筆同干將貌取羣怪驅不祥是心頗與馗相似故遣魔斥如翁意不然異狀吾將憎區區白日胡爲至嗟哉咸淳人不識夜夜宮中吹玉笛

雲林生惠山圖次元韻

佳樹陰森欲凝空畫成夜落鐙花紅絕憐帶經自鋤者未忍竟別天垂翁汾河春雲散高柳湘水微茫綠於酒翁歸天末見青山臨風莫負揮弦手

至正五年三月八日玄素先生來林下攬乃賦詩曰吳淞江水春映空浪波浤浤霞映紅耕田鑿井居其左令我長懷甫里翁夢見維舟江畔柳剝啄敲門散杯酒盤冠起接平生歡石逕蘭芳重攜手雨後其行林下正見惠山先生

命瓚寫之畫訖因書此詩於上張外史陳先生見之必大笑也倪瓚記

洞虛宮

眞館時時到仙花樹樹幽西風寒入竹北斗夜當樓頗覺乾坤異寧爲歲月幽乞分筇竹好相伴赤松遊

寄王仲升一作叔

陌上誰家子行春並騎來揮鞭不相問回顧復疑猜二月初消雪東風尙落梅更尋禪寂地石上翫蒼苔

清閟閣

湘簾半捲雲當戶野鶴一聲風滿林纔立簟紋波細細又疑牆影雪陰陰竹搖棐几常開帙花落藜牀獨抱琴不謂世間仍得此恍然飛屩駐仙岑

新正獨坐

柳葉參差蘭葉長西鄰春酒鬱金香吾生不飲唯搔首此物多情故惱腸髮已鏡添新歲白書仍筆點舊時黃向人節序年年異來往猶煩禮數忙

送蔡霞外

不見道人今四載疏狂猶似舊時多自言曾到神仙宅公亦須吟離別歌澗草陰陰披紫藟山花細細落靑蘿祇愁骨相無淸氣亦水玄珠奈爾何

寄開元和尙

婆羅室內早春初經卷香花禮佛餘終日更談言外法十年不寄蜀中書夜深雪殿當空白月落風樓近竹虛若得爲吾留一榻韋郎詩句豈容疏

元宵留無錫有感

曾聞故老説前朝今在殊方度此宵月殿不催春賜酒風檐空憶夜吹簫已無花影如雲起那有香塵作霧飄滿眼疏狂何所去青松接屋自蕭條

就王季野省父餉孫子翼處士

吾廬歷歷趁江邊子渡江時暫泊船須問垣牆仍好在莫教風雨轉淒然夢成蝴蝶隨春去愁斷麒麟並塚眠若見孫登還一嘯餘聲散入薜蘿煙

送覺上人謁龍翔録寄子翼

偶逢吴下鄭居士手把新詩就我吟紙上姓名無俗氣篇中律呂有遺音鮫人淚落金盤冷木客歌傳石磴陰謄寫已堪驚老眼龍翔一宿會知心

王季野由鎮江過揚州省覲父倘書以送

楚楚斑衣照暮春蒲帆帶雨出西津樹迷瓜步青如薺江漾蕪城白似銀久謂尙書安寢少不勝天子寵榮新暫時定省加懽懌枉使吹簫送客頻

早冬過笠澤漁隱

方塘如鑑石如峰落葉平蕪覆一重雲作晚陰低薜荔水涵秋色亂芙蓉黃冠道士松間過白雪漁翁月下逢尙想天隨無俗伴應攜茶竈與從容

遊慧山

僧居高處接雲霞邨市周遭石逕斜細細山泉爭入澗雙雙谿鳥淨眠沙佛前風動桫欏樹溪上春留躑躅花十五年來頭漸白倚欄仍舊一烏紗

題迂翁安處齋圖

睡起山齋渴思長呼童煎茗滌枯腸輙塵落碾龍團綠活水飜鐺蟹眼黃耳底雷鳴輕著韻鼻風過處細聞香一甌洗得雙瞳豁飽玩茗谿雲水鄉

華彥清登常州玄妙閣有詩因同韻

地接三吳口八操衆楚音樹迷晴漠漠花亂夕森森碧是當時血春非往日心飜思當矢石猶暇惜冠簪丞相戈如雪將軍志比金倉皇驚破竹踴躍念披襟壞堞仍存舊高標獨峙今星河垂綺戶雲霧出琪林鳥去蒼茫闊帆歸迤邐深諸天欣共賞勝地肅同臨突兀雄連棟依微隔遠岑紫霄停廣樂白日閟層陰倒影何多美空歌試一吟悠悠江海興冉冉市塵侵

呈王本齋尚書

聖主光先業王春在至元贊襄符妙算擇選副深論衆悉推
耆德三膺鎮大藩虎珠秋月避鳥幟海雲翻籍籍番禺頌明
明造化恩清標井柏府高秩是鹺垣煮海民爲食經營古所
敦於淮邦足賦浩汗利之源弊政思張弛長材畀輕軒光芒
分八座精采送孤鶱鼎重千鈞小膠清萬丈渾龍文頒御服
馬湩錫壺尊香散知心醉春回到骨溫冰霜愁左欸風雨命
前奔鼉鼉連雲起船船附蟻屯絕知忘夙夜何暇覓饔飧昔
也東西浙歡然遠近言市無憂折閱人不困牢盆公日唯扃
戶方時亦在門從容嘗接語歎息每銷魂裋褐丁如鬼傳餐
首欲髡潮乾睛沫白日淡莫煙昏卒戍春鳴柝人家月照樊
鹵成俱井井地限各邨邨碧海浮天際黃芽暗竹根緬思多
彷彿已閱十寒暄識量今逾老聲華晚更尊謬知慚骪骳甚

欲寫璵璠形弔徒蕭瑟心馳正鬱煩仙花團雪淨江草亂雲
繁早晚招漁艇巨墟問故園樞衣瞻管仲埽榻寄陳蕃袍笏
仍圖畫山林數記存此時鷗與鷺隨意樂乾坤

送蕭天祥爲蕭山縣學官

儒官已在羣僚底南士尤嗟一介微目送青冥何漠漠手循
華髮尚依依匡衡未老頤堪解阮籍多窮淚可揮雁塔近從
秋草沒鶚林遠傍暮桑飛人皆雜目喧爭利子獨鼇頭坐失
機寂寞宮牆悲傳舍荒蕪禮樂見深衣諸生載酒同題句賢
宰鳴琴共按徽綠樹雲回神禹下白蘋風起孝娥歸門當越
嶺春橫几地接江潮夜撼扉定與王郎招爽氣復陪賀監倚
斜暉登臨轉覺悤悤過勝絕寧教草草違端欲早收榱與桷
祇愁空老故山薇

琴臺

蘚暈坡陁碧沙痕突兀孤無僧依石坐有鬼隔雲呼

硯池

湛湛冷山骨幽幽抱日光曉雲看雨氣春供汲花香

白雲泉

泉在白雲裏雲深泉更深豈無千尺綆空立萬松陰

題趙子固蘭蕙圖

光風汎汎透情沙見此萎𦯀一寸花可是湘濱高數尺不將墨汁代春芽

再題趙子固蘭蕙卷二首

雪消雲淨墨池方愛殺窗前葉葉長祇爲朝東春得早風吹一夜紫苞香 右蘭

無數花開一兩枝更栽百畝亦相宜江南三月春如酒惱亂蜂兒總不知右蕙

題本齋王公孝感白華圖卷

蓼莪霜氣入袈裟銘筆當歸學士家更爲白華添後傳東風誰忍看山茶

臥雲書院

春盡范公祠下路山雲漠漠水冷冷不知無數長松樹若箇根邊有茯苓

和曹克明都事靈巖二絕

金屋妝成貯禍基君王猶自苦沈迷百花洲上西風急唯有寒蕪一尺齊

門外長松可十圍松根下有茯苓肥一雙號鳥忽飛去卻是

老僧來挂衣

宿金井隝内

馬家巷裏水西頭樹樹垂楊可繫舟卻趁楊花飛過嶺向人行處不能休

留福壽庵小飲

主人能歌客能飲飲罷清泉清渴吻醉起不知風力高夜半松花落香粉

題野秀堂與項可立同賦

沃壤畇畇畛□齊長林深處結幽棲草生夜雨江湖闊花發春雲鳥□低□葉已高瓜滿地蓴芽欲老芋成畦疏簾細簟宜清晝物物煩公取次題

送趙虛一還金陵

中興天子潛龍地頃詔先生去祝釐舊坐風亭留御榻新題金榜出高榱日明仙杖朱旛動雨暗江靈鐵騎馳手種青松聞有實康强卻過種松時

清閟閣詩

門前灌木春唬鳥屋畔長松夜宿雲翦得蒲苗青似髮燒殘香篆白成文偶同杜老唯耽句遂訝顔淵不茹葷境勝固應天所惜品題瀟灑最憐君

元日後雪

年年春色惱梅花年後春寒妒柳芽半夜人間成玉宇朝元殿裏散天葩風生碧海雲無際日射藍田璧有瑕明發扁舟西郭去一溪新水漲晴沙

贈茅山呂洞陽兼寄耶孤巖

前代將軍五世孫華陽洞裏事茅君白虹夜隱蒼精劒紫電晨書碧落文花滿石壇長不埽朮生仙壤獨能分尊君若見郎高士爲說山靈愛白雲

奉白雲鄉兄

天寒客裏輕相別花落孤村喜獨來贈扇豈堪承故意徵詩徒使愧非才汀州日遠參差樹門巷陰生宛轉苔玉佩珊珊天未曉只聞長嘯一聲回

題元暉山水

江上江雲漠漠寒有時帶雨過層巒只愁海岳菴前路水沒黃沙鴨鵲灘

趙千里聚扇上聚山次伯雨韻

苧衣春暖初盤礴點綴溪山不盈握白雲隔浦見桃花坐久

涼風起叢薄故物凋零百歲餘王孫有恨迷平蕪衡門今日
看真蹟始與人辨雌雄烏

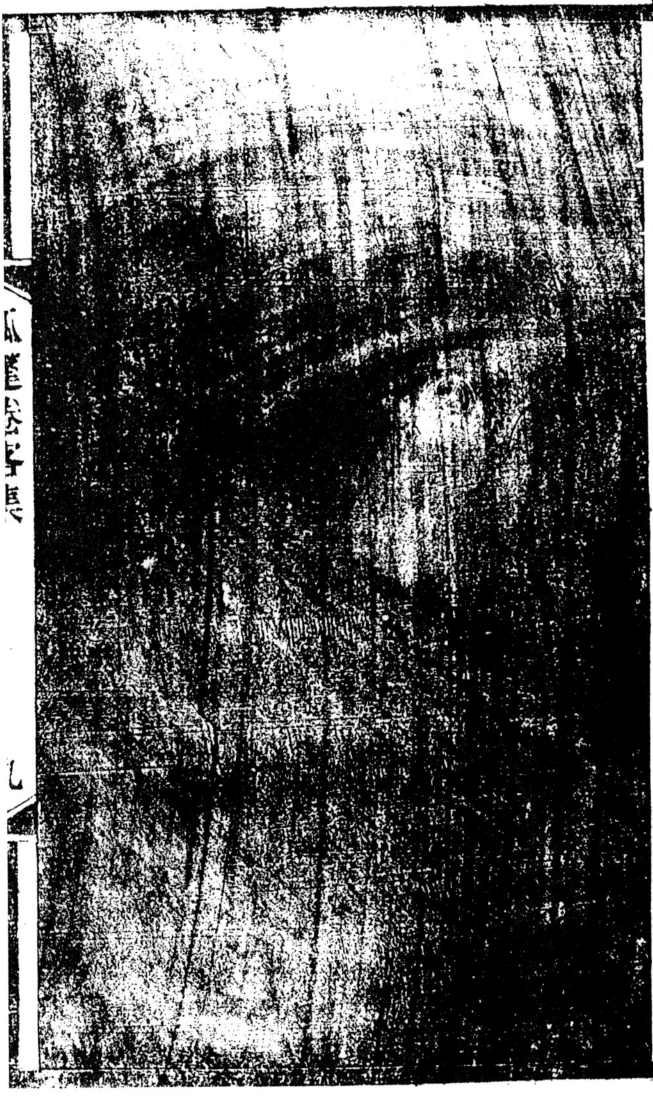

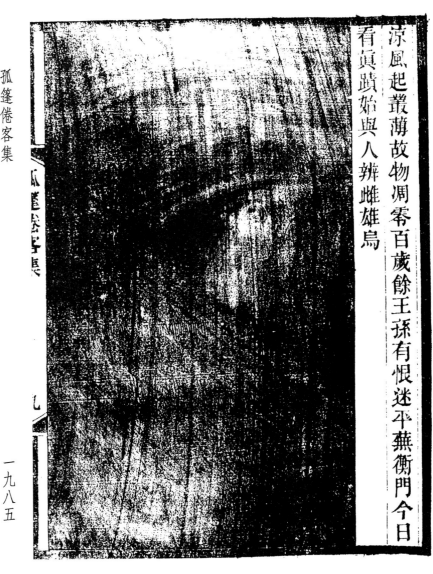

孤蓬倦客集補

倪雲林小像贊 清卞永譽式古堂書畫彙考卷二十

骨如鶴目如虎即之而雲凝望之而霞舉不據槁梧而吟迺箕踞長松之下吾知其爲馬少游之徒陶弘景之伍然倜儻之氣足以糠粃一世清遠之懷足以遊覽千古戢其光芒約之規矩揚揚乎宴安之暇循循乎問學之聚如是而帶經以鉏者此一泰宇彼一泰宇

書文信國詩簡卷 式古堂書畫彙考卷十五

右已上書八首宋丞相文信公之所作也公諱天祥字履善廬陵人穆陵之丙辰狀元也遭宋末造閒關萬死卒以自獻使後聖有作安知不與三仁並稱淮陰龔開嘗錄公大槩而議其不當出使然公豈不知自惜遣它官所請特當是時國

亡在只尺苟可以存社稷保斯民雖死亦不暇顧又烏計尋常瑣瑣禮儀哉八詩雖皆載公指南錄千載之下讀之輒使人流涕不休則其增夫三綱五常之重然後知詩之有裨益於世教者多矣淮南劉安於楚辭有曰推此志也雖與日月爭光可也嗚呼豈特楚辭哉至順四年四月戊寅

題袁高士靜春雜詠詩卷　式古堂書畫彙考卷十七

余嘗聞外舅存悔翁論袁先生詩可近半山而困學於此十三章期以少陵山谷然山谷律法雖嚴未免削刻不能無詭遇之意視少陵闊步隨心未嘗不範我馳驅者前輩評之矣況閒遠清麗不知可盡山谷否耶困學必有所見也且此所書雜賦皆五字詩律呂和諧使氣有所充豈不可造少陵之藩籬耶更閱全集則存悔當中的矣姑摭此以問於仲長夫

曆三年春正月

陸繼之摹蘭亭序跋册三希堂石渠寶笈法帖第二十六

鉤塡摹搨之法盛宋時惟米南宮薛紹彭能之葢深得筆意者然後可以造此否則用墨不精如小兒學描朱耳繼之親承姚先生先生與趙文敏皆知書法故今摹搨褚河南修禊帖筆意俱到非深得其法者未易至此但不入俗子眼也至元五年九月十五日繼之訪予無錫村居出此卷相示展玩久之遂題于後

題宋搨本蘭亭明李日華六研齋筆記卷三

蘭亭詩敘是書家六經而善本絕難得苟能彷彿其次者亦勝於學世俗書也近日吳興趙魏公書法遍海寓學者僅得其形似而古意皆無如啖蔗徒咀嚼其餘全不見其味耳

黃楊集序　明刊本棲碧先生詩集原本序跋

詩由日鍛月鍊然後工亦由隨事感發肆然爲之然後熟辟之水愈汲則愈混混來而莫之遏也華彥清氏愛詩甚篤而奪於多事予來此二年矣見其錄成帙者未肆然而爲之也因戲題其端曰黃楊集世傳黃楊之爲木遇閏歲則厄而不長彥清能不爲閏所厄則干霄聳壑予將承其餘陰之下矣彥清勉乎哉

又陳謙續黃楊集序云始予至無錫與華彥清伯仲論詩與能知所鄉背得他人一章一句吟諷未絕口固已懸衡於胸中矣至其精詣或有布章所宜左辟者私心畏之未嘗以語人也一夕鐙下坐語彥清出一帙示予觀之則所鈔杜子美近體詩也隨其行闕狹用朱書小字夾注殆徧其說曰某爲對起對結者某爲散起散給者或緣某句應某字或由某意發某語脈絡有自來枝葉有所傳著問之則默然良久曰此陳君子貞筆也惜乎其不能終是帙而往矣久之彥清有所述又出以示予往往與前所論說若注杜詩者合予然後知彥清非漫焉而賦者也彥清於伯仲中又獨喜下筆於人盡商訂此其詩雖頗艱得而稱量檃栝曲盡其所用心以故子貞題其集曰黃楊蓋勉其無厄閏

云至辛卯歲稍爲疾疢苦家居無事益以詩自娛其意謂有肆然爲之之漸以無負乎子貞之所期望者輒別具一集屬予序焉予獨謂黄楊楊之族也楊爲木喜近水發榮滋長朝而尺夕而尋若易易然者就其文理堅緻膏液純足充然固麗然厚自根株而條葉一無所散耗者唯黄楊爲然使是木也捨其質性之至充而有慕於他楊之易茂不幾乎持千金之璧以易瓦缶者之爲哉甚矣茲木之退乎鬧者乃所以進乎鬧也名集黄楊固當於是仍題黄楊集而歸之是歲爲至正十一年十一月十三日也吳郡陳謙書

棲碧軒記　明刊黄楊集附録

浙西之地水多山少常於浙西數郡之間而山尤少自晉陵竝西而南蜿蜒靡迤或起或止至無錫而山之最著者惠山也然無重巒疊嶂之紆互深溪巨壑之險阻崒然起於平地如奔鯨逸馬不可羈而留也餘則散於四封之中瓜蔓相接大率隱隱皆培塿形孤勢薄它郡之山可孩而撫之又自惠山之東沃壤夷衍相去三十里而遠其山之匝於惠者曰堠

山亦無曲折之美窈窱之雄直望之而可喜耳距兩山之所向其地曰梅里意唐李紳之居於是今華君彥淸家焉始余之未識彥淸也有人持其棲碧軒詩一大軸從余觀之余見其所圖之水木淸美也喜曰無錫之山有是哉余昔過其境爾見者甚少而淺近未有如圖之淸美者也近年余爲其家童子師由是問所謂棲碧者然後怪其所居之平且曠也何取於李白問余棲碧山之詩彥淸謂余曰古之高人逸士野居而澗處者未必皆山也使可耕之地可安之廬長林美竹雜花豐草而得與世相忘足矣奚俟夫山之深且秀哉夫棲於山者又未必皆知山之爲可樂如知山之可樂則居雖無山常若居於山也況吾居之西則惠山界其右東則堠山峙其左雲霏朝夕之變態風雨晦暝之異狀未嘗不接於吾目

也夫於山之尢少之地而有以映帶於戶限之前則棲碧之名不爲虚也然則在山者不見山惟置身於其外者能見之若棲碧者其能見於山之外者歟余知彦清之志者也聞其言而是之彦清因請余記於是乎書彦清名幼武孝謹而和易雅好文章與余友後至元二年十月一日記

松雪晚年書洛神賦卷跋　明汪砢玉珊瑚網法書題跋卷八

蔡襄云王子敬愛寫洛神賦世所傳者十三行而已余見陸子順所藏者其筆意峭拔陸子得於文敏公且謂文敏晚年楷法之進蓋得此故也或者又謂陸藏十三行其法往往類歐搨今較之文敏所書此賦與中年臨本不同賦後所題年月當爲公最後之筆故其法度如此元統二年六月考亭陳方題

孤篷倦客集附録

書陳子貞詩　明朱存理樓居雜著

右陳子貞詩一卷得之笠澤虞氏讀之而不能論其世及觀顧仲瑛草堂雅集嘗選其詩遂昌貞居雲林棲碧諸家集中互見酬和之什想一時輩行風流文物可尚也或稱子貞爲考亭人考之實爲京口人考亭書所先示不忘也子貞名方字子貞多遊吳中故吳人得其詩而刻之歲久今無完帙蓋子貞平日之詩必不止此喪亂之餘什之一二而已其文尤不多見僅於陳叔方家見遺墨一紙辭語字畫簡淡不凡能造詣古人可謂名家矣友人張南伯氏好畜書有子貞集曾許借録適有蜀中之遊吳興唐半隱亦嘗談及尚圖訪之此集倘得二家之本相與參校增廣俾子貞之詩得以行於世

也成化壬辰歲上元日

又題子貞詩

子貞在勝國時所與遊者皆名勝之士故有唱酬之作予既補刻子貞詩因附焉諸名勝爲鄭先生明德張外史伯雨倪處士元鎮陳叔方華彥清輩若集中所載人物蓋不止此此其著者也當夫諸君日事賡和吟壇之上其高風傑句百年之下猶令人興起子貞宋熙寧間丞相諱升之之後兄子原仕天台學正衣冠之家詩書之族可徵矣子貞赴省試來吳元帥本齋王公招致賓其婦翁龔子敬集中所謂谷陽翁也子貞嘗序彥清詩云詩由日鍛月鍊然後爲工亦由隨事感發肆然爲之然後熟又嘗手鈔杜律一編朱書小字夾注其說某爲對起對結某爲散起散結或緣某句應某字或由某

意發某語脈絡自有來枝葉有所傳予貞其知詩者也嗚呼
今予貞之詩何寥寥若是予搜訪有年竟不能得其全僅於
諸集中鈔入以成補遺今年春南伯自蜀中還以前諾得示
一帙其間篇多重複錄止數首外有雜文皆爲華氏著作碑
板行狀祭文之類予貞嘗主其塾故也予家藏黃楊集小册
卽彥淸之詩予貞所命集名而序之者密行細字淸勁可愛
云予貞之筆蓋予貞愛其人而錄其詩也及觀南伯假本似
出一手殆予貞親稿耳亦與叔方家遺墨筆意相同予貞
出處予不能悉姑記所知者如此癸巳五月望

孤篷倦客集跋

右孤篷倦客集一卷元陳方撰方字子貞京口人明汪砢玉珊瑚網名
畫題跋卷十載方雲林小像贊下題京口陳方子貞元華彥
淸黃楊集前載方序下題谷陽陳方是方實吾邑人也又法
書題跋卷八載方書松雪洛神賦卷下題元統二年六月考
亭陳方朱存理樓居雜著書陳子貞詩云子貞實京口人考
亭書所先示不忘也爲宋丞相升之之後朱存理題子貞詩元顧瑛
草堂雅集卷十一陳基簡陳子貞云丞相流風久未
泯丈人才力老愈新龔提舉璛以女妻之黃溍金華黃先
生文集卷三十三龔璛墓誌銘至元間主無錫華氏家塾棲碧先生詩集載後至元
二年陳方棲碧軒記云近年余爲其家童子師華幼武字彥淸家甚富師事陳方爲詩錢謙益列
朝詩集甲前十一方爲鈔杜子美近體詩朱書小字夾注其說如對起對
結散起散結或某句應某字或某意發某語脈絡枝葉一一
究心未終帙而往棲碧詩集載至正十一年陳謙續黃楊集
序又顧嗣立元詩選小傳三希堂法帖
第二十六冊陸繼之摹蘭亭敘陳方跋云至元五年
九月十五日繼之訪予無錫村居蓋館於華氏時也赴省試

來吳元帥本齋王公招致賓席樓居雜著文題子貞詩方集中有呈王本齋尚書詩云聖主先先業王春再至元又云公日惟扃戶方時亦在門又云緬懷多彷彿已閱十寒暄是王公來吳在後至元元年以是年下推十年爲至正四年云方時亦在門則呈是詩之時方已不在門可知矣因寓於吳據集中靈巖山詩云客吳十五載始上靈巖山遊慧山云十五年來頭漸白是其留滯於吳久淹歲序而人亦老矣又就王季野省父簡孫子翼處士云吾廬歷歷楚江邊子渡江時暫泊船須問垣牆仍好在莫教風雨轉淒然是其久客未歸有懷江上老屋而吾廬之愛不覺情見乎詞其自號孤篷倦客者所以寄其欲歸未得之情也方居吳久名勝之士如鄭明德張伯雨倪元鎮輩皆與之游元鎮清閟閣集卷五雪後過子貞隱居詩云陶公卜宅南村裏快雪初晴思一遊樹辨微茫來獨鶴櫓搖欹側散輕鷗墨池繞溜春冰滿塵榻繙書夕照收

相見惘然如有失掉頭吟詠出林邱考之珊瑚網名畫題跋卷十郎雲林所作之南郵隱居圖詩後題云雪後過子貞隱居寫此并詩以贈甲辰正月十二日甲辰爲至正二十四年時張士誠據平江以爵祿餌士士靡然從之而先生獨竄蹟林莽任眞而不乖其守怡然不知有甲兵之塵形骸之累也然不三四年元社已屋元詩選小傳謂方後不知所終令人遠想惘然及讀千頃堂書目卷二十九謂方居於吳死張士誠之難乃知時逢喪亂死亦多門顧不能如雲林之毁家自全又不禁峭然以悲也方多遊吳中吳人爲刻其詩行世入明已無完帙成化間朱存理從笠澤虞氏得子貞詩一卷又益以諸集中唱酬之作爲之補遺今亦無傳本千頃堂書目亦作陳子貞詩一卷蓋自來錄其詩者率不過此數也余先

從元詩選録先生詩三十四首顧鈌文逾於十數繼得元人顧瑛草堂雅集所載先生詩取以校勘乃得補全復據改誤文五字乃豁然可讀（鈌文如二葉題宣和所製赤駒圖云房星委地生神物物字宣和殿裏圖書暇暇字此馬奮首知激烈句下五字五葉呈王本齋尚書云氷霜愁左鈌鈌字磓碣丁如鬼丁字六葉送蕭天祥云門當越嶺春横几几字登臨轉覺悤悤過覺字並從草堂雅集補誤文如一葉題刲股孝女卷孝原作老四葉簡孫子翼處士云若見孫登還一嘯嘯原作笑送覺上人謁龍翔録寄子翼翼原作巽五葉呈王本齋尚書云龍文頒御服頒原作須六葉送蕭天祥云地接江潮夜撼屏潮原作湖並從雅集改）雅集載先生詩十四題除去重複得七題綴於顧選之後（内淸閟閣一題已爲顧選所有顧只録其後一首耳今併前一首載入以刻版已定未能移併如有人覆刻仍應歸入一題也）輯爲一卷元詩選三集目録題爲孤篷倦客藁此從嘉慶丹徒志題爲孤篷倦客集先生之詩必不止此亦樓居雜著所謂喪亂之餘什之一二而已朱氏謂先生雜文皆爲華氏著作碑板行狀祭文之類今亦不

可得見余從他書中得先生序跋文數首因徵存於後云戊午孟秋月二十五日庚戌丹徒陳慶年跋

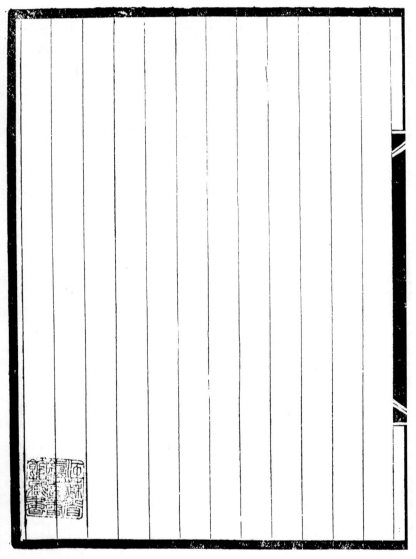

明張包盦京口三山志十卷

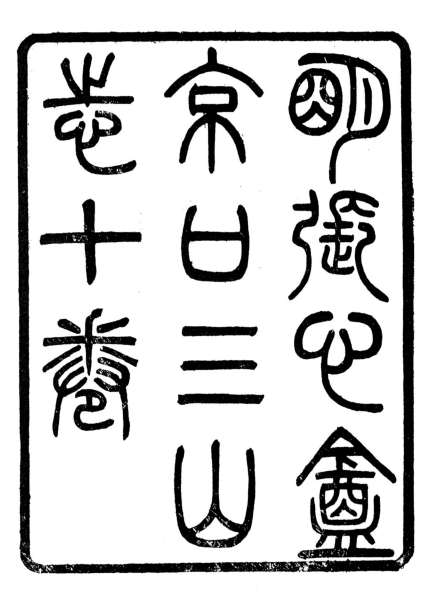

宣統辛亥
橫山艸堂

欽定四庫全書總目卷七十六史部地理類存目五

京口三山志十卷 江蘇巡撫採進本

明張萊撰萊字廷心丹徒人宏治間舉人北固金焦三山皆古來勝境而未有裒輯遺文舊事合爲一志者兗州史宗道爲鎮江推官始屬萊考三山名蹟沿革及歷代詩文彙成此編頗能訂譌正謬如金山之名舊云創於唐李錡萊則謂梁天監四年即金山修水陸會其名已始於六朝考證頗爲典核然如事物紀原引宋大中祥符七年四月詔封焦山大聖祠爲明應公本非僻書僻事而祠廟類中乃失收之則疏密亦不免互見蓋萊所依據多取諸郡縣圖經未能博徵羣籍故每有漏略也

京口三山志序

山之有志本禹貢山海經周禮職方氏而廣之宋范至能之桂山近代之石鐘皆是也北固金焦爲京口三名山其形勢之雄風物之美文人墨客之品題皆足以勝於天下而未有爲之志如桂與石鐘者山之僧以是爲闕典也稍裒集其事各爲一編志於此濫觴矣然統紀未一篇帙舛訛間或失之蕃蕪溺於神怪而遺其大者亦有之平陽史宗道以名進士來爲其郡推官聽斷之暇覽而病焉乃謀諸郡人張君廷心彙而輯之合爲一書曰京口三山志既成不遠數百里走書雲間屬爲是序而後乃付之梓人廷心舉於鄉與余爲同年史君博雅好古又余所習知也意不可以虛辱而三山者近在吾鄉邑間舟航南北今老矣追惟平生非局於程期則累

於憂患雖褰蓬引領神爽飛越而巖蘿磴蘚之側猶未有一跡焉每披圖按牒未嘗不悵然興懷意奇觀勝賞亦必造物者有以予之而昔人所謂意行所謂臥遊者特巧於自遣而終非其本情也乃今因是編而得以盡窮其勝龍宮塔廟之外至於林谷之杳邃泉石之幽奇厓鐫水刻瓌瑋譎怪之跡莫不羅列並進畢集於目前而無一隱遯異時肩輿逕過不問主人而所至皆爲熟境頭陀元老諸公亦不以余爲生客也則二君之惠不既多矣乎乃爲略詮次其後先考訂其疑闕定爲若干卷而述其大意以歸之史君名魯張君名萊宗道廷心其字余所從考實者北固山僧存景焦山僧智鉉始來致史君意者余同年友王君國儀終志事者新守羅君遵善也

正德七年壬申夏四月庚子賜進士出身翰林侍讀學士兼
經筵講官同修國史華亭顧清序

京口三山志卷之一

郡人張萊輯
雲間顧清正
推官史魯修

橫山草堂

總敘

潤州圖志諸書咸列北固於前而次及金山又次及焦山今俗稱謂率先金焦而後北固雖沿襲之久殊無可徵昔人謂京口東南第一郡北固京口第一山故志於首匪違俗也存舊也

北固山在郡城北一里下臨揚子江揚子一名京江寰宇記謂之京口水郡南二十餘里有長山發自天目屏風三茅至銅坑東卸而來勢甚高延袤數里東行爲馬鞍迴龍諸

山又迤邐而北至於釜鼎京峴京峴之中抽而右北北結爲郡治郡治之北特起爲此山三面臨水迴嶺斗絶勢最險固故謂之北固水經注所謂别嶺入江者是也李德裕亦謂北固乃京峴之一支耳其餘又轉南爲土山巋然隆起晉唐以來郡治嘗據其上梁武帝改名北顧者是也北固寶郡之主山其西有五聖巖秋月潭宋嘉定中郡守史彌堅因山趾陂澤疏爲是潭以藏舟瀕江巖石間有舊刻秋月潭三字國初高廟擒僞吳戴院判迴嘗駐蹕焉西北有觀音洞下有走馬澗澗東有海涵河其流俱入於江澗之上有橋曰柳溪橋圮而跡存建置莫考甘露寺之中有鰻井僧妙機鑿井得鰻魚二因名西南有天津泉深數丈徑尋餘甘冷瑩潔與他泉異高廟嘗駐蹕其傍題偶句云甘露生泉天降津以示時臣下無敢對者永樂間命取御筆歸禁中後僧取天語名之建亭覆護今轆轤尚存有鳳凰池上有宋淮海書院廢址高廟嘗臨此池召見耆儒丁拱熙等有守法守業守誠之諭廬陵王臣詩山雲欲到龍初起池水空淸

鳳末還其南有狠石石形如羊相傳孫權嘗踞其上與先主議拒曹操事晉陵白玢詩坐諧諸葛三分計勇壓曹瞞十萬兵北有甘露港南通上河北入大江在甘露寺下故名宋轉般倉實依此以立史彌堅嘗浚治之港有上下閘二皆以甘露名下閘之外有北固浦亦史彌堅所浚以藏舟縱可百八十餘丈有甘露壩宋咸平中郡守趙潛創國朝改今名山之西南有栲栳閘宋淳祐壬寅夏雨水暴漲自子城至北固山下寺之棟宇幾沒郡守何元壽創建以泄水勢以無患寺兩傍有甘露門跨鼇門俱史彌堅立甘露在北固亭之北跨鼇在其南山之趾有演武場自唐有之劉展叛江淮都統李烜潤州刺史韋儇屯京口關北固山趾為兵場郎此下有甘露渡唐孟浩然詩北固臨江口夷山對海濱江風白浪起愁殺渡江人正題此渡舊志系於西津謬也唐書謂京口在北固山甘露寺側李白詩吳關倚北固天際自茲設每天氣清明登此山望廣陵城郭如青霄中鳥道相去五十里世說荀令則嘗登此望海云雖未覩三山便使人有凌雲之志

金山在郡城西北七里大江中長山西北起為五州山至於

下鼻浦名遂入江突而爲此山始名浮玉道經言自玉京諸峯若浮而至者周必大謂此山大江環繞風濤四起勢欲飛動故名一名互父山又名獲符山晉破符堅置其俘山下因名又名伏牛山唐志貢伏牛山銅器亦名頭陀巖又名金山九域志云唐有裴頭陀挂錫於此後建伽藍於水際獲金數鎰以聞賜名金山頭陀巖記謂因李錡奏而易名然建中閒揚州陳少游以甲士臨江韓滉總兵臨金山與少游會則建中時已名金山非自錡始梁天監四年即金山修水陸會則金山之名自昔已傳又非始於建中矣宋大中祥符五年改名龍游山天禧辛酉復舊山之頂曰金鼇峯姑鶚道取詩金鼇屹立負禪宮勢壓羣山氣象雄萬古中流爲砥柱應知造化有奇功曰妙高峯東麓水中有鶻山孤石如蹲常有鶻棲其上亦謂之

鶻峯東麓之上為妙空岩硌砑洞豁縱廣數丈許國朝宣德中寺僧敏機作樓其下駙馬都尉沐昂書扁侍郎周忱記妙空轉東北曰日照岩亦曰朝陽洞正德丙寅寺僧雍草得洞內有古鐵香爐及見石壁舊刻日照岩三字因構小樓其上東眺焦山海門天水無際萬頃一碧旭日初升正迎照之昔人之遺勝也其下水中有善財石孤挺欹側宛然禮拜之狀亦謂之鶻石道遐詩塊石孱顏立水濆天然異狀不同羣妙高臺上有時見疑是善財參德雲善財之傍有盤陀石蘇軾嘗遊其上又有詩云中泠南畔石盤陀古來出沒隨濤波蓋指郭璞墓畔之石耳日照西北曰祖師岩一曰頭陀岩亦謂裴公洞相傳即唐裴頭陀開山得金處故名昔有蟒蛇盤據其中頭陀驅去之故又名蟒蛇洞嘗有僧入定於此其南面西水中三石山奇峭險拔類斲削而成雖大水不沒曰石排山亦曰石牌其上多昔人鐫刻水嚙苔侵悉不可辨相傳上有郭璞墓按韻書排與簰通此山皆巉石隱出水面若木簰然故名元延祐間總管段廷珪言揚子江古號天塹舟到金山急流處謂之攩簰泰定間臺臣檄云金山盤渦旋激號為大簰險之甚者似又不專指是山矣郭璞墓之

下有中泠泉大雄殿之西南有井亦曰中泠泉舊中泠最當波流險處水經第其品爲天下最故士夫多慕之而汲者每有淪溺之患寺僧乃於佛殿西南下穴一井以紿遊客其實非也又大徹堂前亦有一井與今中泠相去不十數步而水味迥劣按泠一作零又作瀶太平廣記李德裕使人取金山中泠水蘇軾蔡肇並有中泠之句張又新謂揚子江南零水爲天下第一蔡祐竹窗雜記石排山北謂之北瀶釣者云深三十餘丈則中泠之外似又有南零北瀶者潤州類集云江水至金山分爲三瀶唐竇庠詩西江中瀶波四截泠又作瀶豈字雖異而義則一然也萬川東注一島中立丹輝碧映攬數州之奇於俛仰間而下盤魚龍之宮神靈之府華錄金山爲下元水府寶堪輿間一奇絕處也參勝覽圖經及洞天記

焦山在郡城東北九里大江中與金山並峙相去十五里其本自京峴東北至於東馬鞍東雩石公山入江止而爲此山後漢焦光隱此故名或名譙山故寰宇記通典皆有譙山戍宋之問詩戍入海中山即此江淹詩本亦作譙亦名

浮玉見米芾臨金山賦注今岩石有古刻浮玉山二一在石屏石之側一在三詔洞之右而金山祖師岩石壁亦有之意金鼇浮玉其稱最古而互名踵譌後莫之考耳山之餘支東出分峙於鯨波瀰淼中曰海門山舊名海門關又曰海門國宋僧了元詩雙峰對峙敞高屏江漢滔滔向此歸誰謂魚龍無闔闢須知天地設樞機百川赴似羣巒貢萬派奔如列郡圍況是華嚴眞淨界古今旌表鎮巍巍唐詩稱松寥夷山即此李仲殊詩海門礙日山雙聳江北行人樹幾行亦謂之雙峯宋韓維詩一帶分江紀雙峯照海門山巔盤礴處曰焦仙嶺曰禮斗壇其下南麓有燒丹井了元詩後漢道將淪先生此煉眞不為人主用甘作玉皇臣禮斗壇猶在燒丹井向新秋風松上鶴還是白雲身下有焦山渡山之西畔曰觀音岩米芾詩岩多陰霧龍藏角虹掛蒼林玉露膩濁氣不侵靈覎下方壇曾此駐清飈南曰羅漢岩怪石巉岩其下一小塔對峙於水際石上宋理宗書羅漢岩三字刻於石亦曰羅漢洞西南曰瘞鶴岩今淪於山麓亂石中宋胡致隆詩斷壯碑空有碎文章

壯觀亭之左曰羲之岩了元詩朱方瘞鶴右軍奇入石三分記歲時龍躍蛇奔此岩下等閑雷雨恐飛馳又有海雲岩見了元詩序莫知其處西南半麓有三詔洞深廣幾二尋相傳漢焦光隱此朝廷三下詔徵之不起故名石刻猶存中有隱士像了元詩疇昔先生此掩關紫泥三到石房閒若教便逐蒲輪起安得清風鎮海山傍有棧道石舊刻棧道數字隱隱苔壁間而岩磴崎嶇篁木深密但可遙睇而不可即也其下水際有角觝石二石相對勢若爭雄有釣魚臺石石磴之側有石屏石舊刻石屏二字筆法奇古吳傳朋書也石屏之傍有浮玉石舊刻浮玉二字汴人趙孟奎書瘞鶴岩之側有霹靂石舊刻模糊不可辨羲之岩之東有鑽丹石圓夷徑咫有半中一竅闇而深規而不盈寸舊傳爲鑽丹石觀了元詩註云出道書眞誥蓋指傳先生焦山石室事故了元詩云讚石忘勞四十年刀圭纔得便升天如今豈是無靈藥只恐求人志不堅然則舊傳之訛可見矣山之西北隅林木陰森人跡罕至碧桃灣在焉了元詩碧桃枝上鏁蓬萊當日仙翁手自栽方朔不宜容易採三千年始見花開東北隅煙梢霧篠叢密蔽翳境甚幽僻青玉塢在焉了元詩萬本琅

玕葉葉風景寒淩雲轉青蔥莫憂西海無時雨多養龍孫在此中 金焦二山屹立於大江如洪河砥柱如蒼龍雙闕而北固瀕江中據江南諸山南來抵江而止延袤巉岩對視中流之峯脈理融貫傾聳揖顧若外護然天下山川之形勝莫踰於此

諸寺 附堂宇

白馬西來而佛寺昉於漢赤烏東紀而僧宇蔓於吳潤吳地也北固金焦又潤山奇特之最故今昔寂士高僧眈幽阜錫則崇其宮嚴其事而棲止觀遊之勝咸冠乎諸剎矣今總其規模之大者於前而附其餘次簡若荒墟頹址無所於稽所謂年深成古跡者亦各第其名而庾庫庖湢之細不與焉

甘露寺在北固山三國時吳王皓所建時改元甘露因以爲

名張氏行役記謂甘露寺在金陵山上蓋唐人指京口爲金陵寺舊在山下唐李德裕觀察浙西時施州宅後地增拓其基宇或云此時甘露降因以名寺非也乾符中燬鎮海節度使裴璩重建宋祥符間僧祖宣後移於山上建炎燬於兵嘉定壬戌僧祖燈復建元至元己丑燬大德己亥僧智本重建國朝宣德癸丑僧玹理重修創景泰間僧惠璉行詮成化弘治間僧益淵妙福體琛相繼修建而規模煥然矣大雄殿在中創始修建皆與寺同觀音殿在西北元僧智本建國朝僧行詮重建伽藍殿在左成化甲午僧益淵重建正德初體琛重修藏經殿在大雄殿之前正統間建以貯敕賜大藏經典五聖殿在觀音殿之前弘治癸丑重修天王殿在北固山之南弘治癸丑重修祖師殿在北固山之頂弘治初重建鐵浮圖在天王殿之東北唐寶曆中李德裕建乾符間燬宋元豐中復建至今存焉法序塔在山之東

北隅宋太平興國中丹徒令王紀改築縣垣土中得石函上刻云梁大同五年道人法序瘞眞身舍利於此函中銅龕一龕中一銀合合內二銀瓶中有舍利七粒龕後刻唐貞元十一年再加營奉掌役者張遇獲之遇以正應在已後投慈雲寺爲沙門易名聞眞端拱元年遷瘞於此因建塔焉散騎常侍徐鉉爲記廣照塔在山西北麓曾肇有塔銘三門周廡共四十九間僧房一百二十八間

惠安寺在郡城緑水橋東北南唐保大中嘗迎維揚旃檀佛於此甘露之浴院也今不相屬

芝峯院在白兔山之西

時思院一名趙墳菴在白兔山之南

唐王菴在澗壁孩溪橋南

金山寺在山之西麓舊名澤心東晉建趙孟頫謂元帝時唐虞集謂明帝時裴頭陀重開山梁天監中水陸儀成嘗卽寺修設孫覿亦曰故剎踵梁陳之舊而祥符圖經謂始於唐蓋因頭陀開

山而誤也王彥章又云先唐之代謂之龍遊觀已而爲浮圖所有幾二百年宋咸平中寺僧幼聰獻山圖祥符五年眞宗夢遊其處改名龍遊禪寺重賜修建飛帛書龍遊山三字揭於門慶曆八年燬明年復建政和四年詔天下立神霄玉清萬壽宮郡以金山龍遊寺改建爲天下神霄宮第一徽宗御書殿閣等十額以賜後復名龍遊寺南渡燬於火淳熙中寺僧蘊衷重修學士洪邁記國朝永樂中僧道瀾重創廊閣繪湧壁洪熙改元葺大悲殿正統閒燬十二年都綱弘霪重建自元以來通謂金山寺云寺中爲大雄殿始建於晉重修建與寺同其前爲天王殿面臨大江弘霪建其東北爲伽藍殿西爲祖師殿其後越毘盧閣爲藏經殿正統閒侍郎周忱建以貯所請藏經藏經殿之後爲觀音殿永樂閒內侍鄭吉祥建洪熙初僧道瀾重修山巔有薦慈塔二宋元符末知樞密院曾布建後廢淳

熙初重建門廡共一百四十間
今亦廢

般若院在西津豎土山巔元至元間鎮江路達魯花赤馬
薛里吉思即金山地建二寺曰雲山曰聚明後至
大己酉詔畀金山寺僧應深兼主之永爲金山寺下院賜
今額集賢學士趙孟頫記云西津岡巔金山之地爲也里
可溫所奪建兩十字寺曆二十七年乃復爲金山寺下院
三方輝炤一峯中瀛益以壯偉翰林學士潘昂霄記云銀
山寺金紺碧煥乎一新後錫
名金山寺般若禪院久廢

玉山寺在西津渡口即宋紹興間所建浮玉亭故址後史
彌堅易曰東南形勝今爲寺其下爲京江迎送公
館

蒜山松林院在西津江岸上舊有禪院山之上有閣曰蒜
山閣或云芙蓉樓晉王恭創蘇軾欲就卜居
以其地屬金山故有
寄元長老詩久廢

天妃廟在豎土山元至正三年
金山寺僧德煥重建

永安寺在羅木橋
西石門

焦山寺在焦山上舊名普濟寺創自東漢興平間至唐僧法

寶重建宋名普濟菴元祐初僧了元居之尋復名普濟寺
景定癸亥寺燬主僧德暉復建（郡守陳均記）元易今額國朝因
之宣德間寺僧覺初心重建堂宇寥寀咸極壯麗正統景
泰間僧弘衍拓舊規增創而梵宇之盛遂與金山抗矣大
雄殿始建於唐（宋了元元聞叟國朝覺初心弘衍修建不一弘治間都綱妙福僧妙瑛重建）天
王殿藏經殿並建於正統（天王殿寺僧弘衍建藏經殿正德丁卯僧妙甯重建）五聖
殿弘治己酉修真武殿弘治丁巳重建（並都綱妙福寺僧妙瑛）鎮寺
塔在山之巔（寺舊無塔元大德二年江浙僉省周文英渡江阻風許建塔於焦山有頃風止乃捐貲創造曆九年而成者舊謂山不宜建塔後寺或多事遂廢今吸江亭其遺址也）化僧塔峙山之東
北（詳圖悟庵記）門廡共九十八間
靈建寺（在定波門內東土山之上）
寺莊菴（在當江沙）

彌陀菴在大沙

寶塔菴在大沙嘴

堂宇樓閣亭臺之類不復區別從簡以便觀覽

北固山甘露寺

護敕堂在藏經殿東南天順己卯建以奉藏經敕諭

雷音堂在護敕堂後即寺之方丈

水陸堂元大德間僧智本建明本記

法堂舊在雷音堂後元大德間僧智本建國朝宣德甲寅僧玹理改建於山畔今廢

僧堂在五聖殿後宣德戊午僧玹理建

雨華堂久廢

東軒在寺之左宋郡守方滋嘗於此建多景樓陳天麟謂

啟窗東鄉僅得圖汝焦石數山長江一曲者卽此隆興中廢後易今名顧利賓詩何時借榻東軒下臥看驪珠吐月華

西軒與東軒對元至正間喜山於此題詩有攜得紫簫吹月出喚將白鶴渡江來之句見紀異

北軒杜牧之詩北軒闌檻最留情謂此

垂青軒在山之東麓宣德戊午僧玹理建取孫魴天垂四面靑之意四軒今俱廢

淨名齋在山之下宋米芾建自爲記并詩見寶晉齋集今廢

海岳菴在山之西麓亦米芾建蔡氏叢談云米南宮以研山於蘇學士家易甘露寺園地營菴其中自題曰天開海

岳後燬乃移建於城東利涉門內國朝宣德間僧玹理郎故基重建侍郎周忱旬宣日居之今廢

北固樓在山南絕頂晉蔡謨謝安鎮京口並起樓於上以置軍實遂擅一山之勝梁天監中武帝御書天下第一江山六字揭於楣（今門榜六字宋淮東路總管延陵吳琚書）大同十年春三月幸京口登覽賦詩則此樓之建其來甚遠今其址為祖師殿

多景樓在山之巔創始歲月無考陳天麟謂當起於宋以唐人登覽題詠皆不及也熙甯中寺僧應夫重建尋燬郡守方滋嘗建於寺東南隅東軒是其遺址乾道中僧化昭改建於此天麟記謂天清日明一目萬里盡得江山之勝故名僧仲殊南徐好十詞六曰多景樓國朝宣德中僧玹理重修尋燬而復建弘治癸丑夏雨中而燬

雨華樓二在山下分峙於大悲千佛閣之東西宣德乙卯俱僧玹理重建今廢

海門樓久廢

清暉閣在寺中取謝靈運詩山水含清暉之意今廢

千佛閣在山下

大悲閣在千佛閣後宣德閒俱僧玹理重建弘治乙卯燬

凝虛閣在大悲閣之側

御書亭在藏經殿之前正統閒建後廢因建護敕堂

北固山亭在山之絕頂齊梁之前已有之武帝臨朱方刺史靜惠王子宏子正義乃廣其徑路榜施欄隧翌日御小輿以登上悅眺望久之宋郡守王埜嘗大書四字刻於石後燬

臨江亭在山上唐李德裕嘗題詩於壁云近世二千石畢公宣化厚丞相量納川平陽氣衝斗三賢若時雨所至蹟仁壽丞相者陸象先也畢公畢尙書構平陽齊詹事澣也三賢皆歴潤守故書此亭

鎭海亭亦北固登臨之勝見潤州集今廢

金山金山寺

浮金堂在寺中宋徐元用嘗邀蘇子瞻同遊賦詩

雄跨堂宋乾道初淮東總管洪适取孝宗御製詩中二字名之

玉鑑堂取學士蘇紳詩僧依玉鑑光中住之句爲名

水陸堂在寺中宋慶歴八年燬九年僧瑞新重建南豐曾鞏記

元至大延祐間三建水陸會僧應深復建吳興趙孟頫書記

大徹堂在大雄殿左中泠泉之北宋爲僧堂時堂中僧一十八人頓覺宗旨寺僧圓悟因改今名國朝天順閒僧甯謏重建

悟心堂在妙高臺下景泰閒僧甯謏重建

三禁堂宋僧別峯建事見紀異

永安堂在大雄殿南正統閒僧弘滋建中書舍人金湜隸額

觀瀾堂在長廊下成化閒僧安賢建

楞伽室在妙高臺下宋乾道戊子寺僧寶印建舊傳蘇軾於此寫楞伽經故爲之作室而扁是名按蘇文忠公書楞伽經後畧云太子太保樂全先生張公安道慶曆中嘗爲滁州至一僧舍偶見此經入手恍然如獲舊物開卷細視宛手筆也軾遊公之門三十年矣今年二月過南都見公於私第公時年七十九歲軾亦老於憂患百念灰冷公以爲可教者乃授此

經且以錢三十萬使印施於江淮間金山長老了元見曰
印施有盡若書而刻之則無盡軾乃爲書之元使其侍者
曉機走錢塘求善工刻之板遂以爲
金山常住元豐八年九月蘇軾書

聽潮軒在靈觀閣下景泰間僧弘霆建太常卿程南雲篆
額成化間僧安溥重修

養素軒在山之東成化間僧智明建盱江左贊隸扁

鎮濤軒在山之東成化間僧永鏡建

涵清軒在妙空岩前弘治間僧理潮建

雪月軒在養素軒左弘治間僧古岩建

竹院在妙空岩側永樂間僧聰敏建見侍郎周忱記弘治
間燬僧智和復建易名菩提菴

無極院久廢

冰雪窩在寺廊下正統間僧甯讓建

信菴在無邊閣之西宋淳祐閒理宗御書二大字賜其臣趙葵葵因創此菴揭之

北菴在中泠泉之北弘治閒僧惠明建

涵虛樓在聽潮軒後

善財樓在寺中僧衡適中建

化城閣宋丞相王安石嘗遊其上有詩僧仲殊南徐好十詞閣爲第七

無邊閣取風月無邊之意

金鼇閣取蘇紳詩人踏金鼇背上行之意

奎文閣宋高宗幸建康孝宗以元子扈從登金山賦詩郡守方滋建閣刻石於下且爲記

萬壽閣在寺之右元至大初僧應深建學士虞集記

毘盧閣在大雄殿之後永樂中僧道瀾建成化間僧安溥重建

千佛閣在大雄殿左永樂中僧道瀾建

靈觀閣在山之南畔洪武中僧祖南於此建五聖閣弘治間繡頭募緣僧安賢同建榱巨棟壯麗高敞大江瀰瀰奔赴於下五州諸山環列於前縈金繚碧勝絕之境也

留雲亭在山之絕頂久廢景泰中郡守白仲賢命僧弘霔甯謖重建高明雄傑參拒雲漢擅一山之奇訓導彭祿記正德辛未尚書喬宇易其扁曰馭風

呑海亭在山巔東瞰海門天水蒼茫萬景翕聚眞奇絕處也宣德間僧德全重建景泰間復修元張翥詩老我惜無呑海句但磨岩石記曾遊

迴瀾亭在山西南高阜地遺址尚存前有布袋亭亦廢

觀瀾亭在山東北宋寶祐中僧永茂重建

煙雨奇觀亭在迴瀾亭之北宋紹興閒僧蘊衷建其後僧貞菴復建郡人陳從古書扁弘治辛亥重修

江山一覽亭在觀瀾亭北成化弘治閒僧安普安賢重建

中泠泉亭在泉之上宣德閒僧德全重建學士黃淮書扁弘治庚申尚書白昂修正德辛未員外郎都穆易其扁曰東南第一泉

妙高臺在山絕頂宋元祐閒寺僧了元建蘇子瞻有寄佛印妙高臺詩後僧衡適中重建今毘盧閣之左有廢砌壁立相傳卽臺故址也按了元詩自序云東望瞻禮須臾焦山西北霞光上燭星漢卽於方丈構妙高臺潛對其地今址在山畔而爲層巒掩蔽焦山不可望而見貞潛與之對歟

焦山焦山寺

海雲堂在大雄殿之左即寺之方丈僧了元詩煥麗超千古濤香散九垓之句

弘治辛酉重建

僧堂在大雄殿之右景泰中寺僧弘衍建弘治辛酉都綱

妙福僧妙瑛重建

海門菴在寺之東成化間僧宗澄重建了元詩九派長江會海門海門開口

等閑吞江洋萬頃吾菴

外一任魚蝦作水渾

別峯菴在絕頂之東北已廢了元詩絕頂無尋處何人爲指南回頭見知識元在別峯

菴

自然菴舊在山半觀音閣西今移於眞武殿之右弘治閒

重建了元詩疊石爲菴本自然此菴成就在先天菴中人與菴同老不似蓬萊有壞年

海峯菴在明應殿後弘治己酉僧妙瑛建

水精菴在明應殿之東南成化乙巳都綱妙福建內有一

笑軒臨江軒

東菴舊名祖覺在水精菴東正統間僧祖心建後易今名

海西菴在天王殿之西正德壬申僧妙盌建

朝陽菴正統間僧弘深建

海雲樓在海雲堂後正統間僧弘衍重建元黃常詩乾坤影浸三山樹吳楚青連萬古煙鶴背笙簫天籟發龍噓簾箔夜珠懸

寶蓮閣在海雲堂東正統間僧弘衍重建了元詩巍閣思惟大海時寶蓮花座妙難齊淩波自有天龍護不比凡葩在淤泥

贊善閣見唐圖經久廢

千佛閣在大雄殿之東景泰間僧弘衍建今廢

觀音閣在山畔西南舊名觀音庵成化間都綱妙福僧妙瑛重建

吸江亭舊在山之西茲山勝槩與金山敵故金山面東爲亭曰吞海而焦山面西爲亭曰吸江弘治中都綱妙福僧妙瑛移建於山之絕頂其地舊鎮寺塔基也

善財亭在觀音閣後了元詩親見文殊七寶幢悟心初在覺城東象王回顧無人會方入華嚴境界中

壯觀亭在山西南天順間郡守姚鏜建取太白登高壯觀天地間之句徐有貞記正德壬申寺僧妙盌建

寶墨亭二其一以覆瘞鶴銘宋初建其一以覆陀羅尼經石幢咸淳中建石幢舊在郡治郡守趙溍移置山中亭以是作蘇子美詩山陰不見換鵝經京口空傳瘞鶴銘瀟灑謫仙來作記風流太守爲開亭兩篇玉蘂塵初滌四體銀鉤跡尚青我久臨池無所得願觀遺法快沈冥趙溍題僧如玉瘞鶴銘辨評跋師示以瘞鶴銘辨今因以所得陀羅尼經右軍書遺之郡志有墨寶二郎此帖之在郡治者與華陽眞逸書也隱而顯離而合於是古潤二寶俱萃

於焦山之下三生石上一笑領悟固多矣奚奚庸多辨咸淳第八夏至日

朝宗亭在山之東與海門山對久廢

望江亭在山之西昔人謂登是亭而望焉則濡濡淏淏稽天而白者皆江水也故名今廢

一漚亭二其一在山上一在焦山渡之東宋寶祐中總領趙與訔建俱廢

飛仙亭

江山偉觀亭並在山上

煉丹臺在山絕頂焦光遺跡也

田土

三山田土之富金山爲最焦山次之甘露又次之以頃計者最下且踰百蘆洲草塲不與焉皆自昔以來上下

之所錫予或寺僧之所闢置然世代遞易陵谷潛移間亦有名存而實亡者其存者又或爲公署郡舍之基兵塲騎廠所擇而兼并失迷因循荒穢者又不與焉志固不可不書而亦不得而詳也今各本其初而係其載籍之數以存舊而徵實云賦役附書亦王土王民之意也

甘露寺

丹徒縣田地九十頃六十畝

丹陽縣練湖莊田四十頃（宋大中祥符間僧祖宣住時時賜）在籍三十頃

泰興縣田二十七頃（元大德己亥年賜寺僧云泰興人欒子華施）在籍九頃

新港蘆洲草灘四百畝有奇

寺後草灘二百七十畝有奇

歲輸夏稅秋糧共爲米四百零三石

絲價銀三十兩

南京會同館上馬一疋兩腳折納官價銀六十三兩

每十歲輪統直部祇候一名

金山寺

西津田地山塘灘共二百四十九頃一十七畝三分三釐九毫（宋大中祥符間及元至大己酉年賜）弘治閒巡撫都御史彭禮奏免坍江官田五頃一畝二分

建康蘆場七千畝（宋元符末知樞密院曾布施以供薦慈塔下香燈之費）

歲輸夏税麥四百八十五石九斗七升九合二勺

荳二百八十八石三斗六合四勺

絲一十四斤十三兩二錢一分九釐八毫

綿一十三兩四錢一分一釐三毫

秋糧米一千六十四石五斗二升四合

馬草一千四百三十包三斤十二兩

折納米一百四十三石二升七合五勺

每十年輸充均徭三名弘治間僧安賢奏免以爲事例

寺舊有軍三名站馬二疋僧充糧里長役歲運所輸糧至通州交納寺僧苦之宣德三年住持僧道瀾具奏奉宣宗皇帝聖旨當軍的開了他軍伍當匠的還當匠事故了免他勾補站馬免他走遞官糧准他本處交納糧里長不要和尚當欽此今刻石寺中

焦山寺

古額田地灘洲山塘蕩共一百二十九頃九十六畝三分二釐九毫

歲輸夏稅麥一百八十石二斗二升四合
　絲價銀三十兩
　秋糧米八百一十一石一斗九升餘
南京會同館上馬一疋兩腳折納官價銀六十三兩
每十歲輪充均徭三名

祠廟

山川之靈發揚於上賢俊之沒延譽於後是咸有功德於吾人而食其報如金山之順濟廟焦山之英濟祠皆明禋所載昭示無窮者故特詳之以著典禮之盛

順濟龍王廟在金山即下元水府廟五代楊氏據江封宋祥金山山爲下元水府深廣不踰丈水與江符初賜額曰顯濟東南有龍王池又謂之龍洞通常隨潮上下元豐中寺僧了元以禱者病涉又附禪林而割牲

以饗非使因請遷於江南岸之西津建炎中燬浙西安撫劉光世重建紹興丁卯都統制王勝重修嘉泰初加封英靈普惠護聖泰江王嘉定中郡守史彌堅復建自爲記畧曰歲夏六月不雨至於孟秋之望農以病告禱於祠膚寸之雲起自祠傍穴日炎曦停午焦山外濃雲潑墨冷風掠人面如冰雪雨龍見於其間水波逆立有聲上與龍接疾電震雷甘霔隨至歲以大熟國朝洪武初詔封神爲順濟王有司歲以十月十五日致祭仍役民二丁以供灑埽正統丙寅郡守吳崖改建於大雄殿之左戊辰僧弘霆重修天順甲申郡守姚堂復撤而新之主事鄭靈記

按宋史長編載韓世忠伏兵金山龍王廟及岸下幾獲兀朮事在建炎庚戌距元豐遷廟已五十年豈廟雖遷而故宇之在山中者猶未毀耶疑廟壖非伏兵之地山麓非馳騎之途竊意當時基宇深邃廣延非今日比如東坡詩謂蒜山幸有閑田欲從了元卜居而徐知誥之會僚屬劉裕之破孫恩孔明之會公瑾皆在蒜山之上今淪入江滸止餘一峯向之遊據欲居之也皆安在哉蓋古今代明天地密移陵遷而谷固靡常矣抑亦昔人所謂塵編紀事未足

深信者歟

瓜步江神祠在金山寺中久廢天順間附於順濟廟

焦先生祠在焦山寺大雄殿之東祀漢隱士焦光宋祥符間嘗見夢眞廟封明應公親製詞以告刻石幢殿中故稱明應殿隆興中郡守方滋以神有庇民之德請於朝加英濟二字故稱英濟明應公祠郡人蘇師德記國朝載在祀典有司歲以三月十五日致祭仍役民二丁以供灑埽祠像舊用袞冕天順間郡守林鶚以非光本志嘗改用深衣大帶又呼隱士殿後復用袞冕壬午郡守姚堂重建郡人沈固記正德壬申郡守羅循仍改用深衣大帶殿前古柏二株甚蒼翠相傳唐宋物也了元詩曾入眞皇夢威靈鎮此州不須三尺劍能斷石公頭又寶幢詩龍鳳文章瑩玉鐫援扶沈溺聖明天山人事樂爲公相長作舟航濟巨川

李衛公祠在北固山下宋元祐中郡守林希建以祀唐浙西觀察使李德裕祠舊有檜柏二株公所植也故即其地祀之蘇子瞻詩赫赫贊皇公古柏手親植翟汝文詩贊皇藝兩檜鬱屈蛟龍蟠元符間祠廢

錢文惠公祠在甘露寺祀宋參知政事錢良臣也良臣淳熙九年以正奉大夫爲郡守邦人德之爲立祠於此

趙彥逾祠在甘露寺宋紹熙二年彥逾以朝議大夫集英殿修撰刺潤州三年除戶部侍郎去郡人懷之爲立生祠

宇文紹節祠在甘露寺宋開禧丙寅紹節以大中大夫寶文閣待制爲郡守政務簡靜上下咸賴以安郡人深德之爲立生祠陳琪爲記後召除兵部尚書卒衆爲設祭進士姜君玉爲文三祠皆廢

柳相公廟在北固山下祀柳如京

劉使君廟在北固山西麓宋慶元間重修海陵主簿黃涇記使君爲漢人祥符圖經稱劉四郎土人以郎非尊稱也故更曰使君使一作史二廟並廢

眞武廟在北固山南之土山弘治戊申建

京口三山志卷之一

京口三山志卷之二

名賢

三山山水清絕古今棲遲名世之士登覽盤桓者不可勝記然有功與德於茲山茲寺如洪文敏公所謂若有夙因焉者又胡可弗書第或晦其名氏而不能盡書耳夫書不書固無所增損今特著其一二發揚幽潛庶亦以人而顯以事而傳歟

漢焦光皇甫謐逸士傳曰世莫知焦光所出或言生漢末無父母兄弟見漢衰乃不言嘗結草爲廬冬夏袒露垢汙如泥後野火燒其廬光因露寢遭大雪袒臥不移人以爲死就視如故按魏書焦光管寧傳隱者焦光河東人也魏畧又曰名先字孝然建安末關中亂先獨竄河渚間自作一蝸牛廬處其中僉謂之隱者或問皇甫謐曰焦光何人曰吾不足

以知之光曠然以天地爲棟宇闇然合至道之前出羣形之外入玄寂之幽犯寒暑不以傷其性居曠野不以苦其形遭驚急不以迫其慮雖榮憂不以累其心損視聽不以汚其耳目羲皇以來一人而已去城九里江中有焦山舊經云焦光所隱也後卒蔡邕爲贊

唐李德裕字文饒長慶二年九月由御史中丞授正議大夫使持節潤州諸軍事守潤州刺史兼御史大夫浙西道都團練觀察處置等使八年再出爲檢校尚書左僕射潤州刺史鎭海軍節度蘇杭常潤觀察等使（本傳并衞公年譜穆文二紀）其刺潤時以州宅之地在於北固山下者予甘露寺爲拓其基址增廣其室廬而梵宇像教用咸鼎新寶曆中於山之東南建鐵浮圖七級及留所藏陸探微名畫以授寺僧手

植二檜至宋尚存後發古殿基獲舍利七并石記乃公所瘗爲穆宗追福者也宋元祐中郡守林希創祠寺中以祀之錄其所著文集五卷會昌一品集二十卷文武兩朝獻替記二卷與佛書同藏於寺乾符中有鎮海節度使裴璩者因寺廢於回祿亦爲之重建焉

宋蘇軾字子瞻眉山人登嘉祐進士與常州蔣之奇聯名遂約卜居陽羨後以言事謫黃移汝乃上章願得居常制可之潤常鄰封也乃往來於潤居金山寺與主僧禪師了元善爲書楞伽經刻之於寺後至自杭與孫巨源王正仲會甘露多景樓賦江天斜照傳之樂府遊焦山爲綸長老賦詩書其壁而探摭三山奇勝之蹟多形之吟咏一日解玉帶施元長老元以衲裙爲報龍眠居士李伯時筆公之像

其弟轍子由贊之元本齋王都中爲之裝褫以留金山寺寺又有了元像亦龍眠筆云

米芾字元章別號海岳外史太原人父某徙居襄陽未幾家丹徒芾刻意文詞體製奇險特妙於翰墨畫山水人物自名一家尤精裁鑒而風韻蕭遠趣尚高潔京口耆英傳云芾喜登覽山川擇其勝處立宇製名來者莫能廢作淨名齋於北固山下自爲記見寶晉集蔡氏叢談云芾以所珍研山易蘇學士家甘露寺地結庵號海岳日吟哦其間爲京口佳絕之觀遨衍三山賦詠畧徧如甘露悼古詩臨金山賦焦山明應祠銘其尤彰著者也累官禮部員外郎知淮陽軍自寫其眞刻石甘露寺其子友仁爲贊今石在趙郎中滄江別墅

友仁字元暉力學嗜古文詞書畫得其家法仕至工部侍

郎敷文閣直學士世號小米云

國朝周忱字恂如廬陵人宣德間以工部侍郎巡撫南畿顧甘露金焦爲江左名刹歎其頹敝之久乃命僧玹理住甘露命都綱弘霆住金山僧祖心弘衍住焦山俾得悉力以興廢鼎新爲事故三山之邃殿延廊切雲麗漢漆丹堊黝炫晃崔嵬千百年瓌傑之觀復煥然而且有加於昔者公之惠爲多至請敕賜藏經於三寺皆創殿作庫貯之復其寺之徭役之久爲厲歸其田之占業於豪右舊隸戎籍與輸部作悉請原之重建海岳庵於北固山西來旬之日居其中而金焦之幽時假館焉其詩記之作類多可誦至於諸郡學校先賢祠橋梁河道多所修葺濬治名宦錄

釋子羽士有所建造者必往求之所獲多過望古懷雜錄公之德蓋不偏

在潤亦不止於三山而三山之惠公德也獨爲至焉寺皆留其像學士王英爲贊

住釋

三山自有寺以來高人韻士寄跡其間者多矣解脫枯寂其爲教則然而創始起廢有光於茲山者法固得以實書也庸具列之

甘露寺

唐言禪師李德裕刺潤時有祭言師文

自省李德裕有懷甘露自省上人詩云必悟覺身勞雲中棄寶刀久閒生髀肉多壽長眉毫註云上人嘗有戰功

棲松李建勳有寄甘露棲松上人詩

默師羅隱錢塘遇默師憶潤州舊遊詩有歌敲玉唾壺醉

擊珊瑚枝石羊妙喜街甘露平泉碑捫苔想豪傑剔蘚看
文詞歸來北固山水檻光參差
宋祖宣祥符間以國戚住寺得賜丹陽練湖田四千餘畝乃
遷寺山上而侈麗實盛於昔
應夫熙寧中主甘露寺嘗聚徒五百餘人重建多景樓號
廣照大師曾肇銘其塔
化昭乾道間重建多景樓郡守陳天麟爲記
道舉字季若名能詩有書記文集
祖燈嘉定間重修葺殿宇
元普鑑建山門庫院觀音殿及行堂
智本大德間重建寺宇而土木章采咸越舊規
國朝常欽字惟心能讀六經過目不忘初入普照寺禮明行

爲師又爲了卽休掌記室住儀眞天寧寺洪武初上親選
住甘露聽講者恆千餘人有賴叟集
師一號無二戒行精專時號法門梁棟僞吳張士誠遣戴
院判入寇高皇躬率舟師追至浮子門盡降其衆旋師駐
蒜山下幸拱眞庵大閱師士獻詩云天人西來乘赤龍手
握寶劍青芙蓉出師百萬皆英雄四方上下雲相從大身
推鼓聲雷同斬蛟射鯨滄海中須臾日出扶桑東波平浪
息天無風歸來奏凱登九重斯民有賴歌年豐祝皇壽比
南山崇邦基永永傳無窮
了安號心海住持報恩寺陞甘露寺復住金山寺示寂
正除洪武閒任副都綱
玹理宣德閒作法堂修多景樓建千佛大悲前後二閣雨

華東西二樓佛殿僧房廊廡俱葺新之復創海岳庵構垂
青軒學士王直爲記

惠璉

行詮二僧正統間相繼修葺殿宇時詔賜經律論三藏五
千四十八卷金書華嚴經一部

益淵天順中修建寺宇

金山寺

梁祐律師天監中住金山寺嘗奉詔宣水陸儀文

唐裴頭陀重開山得金而金山之名益著山洞有蟒蛇盤據
頭陀驅去之今裴公洞其遺跡也後嗣法器有達觀穎圓

通賢

子祥李建勳有金山僧子祥謁金陵尹詩

宋幼聰咸平中獻金山圖於眞宗因詔遣內侍藍繼宗賜大
藏經一部
瑞新重建水陸堂曾南豐爲記
佛印建妙高臺能詩與蘇軾契好軾寄詩有臺中老比邱
碧眼照窗几巉巉玉爲骨凜凜霜入齒機鋒不可觸千偈
如翻水嘗爲書楞伽經鏤板行世又留玉帶以鎭山門
圓悟勤主寺時僧堂中一十八人悉皆解悟因改名其堂曰
曰大徹
別峯印乾道中建楞伽室及三禁堂
可庵衷重建佛殿學士洪邁爲記
元長溪應深至大間敕住金山寺賜金襴千佛袈裟建萬佛
閣于內府金鈔爲飾萬佛像敕學士虞集爲記

德煥至順三年募眾修整寺宇及重建暨土山之天妃廟

了即休薩天錫有寄即休師詩老禪住處水雲重之句按薩天錫詩集休乃鶴林僧也豈嘗移錫蒞金山歟又甘露常欽為金山即休了師掌記室

心海庵嘗鼎新殿宇

寶印俗傳前有佛印別峯印及寶印世謂金山三印

國朝來復見心洪武中以詩名寺之倉廚庫室多所興創

守戒號法誠行高而能文詞高廟駐蹕於北固鳳凰池復應制獻詩曰賊寇臨京口王師出海邊四方喧動地萬姓獨瞻天笳鼓驚栖雁旌旗耀戰船生擒五千士齊唱凱歌旋

衡適中重建妙高臺及創善財樓

能祖南重建五聖閣

凱南清任都綱頗能詩嘗裒刻金山古今詩預纂修佛書
瀾文海建毘盧千佛二閣廊廡湧壁募工繪飾舊遺軍匠
驛馬等役爲之奏免
全休庵建吞海亭及中泠泉亭大學士黃淮爲書扁保定
伯梁珤爲留玉帶
霔甘霖宣德間任都綱巡撫侍郎周忱命主金山寺重建
大雄諸殿奏請藏經詔以賜之郡人沈固爲留玉帶
緩無聞重建大徹悟心二堂
戴庵弘乘重新殿堂及龍王廟與山麓磯岸嘗編刻名勝
錄

焦山寺

唐法寶寂卓錫焦山重建梵宇

宋佛印了元元祐初住焦山普濟菴嘗作十六題詩
如玉住焦山著瘞鶴銘辨證
綸長老蘇軾有詩書其壁有云法師住焦山而實未嘗住
我來輒問法法師了無語
南華成老侍郎王渙之有成老移住焦山詩云南華北固
接煙波萬里鵬程未是多達摩西來本無事老師東去又
如何
德暉景定間寺燬暉鼎新重建
元間叟鏡堂增置寺田刻於石以傳
國朝覺初心宣德三年重建殿堂寮案正統初重建大雄殿
及僧宇作東庵於寺之東
弘衍正統間鼎建殿堂奏請賜經律論三藏及金書華嚴

經與甘露同景泰中創千佛閣重建海雲樓

京口三山志卷之二

京口三山志卷之三

集詩一 北固山

登北固樓 梁 武帝

南城連地險北固臨水側深潭下無底高低長不測

從遊京口北固應詔 宋 謝靈運

玉璽戒誠信黃屋示崇高事爲名教用道以神理超昔聞汾水游今見塵外鑣鳴笳發春渚稅鸞登山椒張組眺倒影列筵矚歸潮遠岩映蘭薄白日麗江皋原隰荑綠柳墟囿散紅桃皇心入陽澤萬象減光昭顧已枉維縶撫志慚傷苗工拙各所宜終以反林巢曾是縈舊想覽物奏長謡

北固山甘露寺 唐 孫魴

寒暄皆有景孤絕畫難形地拱千尋嶮天垂四面青晝燈籠

雁塔夜磬徹漁汀最愛僧房好波光滿戶庭

曹松

香門接巨壘畫角閒清鐘北固一何峭西僧多此逢天垂無際海雲白久晴峯旦暮燃燈外潮頭振蟄龍

北固山　王灣

客路青山外行舟綠水前潮平兩岸闊風正一帆懸海日生殘夜江春入舊年鄉書何處達歸雁洛陽邊

竇常

水國芒種後梅天風雨涼露蠶開晚簇江燕語危檣山址北來固潮頭西去長年年此登眺人事幾消亡

北固樓　李太白

丹陽北固是吳關畫出樓臺雲水閒千岩烽火連滄海兩岸

旌旗遶碧山

皇甫冉郡人

悵望南徐登北固迢迢西塞限東關落日臨川問音信寒潮惟帶夕陽還

高蟾

澤國路岐當面苦江城砧杵入心寒不知白髮誰醫得為問無情歲月看

寄題甘露寺北軒

杜牧之

曾上蓬萊宮裏行北軒欄檻最留情孤高堪弄桓伊笛縹緲疑聞子晉笙天接海門秋水色煙籠隋苑暮鐘聲他年會著荷衣去不向山僧道姓名

許渾郡人

雲蔽長安路更賒獨隨漁艇老天涯青山盡日尋黃絹滄海經年夢絳紗雪憤有期心自壯報恩無處髮先華東堂舊侶勤書劍同出膺門是一家

狠石　羅隱

紫髯桑蓋此沈吟狠石猶存事可尋漢鼎未安聊把手楚醪雖美肯同心英雄已往時難問苔蘚何知日漸深還有市廛沽酒客雀喧鳩聚臥蹏涔

北固樓　盧肇

北固巖端寺佳名自上台地從京口斷山到海門迴曙色煙中滅潮聲日下來一隅通雉堞千仞聳樓臺林暗疑降虎江空想度杯福庭增氣象仙磬落昭回覺路花非染流年景讓催隋宮凋綠草晉室散黃埃西蜀波湍盡東溟日月開如登

最高處應得見蓬萊

多景樓　宋　周繇

每日憐晴眺閒吟只自娛山從平地有水到遠天無老樹多封楚輕煙暗染無雖居此廊下入戶亦踟躕

前人

曉色宜閑望山風遠益清白雲連晉閣碧樹盡蕪城水靜沙痕出煙銷火野平最堪嘉此景爲我長詩情

陳輔之郡人

古城龍項直孤角雁行稀海月天懸鏡江雲地作衣楚封山或是秦鑿事還非千古英雄恨漁人一笑微

晁端友

北固山頭寺風煙昔縱觀臥庭秋石狠環舍海濤寒越船樓

前聚江楓戶外丹最宜清夜月虛閣憶盤桓

蘇軾文忠公

江山豈不好獨遊情未闌但有相攜人何必素所歡我欲訪甘露當途無閑官二子舊不識忻然肯聯鞍古郡山爲城層梯轉朱欄樓臺斷崖上地窄天水寬一覽吞數州山長江漫漫卻望大明寺惟見煙中竿狠石臥庭下穹窿如伏獂緬懷臥龍公挾策事琱鑽一談收猘子再說走老瞞名高有餘想事往無留觀蕭公古鐵鑊相對空團團坡陀受百斛積雨生微瀾泗水逸周鼎渭城辭漢盤山川失故態怪此能獨完僧繇亦化人霓衣挂冰紈隱見十二疊觀者疑夸謾破板陸生畫靑猊戲盤跚上有二天人揮手如翔鸞筆墨雖欲盡典刑垂不刊赫赫贊皇公英姿凜以寒古柏手親種挺然誰敢干

枝撐雲峯裂根入石竄蟠薙草得斷碑斬崖出金棺瘞藏豈不牢見伏理可歎四雄皆龍虎遺跡儼未刓方其盛壯時爭奪肯少安廢興屬造物遷逝詎空摶況彼妄庸子而欲事所難古今共一軌後世徒辛酸聊興廣武歎不待雍門彈

翟汝文郡人

山形鬱長虬掉尾趨平川迴峯聳贔屭廣殿凌雲巔登臨望八極天蓋垂空玄鴻濛一氣亂鬼物半塗顛天風河漢響戶牖斗柄懸黃圖昔散漫赤伏竟徂遷淒涼霸氣歇徙倚平臺騫山川婉如昔獨爲騷人妍江聲戰九地幽憤爲誰湔晴雷殷列缺電火搜蜿蜒迴皇故代物猛熾隨飛煙僧繇六化佛生面行差肩銖衣類帝網肉髻浮青蓮巍峩開元帝玉座猶高懸舊迹陸子畫青猊戲芝田蕭梁遺巨鑊彷彿像姦鑄贊

皇藝雨檜鬱屈蛟龍纏空焚蕩灰劫涕視悲人天鏗鏗斧斤初千柱嶽修椽蒼頭回草樹佳氣封雲泉孤標危塔踴迴佛層陰堅溟翻塔影倒天轉磨蟻旋呇嗟一彈指悲悟三生緣有生甚脆弱膏火消煩煎喟彼昔夸奪修羅搆戈鋋吾將聲洪鐘須彌叫金仙

米芾郡人

欲雨氣不透庭梧有棲煙回首望北固雲藏淨名天呼童速具輿憑高覽山川隱見豈不好開睿景固全須臾剛風流湛湛淸露圓歸途知有伴華月上丹淵

登北固樓　范仲淹

北固高樓海氣寒使君應此憑欄杆春山雨後青無數借與淮南子細看

沈括

丞相高齋半草萊舊時風雨滿庭臺地從日月生時見天到江山盡處回三國是非春夢斷六朝城闕野花開心隨潮水漫漫去流徧煙村半日來

多景樓　蘇軾

多景樓上彈神曲欲斷哀絃再三促江妃出聽霧雨愁白浪翻空動浮玉喚取吾家雙鳳槽遣作三峽孤猿號與君合奏芳春調啄木飛來霜樹杪

曾子固

欲收佳景此樓中徙倚闌干四望通雲亂水光浮紫翠天含山氣入青紅一川鐘唄淮南月萬里帆檣海外風老去衣衿塵土在秖將心目羨冥鴻

壯觀東吳二百州景於多處最多愁江流千古英雄淚山掩諸公富貴羞北固秖今惟有酒中原再望莫登樓西風戰艦成何事只送年年使客舟

劉改之 關洲

屈曲危樓倚半空詩情無限景無窮江聲逆順潮來往山色有無煙淡濃風月滿樓供一醉乾坤萬里豁雙瞳片雲迴逐斜陽去知落淮山第幾重

曾肇 淮海

六代蕭蕭木葉稀樓高北固落殘暉兩州城郭青煙起千里江山白鷺飛海近雲濤驚夜夢天低月露濕秋衣使君豈負時平樂長倒金鍾盡醉歸

米芾

僧仲殊

北固樓前一笛風碧雲飛盡建康宮江南二月多芳草春在濛濛細雨中

楊公濟

滄江萬頃對朱欄白鳥羣飛去復還雲捧樓臺出天上風飄鐘磬落人間銀河倒瀉分雙月錦水西來轉幾山今古冥冥難再問且持玉爵破愁顏

蔡天啟

一徑杉松駐曉煙漸看臺殿入雲間江拖縞帶縈危堞池注青螺出遠山當日英雄無復見此時蕭散有誰閒我來應被藤蘿笑塵滿衣冠盡厚顏

曾公袞寶文

枕中雲氣千峯近牀底松聲萬壑哀要看銀山拍天浪開窗放入大江來

張蘊受 延平

鐵甕城頭數塞鴻淮山依約翠煙中傷心狠石千年在極目迷樓百尺空浮玉春酣江帶綠扶桑日漲海門紅南朝流下無窮浪長與漁人櫂短蓬

狠石

程俱 紫微舍人

阿瞞長驅壓吳壘飲馬長江投馬箠英雄秖數大耳兒彷彿芒碭赤龍子幄中況有南陽客布衣躬耕無甔石當時鼎足計未成聊出一奇空赤壁人隨流水去不還臥羊頑石留空山如今留石亦煨燼山與長江相向閑

登北固有感

王存 郡人

晚登北固頂俛視南徐城廢壘何茫茫山川迴縱横千載競
誰有六朝空戰爭豪氣不可問古墳人正耕

汪彦章

茲山昔人登屢閱英雄姿潮聲送日月雕甍故鱗差中天雨
花積絶嶠霜鐘微聞君乘夕凉快目窮煙霏風江湧將夕雪
浪奔天維歌唄曉未休出沒魚龍悲寍非三生契成此一段
奇緬懷形勝區劫盡無餘輝十年老檜死況說開基誰舉手
黄鶴公幾見人民非

蔡天啟

漕河膠舟水流咽水關著鍵行者歇大江伏槎卧長劍萬頃
濕銀寒不結蓬萊諸仙亦避寒海門冥冥凍欲折朔風吹晚
雁叫空蓬巷松杉崖石裂道人丈室最高處地爐蒲團穩坐

熱我來乘閑不問道一庵相對無言說

北固山　　元　陳剛中總管治中

北固閒囘首荒城夕照中煙光浮海闊天影入樓空星斗占吳分江河見禹功誰家兩翁仲無語立西風

薩天錫

甕城春寂寂石磴草班班倚杖高低月登樓遠近山百年詩句裏三國酒杯閒自笑黃塵客來消半日閒

北固招提寺春風柱杖過亂苔封狠石老樹帶煙蘿地險星河近天低雨露多澄江淨如練佛閣倚山阿

多景樓　趙子昂

層巔官閣幾時修繞檻長江萬古流白露已零秋草綠斜陽

雖好暮雲稠平南籌策張華得治内人才葛亮優景物未窮
登覽興角聲孤起甕城秋

譚用之

一帶青山欲盡頭晴嵐深處著危樓下無餘地容車馬上有
重闌接斗牛雁落平沙偏稱晚鷗沈煙渚最宜秋江南好景
從來少北望空多故國愁

顧觀郡人

大江來從巴蜀西海門潮頭銀屋齊千巖萬壑雲煙低如此
江山最佳處蜃宮樓閣曁晴霧懸崖結構層霄路青楓闌若
成何年一龕燈火餘香煙藤花絶頂羅諸天中郎揮毫兼二
妙疏越遺音在清廟何人能合蘇門嘯匣裏龍阿光射虹爲
爾寂寞嗟楊雄憑高欲御泠然風

前八

何處暑天先得秋片雲孤石野亭幽無因縮地占高爽但欲淩風歌遠遊幾箇青松人獨立一羣白鷺水中流誰令此景與心會寫入新吟銷我憂

祝蕃 上饒

鐵甕城邊暮倚樓西風吹鬢冷颼颼淮山滿眼英雄盡江水無情日夜流匝岸萬家煙市瞑插天雙石海門秋平生無限登臨興看盡南來北去舟

梁棟 郡人

思歸不覺歲華侵倦撫旌旗感慨深舊日家鄉今日客一年時序百年心城餘故址元非鐵山得虛名不是金檻外長江成底事英雄對酒話[illegible]涔

薩天錫

目窮天地見中州景物多愁怕倚樓蜀將論兵空有石晉人
擊楫已無舟雲藏古寺山如畫潮捲東風水倒流今日重來
弔興廢夕陽知得此情不
笑拍闌干起白鷗長江不盡古今愁六朝人物空流水三國
江山獨倚樓禿鬢涼風吹木葉高城落日下簾鉤海門不管
興亡事只送春潮打石頭
東風吹樹散晴嵐獨上層樓酒半酣拍岸潮聲來海外滿江
山色過淮南當時伯主三分國此日吳禪老一龕惟有樓前
舊時柳年年三月色如藍

錢源濬

古寺巍峩傍水潯杖藜聊復一登臨翻江雪浪飛花白近國

煙巒積翠深千尺浮圖侵碧落半空傑閣倚危岑我來欲問當年事未說衹園地布金

俞希魯

老大光陰孤節序登臨景物踐詩盟層岡自笑蹣跚上逸興還從香靄生萬里波濤舒望遠九秋風露入懷淸當年狠石今何有聊爲英雄一愴情

李天麟

江南三月春始和羣芳鬬開如綺羅幽尋直到最高處天朗更覺風景多眞揚諸山到窗几下瞰一水如銀河人家半在桃李內金焦對底東流波山僧深居憇枯寂詩客得意高吟哦就中老禪興不頗飲賓欲使朱顏酡氣酣長嘯弔千古壯懷屢折殊未磨仰瞻白日亦豈異所恨不見羲曁和眼穿竟

無龍虎氣耳靜但聽漁樵歌流風遺跡渺何許古墳新塚高
嵯峨今者不樂將如何

元日登北固望金焦二山　郭天錫郡人
弟兄常共屋三間元日登高北固山江水拍隄知雪盡晴風
著面覺春還新年且醉一杯酒勝地同消半日閒放目金焦
天宇闊暮雲低處擁煙鬟

薩天錫
昔人朱樓倚北門朱闌空鎖綠苔痕金山風起水聲急鐵甕
雨來雲氣昏仙技無靈山已槁伯圖有恨石猶存漁舟只在
滄浪上一笛夕陽愁客魂

多景樓　國朝　高季迪吳人
勝地江山壯名林歲月遙刹藏京口樹鐘送海門潮月黑龍

光發天淸蜃氣銷何當尋狠石閒坐話前朝

姚廣孝東吳

欲上唐朝寺先登北固山天涯青嶂遠樹杪白雲閑煙磬並
潮響風帆趁鳥還只因多景致過客自開顏

丁鶴年武昌

風月無邊地乾坤有此樓城隨山北固潮蹴海西流眼界寬
三島胸中隘九州階前遺狠石無復說安劉

陳六策永豐

樓壓南徐勝山連北固尊淸高塵俗斷景致古今存窗迥含
朝露簷虛散夕曛憑闌時徙倚不盡思紛紛

謝輔

欲覽江山勝須登多景樓依微廣陵樹來往大江舟捲幔生

雲霧晴窗近斗牛金陵連咫尺萬古帝王州

躡雲上層樓舉目四望通金山屹中流鐵甕藩江東依微鶴林樹隱顯龍潭峯雲開月滿岫風送浪排空氣象千萬端變幻無終窮翹首瞻北闕遙在五雲中

錢博 雲間

陟蹬上危樓海天供一覽吳楚已成空江山渾不見飛雲宿簷櫳高樹拂闌檻回首甕城南羣峯碧於染

賴正 金臺

甘露江之湄斯樓最多景景多動清吟吟成毛骨冷而我宿招提披雲臥絕頂蒲牢吼百八上方夢初醒

陳立 郡人

一登北固樓笑立在人頂先得日月光覽盡江山景憑闌近

青天風雲生袖領千里北闕思丹心常耿耿

徐璜 餘姚

突兀臨滄海孤高接紫氛夜窗先得月晴榻半樓雲遠樹參差見寒潮日夕聞飄然凌絕頂便欲扣天閽

羅忠 新城

傑閣滄江上登臨眼界清晴光明潤浦秋影澹蕪城雲斂青山出潮來白浪生倚闌歸去晚不覺月華明

羅永節

朱樓百尺冠煙蘿此日登臨景趣多城遶千家連雉堞江浮兩寺浸鴻波秋空弄月桓伊笛霽野鳴風甯戚歌吟罷新詩頻北顧江城已喜息干戈

陳西麓 句章

懷古心情獨倚樓荻花楓葉滿江秋地雄吳楚東南匯水接荆揚上下流鐵甕百年春雨夢銅駝萬里夕陽愁西風歷歷吹征雁又帶邊聲過石頭

沈玄吳人

層欄曲曲與雲平檻外長江一派橫帆影盡從京口度潮聲先自海門生樓臺縹緲金山寺睥睨高低鐵甕城今日我來重眺望風光不減舊時情

黃淮永嘉

滿目江山獨倚樓乾坤俯仰思悠悠扶桑日出千峯錦天籟風來萬壑秋縹緲祥雲瞻北極微茫煙樹接揚州何當跨鶴遊三島挾取羣仙來唱酬

胡儼豫章

扁舟繫榜陟崇阿古木籠雲草覆坡寺到重遊僧已少樓臨勝地景還多煙霞隱隱開青峽江海茫茫送白波狠石尙存人去遠英雄回首一長歌

虞謙 郡人

曉訪招提出甕城半空樓閣類天成紅塵地遠禪心定紫笋茶香客夢淸夜樹月明甘露降海門潮落大江橫青山不盡登臨興雲去雲來萬古情

吳鄧 吳門

夕陽城下泊扁舟暫向精藍作勝遊倚檻西觀京口樹捲簾東望海門秋四時山色無窮景千里江聲不盡流多少胸中懷古事盡將分付與沙鷗

孫英 中吳

飄飄雙袖拂天風乘興來登北固峯四面林巒香霧合半空臺殿白雲封漏殘鐵甕城頭鼓風送金山寺裏鐘看到城樓多景處恍疑身在廣寒宮

金湜 中書

滚滚江流逐地來重重樓閣倚天開何能草罷平胡詔分取青山作釣臺

邵惠 河月

遠扣禪關不憚難巍巍樓閣聳高寒千年勝概塵緣絕多景名樓眼界寬遥對金山雲縹緲近臨楊子水瀰漫我來登覽多佳趣倚徧春風十二欄

袁宗幹 郡人

天風吹我遊甘露菊吐秋香玉宇澄高閣初登詩思闊纖塵

不動客懷淸半空老樹籠雲碧萬里長江瀉月明眼底金焦
最奇絕倚欄何必望蓬瀛

李奎廣信

繞檻長江湧雪濤畫欄倚徧興偏饒金山近控金陵勝北固
遥連北斗高古跡萬年誇往代輿圖一統屬今朝縱觀絕頂
空濛外笑語分明在碧霄

前人

古柏長松蔭薜蘿層樓傑出勢嵯峩八窗風月興無限千里
江山景最多遠水波澄浮素練近山雲散擁靑螺悤悤不盡
登臨興異日還期珮玉過

成始終無錫

高閣危樓倚碧霄樓前煙水綠迢迢六朝文物幾人在三國

豪華一旦銷滿月江山閑載酒隔江晴日遠聞簫曲欄楊柳
春如舊愁見春風擺翠條

陳旋 鳳陽

踏破松陰到上頭紫騮昨下帝王州清光只見四時滿塵氣
渾無半點浮風度梵音來棟宇日移光影上簾鉤乾坤轉覺
江雲豁一鳥飛飛落遠洲

蘇正 海昌

楚天空闊浩無涯獨上高樓覽物華千里雲霄孤鳥沒萬山
煙樹夕陽斜江流不盡前朝恨霸業空遺過客嗟弔古登臨
總陳迹野煙漁笛起蘆花

西風闌檻謾重臨淮楚迢迢入望深雲物不殊前度景風波
偏薄壯遊心片帆遠逐寒潮沒孤鷺遙隨綠水沈天地無窮

人自改不須登眺動長吟

黃琛 劍南

高樓早上酒初醒日落潮平眼界淸海岳喜看千古勝衣冠聞說六朝英雲山遙遞金陵路煙樹蒼茫鐵甕城古往今來皆若此登臨不用獨傷情

趙翮 鳳陽

天風吹我上層樓獨倚危欄豁醉眸西拱神京千嶂擁東朝滄海大江流鴻飛沒處天無際龍吼來時地欲浮更喜遠公能愛客不知身被白雲留

黃諫 金城

紺宇宏開絕頂龕四簷晴日落松杉上方僧住如天上南斗人歸自日南鐵塔遺蹤千載後甕城斜照半窗涵可憐古寺

今猶在閱盡當時鼎足三

林郡守鶚

亭亭絕頂白雲龕甘露曾聞滴翠衫不識紅塵飛世界盡收多景在江南鯨音梵唄時春應海色天光自蕩涵乘興有題聊紀勝老禪無用說三三

丁郡人元吉

江上春雲護佛龕吟邊山色映松杉風帆亂處潮初上塔影斜時日未南吳楚東西襟帶闊乾坤日月水光涵風流六代人何在滄海桑田變又三

錢溥雲間

何處觀來景最饒半空樓倚大江皋青山秀浴金鼇朵碧海平翻白鷺濤極目帆檣千里遠置身霄漢五雲高深春百和

花香裏時逐輕風檻外飄

石隄千尺瞰雲隈澗雨巖扉晝不開吳楚帆檣連遠樹齊梁臺殿長荒苔東南山勢連還斷日夜江聲去不迴惆悵古今陵谷變獨留孤塔鎮崔巍

北固山　張表（郡人）

拔地蒼龍勢欲飛羣峯環合大江圍雲屯粉堞連青嶂風激銀濤撼翠微寺揭吳孫年已舊（吳甘露元年建寺）山疑梁武改應非（梁武帝改北固爲北顧）上方幾欲披雲臥萬里風煙未拂衣

朱旭（尤溪）

踏破蒼苔陟上方泠然鐘鼓響山房吟看樓外羣峯翠坐愛松陰一榻涼雲散水邊留塔影日生海底見波光石間更欲

留名去回首孤城又夕陽

湯胤勣中都

夢回天外吼蒲牢勢接山城鼓角高野竹驚風寒犬吠江楓落月曉烏號梁皇北顧懷何壯李相南營思亦勞坐待海門紅日上點然千里見秋毫

多景樓

邱濬瓊臺

多景樓前景致多倚欄吟眺奈愁何浮雲京國生春暝落日鄉關起暮波浩蕩乾坤心共遠蹉跎歲月鬢空皤醉來擊碎玉如意仰面看天發浩歌

謝鐸天台

第一江山天下勝入樓多景畫難成中流砥柱鼋鼉見隔岸帆檣劍戟橫萬古郡名高鐵甕六朝天塹薄金城樽前共喜

昇平日擊楫何須問祖生

曾聞甘露前朝寺北固西來體勢成山湧金銀孤嶼出地蟠　王鏊吳郡
吳楚大江横帆檣兩岸瓜洲渡煙火千家鐵甕城安得更憑
高處望無邊詩思一時生。

楊一清石淙

北固山頭甘露寺亂藤深竹幾多年江南江北兩岸景城外
城中萬井煙霜露不彫棲鶴樹風波徒羨打魚船向來山水
留題處此是人間第一禪

地迥樓臺出半空固知開鑿自鴻濛望窮江海朝宗處身在
鳶魚俯仰中僧定不知兜率雨我來偏得舞雩風祝融莫謾
誇多景至巧終難奪化工多景樓屢經回祿

喬宇 太原

萬家城郭遶江干北固山高水氣寒徑險松陰緣磴入潮平帆影隔牆看三生石在誰留偈多景樓荒獨倚欄莫道浮雲能蔽日海陵西去是長安

丁鳳

樓臺雲捧出江干寺枕高城更覺寒風送潮頭孤客懼經翻貝葉老僧看岩花帶雨曉猶濕岸柳和煙春未闌南國喜逢賢太守月明無警萬家安

馮蘭

晚依甘露憶長干玉殿珠宮碧樹寒鼎鑊文銷煩我辯藥爐灰冷向焦看清風江上雲容遠明月庭前夜色闌淮海風塵行路惡雞鳴忽起欲求安

姚堂 四明

乘閒偶上最高樓俯瞰飛崖勢若浮鐵甕岩嶤連北固金山突出障中流月離海嶠光先得雲逗窗櫺濕不收報國涓埃未能盡肯將心事付沙鷗

登多景樓望江有感　丁元吉

長江天塹何危哉東西日夕雲煙埋金焦飛動波濤開海門月送潮掀雷巚昔三國六朝令人心志灰洪濤怒逐曹孟回投鞭未墜秦兵摧祖生擊楫去不來英雄回首皆塵埃嗚呼江聲空作當時哀

殷鏊 雲陽

偶來甘露寺高閣謾淹留雙鳥來江外孤雲起石頭歲時冊壁記風物錦囊收碑斷文多蝕憑僧說漢周

朱應登 維揚

歲晏還家興臨高一暢懷狂風忽終日佳茗且深杯碑字留前代山形弔古臺鐘聲聞北固禪境悟西來

戴璽 雲陽

特地過禪關風光不等閒水鷗浮沒處潮汐有無閒自古眞如境從來第一山雖然佳人世卻是出塵寰

高鑑

有此乾坤有此樓長江如帶古今流憑闌看盡吟邊景眼空江南二百州

釋宗渤

水際一峯出危樓倚泬寥煙雲連北固風物見南朝山勢臨淮盡江聲入海消偶來閒眺客倚檻興偏饒

釋玉峯

獨上危樓眼倍明無端風景動吟情小窗近對金山寺曲路斜通鐵甕城山色四時當戶綠波光萬頃接天清箇中若許容吾宿坐聽江流半夜聲

釋無方

大山千丈青砦嶢長江萬古鋪瑀瑤銀河倒影落天塹海門日日來春潮偉哉孫劉輩壯志摩雲霄只今英雄遺草木秋霜肅殺寒不凋朱闌爪上橫斗杓煙巒直下明金焦黃鶴山空杜鵑老鴛鴦渚冷芙蓉嬌人閒笑傲輸漁樵猶將興廢論前朝萬歲嶺千秋橋月明尚有人吹簫月明尚有人吹簫

釋善觀

最愛招提景物饒揭來乘興陟山椒層樓縹緲青冥外狠石

瓓斑歲月遥一帶雲連京口樹滿帆風送海門潮天然圖畫真奇絕分付良工子細描

釋性嘉

十載摳衣登此樓江山有待我重遊景多人立海東面天近鳥飛雲上頭雨過煙巒翠屏曉月明冰塹鏡奩秋世間無限丹青手誰寫蓬萊第一洲

釋元叟

三面鯨濤連碧天金湯形勢尚依然山花黯黯人吹笛江柳青青客上船馬帶淮雲東入浙雁拖湘水北歸燕武侯一去孫劉死原野幾人耕墓田

釋智鉉

江上重樓江上山躋登恍若出塵寰窗涵遠水平鋪練檻繞

羣峯翠作鬟萬古雲煙樽俎外六朝風月笑談間蕭公鐵鑊空相對曾見微瀾擁碧蓮

又　　　釋楚石

金山焦山青兩掬淮南江南景一幅請公少駐多景樓樓上明珠千萬斛古往今來知幾人誰如玉樹朝朝新明年若到題詩處分付鶯花作好春

詞附

京口北固亭懷古　　宋　辛稼軒

千古江山英雄無覓孫仲謀處舞榭歌臺風流總被雨打風吹去斜陽草樹尋常巷陌人道寄奴曾住想當年金戈鐵馬氣吞萬里如虎　元嘉草草封狼居意赢得倉星北顧四十三年望中猶記烽火揚州路可堪回首佛貍祠下一片神鴉

社鼓憑誰問廉老矣尚能飯否

登北固亭有懷　前人

何處望神州滿眼風烟北固樓千里興亡多少事悠悠不盡長江滾滾流　年少萬兜鍪坐斷東南戰未休天下英雄誰敵手曹劉生子當如孫仲謀

登多景樓

江左論形勝最數古徐州連山如畫佳處縹緲著危樓鼓角臨風悲壯烽火連空明滅往事憶孫劉千里耀戈甲萬竈宿貔貅露霑草風落木歲方秋　使君宏放談笑洗盡古今愁不見高陽登覽磨滅遊人無數遺恨黯難收蘇子贍千載名與漢江流　右水調歌頭張孝祥書刻於岩石

孫旲會

八窗空展寬秋影長江流入樽俎天圍紺碧低垂岫斜日落鴻堪數沈別浦更目斷煙蕪蒼莽連平楚晨鐘暮鼓算觸景多愁闕人底事倚檻聽鳴櫓　英雄恨留得名存北府寄奴今寄何所西風依舊潮來往山海頡頏吞吐霜月冷直隨人燕我瑶之圃掀髯起舞看蹶伏蒼苔龍吟翠葆天籟奏韶武

岳珂 相臺

甕城高盤徑近十里笱輿穩欲駕還休風雨苦無準古來多少英雄平沙遺恨又總被長江流盡　倩誰問因甚衣帶中分吾家自畦畛落日潮頭漫寫屢鏤憤斷腸煙樹揚州興亡休論正愁盡河山雙鬢

前人

澹煙橫層霧斂勝概分雄占明月鳴榔風急怒濤颭關河無

限淸愁不堪臨鑑正雙鬢秋風塵染　漫登覽極目萬里沙
場事業頻看見古往今來南北限天塹倚羌誰弄薪聲重城
正掩歷歷數西州更點

金山前住持智聰
見住持智禪

京口三山志卷之三

京口三山志卷之四

郡人張萊輯
雲間顧清正
推官史魯修

集詩二 金山

金山寺

唐 張祜

一宿金山寺微茫水國分僧歸夜船月龍出曉堂雲樹影中流見鐘聲兩岸聞因悲在城市終日醉醺醺

孫魴

萬古波心寺金山名日新天多剩得月地少不生塵檣過妨僧定濤驚濺佛身誰言張處士題後更無人

韓垂

金山一峯秀岌然殊衆山盤根大江底撑影浮雲閒雷霆常
閒作風雨時往還象外縣清景千載長躋攀

李翺

山載江心寺魚龍是四鄰樓臺縣倒影鐘磬隔囂塵過櫓妨
僧夢驚濤濺佛身誰言題詠處流響更無人

送僧歸金山寺　馬戴

金陵江色裏禪急向秋分回首横孤島歸僧渡水雲夕陽依
岸盡清磬隔潮聞遥想禪林下鑪香帶月焚

許渾

老歸江上寺不忘舊師恩駐錫逢山色停杯見浪痕秋濤吞
楚驛曉月上荆門爲訪題詩處莓苔幾字存

金山空上人院　張喬

已老金山頂無心上石橋講移三楚徧梵譯五天遥板閣凝
秋月銅瓶汲夜濤自慚昏醉客來坐亦通宵

題金山僧房　羅隱

根盤蛟蜃路藤蘿四面無人輟棹過得似吾師始惆悵眼前
終日有風波

題金山　宋　孝宗

崒然天立鎮中流雄跨東南百二州武士每登須破膽毋勞
平地戰貔貅

楊大年

白浪掀空無盡時孫魴張祜此何之興來獨上盤金頂萬里
淸風快我吹

王元之

波心樓殿拂雲霓吟繞詩脾日欲西張祜孫魴靈魄在也知相笑不留題

晁補之

山名浮玉一峯立波接海門千頃開我欲此中成小隱莫教山腳有船來

龍大淵

梵天臺殿枕江流形勝先推第一州不戰屈人當設險樓船況有萬貔貅

金山

王安石

北檝南檣泊四垂共憐金碧爛參差孤根萬丈滄溟底除卻蛟龍世不知

沈括

樓臺兩岸水相連江北江南鏡裏天蘆管玉簫齊送夜一聲飛斷月如煙

米芾

插空樓閣壓滄溟笑語風生袢暑清誰爲決雲開皎月練飛雪捲看潮生

以玉帶施元長老元以衲裙相報故賦此詩

蘇軾

病骨難堪玉帶圍鈍根仍落箭鋒機欲教乞食歌姬院故與雲山舊衲衣

此帶閱人如傳舍流傳到我亦悠哉錦袍錯落眞相稱乞與佯狂老萬回

金山夢中作

前人

江東賈客木綿裘會散金山月滿樓半夜潮來風又急臥吹簫管到揚州

頭陀岩　張商英

半間石室安禪地蓋代功名不易磨白蟒化龍歸海去岩中留得老頭陀

范仲淹

空半簇樓臺紅塵安在哉山分江色破潮帶海聲來煙景諸鄰斷天光四望開疑師得仙去白日上蓬萊

梅聖俞

吳客獨來後楚橈歸夕曛山形無地接寺界與波分巢鶻盜饞物馴鷗自作羣老僧忘歲月坐石看江雲

韓持國

寶勢中流起香園此布金鴿棲秋殿冷龍伏夜潭深水鳥銜
生食江龍聽梵音上方聊縱目天幕杳陰森

熊茂叔

注海銀成鋈浮空玉作堆鼇翻三島出鷲駕一峯來塔影波
搖動鐘聲潮拍回猶嗟禪伯老虛入妙高臺

李燾

金山何處好四顧不相連窗迥前無地波澄下有天堂留三
楚客門泊五湖船暝色關詩思江龍兩岸煙

楊時

環望荆吳折清江日夜流飛騰潮汐浪漂泊利名舟山湧鼇
翻出樓虛蜃氣浮僧窗千古意出沒看輕鷗

許冲元

京口幾回過金山今始遊樓臺隨地盡江海與天浮軒冕非
吾意田園不自謀西風吹杖履歸思滿滄州

張栻

萬頃洪濤裏巍然閱古今雲煙三島接花木四時深亂石維
舟住西風倚檻吟朝宗知不斷淒切此時心

金山化城閣集句　王安石

層宮憑風迴兩岸聞鐘聲鬱翠開戶牖搆雲有高營化城若
化出仰攀日月行俛視大江奔茫茫與天平大江盤嵌根回
波自成浪郤畧羅翠屏秀色各異狀楞伽海中山香出霄漢
上中有不死庭天能盡回向借我不得往側坐渺難望登茲
翻百憂意欲剗疊嶂忽憶年少時孤嶼坐題詩空懷焉能果
唯有故人知

金山寺

蘇轍

揚州望金山隱隱大如幘揭來長江上孤高三千尺僧居厭山小四面貼蒼石虛樓三百間正壓江潮白清風歛雲霧曉日曜金碧直侵魚龍居似有鬼神役我行有程度欲去空自惜風吹渡江水山僧方午食波瀾洗我心筍蕨飽我腹平生足游衍壯觀此云極鐵甕本誰安海門復誰植東南遞隱見遥與此山疋茲遊幾不遂深愧幕府客歸時日已暮正值江月黑願覩天水井坐恐星斗濕使君何時罷登覽不可失

蘇子美

孤峯湧滄江突兀臺殿積驚波四面起日夜走蹴踏陰壑滀風雲陽崖產金碧離披萬年樹根抱太古石修廊轉峻閣窈窕壓山脊寶像浮海來珠瓔冷光滴扣闌見黿鼉揚首意自

得偃蹇互出沒月此飽餘食又有翠羽禽羣飛喜賓客口銜紺蔕花近我若相識開軒心曠絕上下無異色氣象特清壯所覽輒快適余心本高灑誤爲塵土隔不知人間世有此物外跡落日將發舟低回空自惜

秦少游

江流會楊子洶洶東南騖海門劃前開金山屹中據鼓鐘食萬指金鑊棲千柱夜庭遊月波曉顧搏山霧天淸猿鶴哀風暗魚龍怒雲物橫今古波濤閱晨暮三州氣色來上下端倪露偉哉元氣間此勝知誰聚念昔琴瑟廬登臨輒忘去汲新試團月飯素羹魁芋妙興入芳藤眞境在芒屐別來星暑換寤寐經從處忽蒙珠璧投了與雲巒遇幽光炯肝肺爽氣森庭戶區中多滯念方外饒奇趣寄語山阿人泠然行復御

遊金山分得微字　史良臣

長江古天塹浩浩無津涯金鼇屹中流白晝煙霧垂大船聲號嘈開蓬若星馳繫纜石壁側天風吹我衣攀蘿陟幽險四顧心神怡東觀浴赤日光動扶桑枝西拱蓬萊宮銀潢抱神畿上有五色雲萬狀爭獻奇吳楚隔南北閒氣裂坤維壯哉形勝地恍若靑琉璃晩登妙高臺飛步縱所之其巔宿牛斗其下蟠蛟螭臨流不敢唾轉思神物疑蕭爽給孤園祇樹森陸離臺殿雨花外突兀摩穹倪浮屠歷浩劫千年今若茲涓涓楊枝雨灑向靑蓮池鴻鐘吐崇岫大荒西日微再拂古碑碣試讀前賢詩長歌歸去來淸絕和者稀

歐陽修

地接龍宮漲浪賒鷲峯岑絕倚雲斜岩披宿霧三竿日路引

迷人四照花海國鹽牙爭起榻河童施鉢但鷺沙春羅攀倚
難成去山谷疏鐘落暮霞

黃魯直

星霣高岡勢若浮上驚青殿寶香樓裴公託跡開神秘眞廟
須名紀夢遊東際雲航來越國北邊煙樹認揚州笑看郭璞
墳前水激日淘沙幾日休

蘇紳

九派分流湧化城登臨潛覺骨毛淸僧依玉鑑光中住人踏
金鼇背上行鍾阜雲開春雨霽海門雷吼夜潮生因思絕頂
高秋夜四面銀濤浸月明

楊公濟

世上蓬萊第幾洲長雲漠漠鳥飛愁海山亂點當軒出江水

中分遶檻流天遠樓臺橫北固夜深燈火見揚州囘船卻望金陵月獨倚牙旗坐淚頭

王安石

天末海雲橫北固煙中沙岸似西興已無船舫猶聞笛遠有樓臺只見燈山月入松金破碎江風吹水雪崩騰飄然欲作乘槎計一到扶桑恨未能

王平甫

寺壓蒼厓勢欲傾歘然西度爲誰興雲隨草樹縈羣岫江浸樓臺點萬燈坐久不知身寂寞夢囘猶覺氣軒騰思君城郭塵埃滿相逐尋閑亦未能

曾子固

城外岧嶤鷲嶺宮駕虛排險出青紅林光巧轉滄波上海色

遥涵白日東夜靜神龍聽呪食秋涼蒼鶻起搏風連荆控蜀
長江水盡在回廊顧盼中

翁逢龍

波濤湧處浮雙塔塔影高低樹影邊山下雖無歸寺路門前
卻有過淮船石峯隔水難尋水井脈通泉易得泉聞說老龍
歸洞口幾番驚起定僧禪

宋賢

水湧樓臺寺裏山魚龍聽法石溪禪飯香京口三千衆茶好
江心第一泉古墓衣冠傳晉代斷碑文字見唐年幾回楚尾
吳頭夢長在金鼇勝概邊

登金山觀潮

趙西是

浮沈日月走雷霆偃蹇西來氣未平奔突楚山愁破碎蕩搖

坤軸厭支撑當年此地分南北今自中天洗甲兵萬里雄風雙雪鬢妙高臺上聽潮生

蒜山松林可卜居余欲就其地地屬金山故作此詩寄金山元長老　　蘇軾

魏王大瓠無人識種成何翅實五石不辭破作兩大樽只憂水淺江湖窄我才廓落無所用虛名驚世終何益東方先生好自譽伯夷子路并爲一杜陵布衣老且愚信口自比契與稷暮年欲學柳下惠嗜好酸醎不相入金山也是不羈人蚤歲聞名晚相得我醉而嬉欲仙去傍人笑倒山謂實問我此生何所歸笑指浮休百年宅蒜山幸有閑田地招此無家一房客

蘇轍

三山志卷四　橫山草堂

長江欲盡闊無邊金山當中惟一石潮生風靜日浮空縹緲樓臺轉金碧瓜洲初見石頭城城下波瀾與海平復將江水繞山麓四無鄰家羣動息鐘聲鏗鍠答山谷鳥鳶力薄墮中路惟有胡鷹石上宿誰知江海多行舟遊人上下集岩幽老僧心定身不定送往迎來何時竟潮來未厭夜未歸愛山如此如公稀不待遊人盡歸去恐公未識山中趣

王岐公

江流滾滾抱山回曠古不易牢根荄一峯但見貼雲起仰觀俯視森樓臺吳淮此景端第一金碧一片中天開淸詩妙畫遠特寄使我東望心悠哉隋苑吳宮已寂寞茆峯蒜嶺空崔巍大風吹江晝翻雪驚濤捲浪晴轟雷吾徒何爲自驚糾驅馬六月走黃埃厚恩寵祿無裨補靑山白雲歸去來

郭功甫

金山杳在滄溟中雪崖氷柱浮仙宮乾坤扶持自今古日月彷彿躔西東我泛靈槎出塵世搜索異境窺神工一朝登臨重太息四時想像何其雄捲簾夜月挂北斗大鯨駕浪吹長空舟摧岸斷豈足數往往霹靂鎚蛟龍寒蟾八月蕩搖海秋光上下磨青銅鳥飛不盡莫天碧漁歌忽斷蘆花風蓬萊久聞未成往壯觀絕致遥應同潮生潮落夜還曉物與數會誰能窮百年形影浪自苦便欲此地安微躬白雲南來入我望又起歸興隨征鴻

潘景良

嵌岩穹窿屹立乎江中崩湍下瞰不見底巨石崛出高摩空混沌破來到今幾萬歲雄奇秀麗胡爲乎此山兮獨鍾長江

西來一萬里當空削出金芙蓉上有金仙居下有馮夷宮寶坊櫛比列霄漢塔影倒置驚魚龍有時洪鐘咽煙響潮音屬和驅羣聾鳥飛竟力不得到我嘗拏舟一抵其雲峯攝衣步樓閣矯首觀無窮齊州九點落眼底岷峨西望滄溟蒙忽聞長風破巨浪芥蔕一洗平生胸山僧喜殊常握手何從盃擎陸羽水茶泛玉川風鶴庵散仙恆齋老翁把臂大笑聲融融天風吹袂欲輕舉白雲縹緲將何從不知海外之三山羣仙之樂與此將異而或同迄今別去五六載我舟又復來掀蓬山靈偃蹇我踞傲塵懷汨沒不得追前蹤風帆一笑金山過山頭日落飛冥鴻

楊萬里

金山未到時羨渠奄有萬里之長江金山既到了長江不見

只見千步廊老夫平生不耐事點檢風光難可意老僧覺我見𧣈眉引入妙高臺上嬉不知老僧有妙手捲舒在懷袖挂上西窗萬丈閒長江浮在爐煙端長江南邊千萬山一時飛入兩眼寒最愛詹前絕奇處江心巉然景純墓僧言道許乃浪傳龍宮特借讀貝篇初云謝靈運愛山如愛命掇取天台雁宕怪石頭疊作假山立中流又云王逸少草聖入神妙天賜琉璃筆格玉硯屏仍將大江作陶泓老僧聞二說沉吟未能決長年抵死催上船徘徊欲去空茫然

登金山　　元　文宗

巍然塊石數株松盡日遊觀有客從自是擎天眞柱石不同平地小山峯東連舟檝西津渡南望樓臺北固鍾我欲倚欄吹鐵笛恐驚潭底久潛龍按此詩舊志題云文宗而置於宋名勝錄又直作梁武帝今訂爲元

文宗作蓋天監中武帝雖幸金山而七言近體始盛於唐齊梁之代未見也名勝錄特不之考耳歷代帝紀宋廟號無文宗惟唐元一紀有之唐文宗未嘗南幸又音律亦不類所作惟元文宗初出南海又出居建康虞邵庵金山萬壽閣記云今上皇帝潛邸之日田江引舟親登是閣則爲其作無疑記作於文宗至順三年舊志與名勝錄餘皆莫識其何所據云

趙子昂

江水西來接太空中流突兀湧鼇宮妙高臺上一回首看盡世途風浪中

陳元輿

千尋寶閣涵秋色四面魚龍聽梵音應是江神好禪侶故移兜率在波心

俞希魯郡人

振展層巔出蔦蘿開軒絕嵒把鷗波入閒勝景有如此除郤

蓬萊見未多

前人

突兀浮金出浪花江淮一覽浩無涯誰依玉鑑光中住知是

法成禪老家

薩天錫

遠入夜宿金山寺坐對畫圖如夢中翦燭題詩雲氣裏不知

身已在龍宮

前人

幾年無事客同上妙高臺落日地中去長江天際來英雄成

往事歲月付銜盃無限登臨意舟人莫重催

前人

僧舍高低見潮音曉夜聞仙凡一水隔淮浙半江分鶻冷山

腰月龍嘘海角雲瞿曇端不動人世幾紛紛

俞安中郡人

鬼神司結搆吳楚入登臨鼇斷山浮玉龍游地布金夜禪參日觀曉唄雜潮音一滴中泠水何由洗渴心

李清臣

梁寶當昌日已聞嘉此岑金名傳世上寶界建江心未暇依禪趣聊因駐檝吟當知天化景他所復何尋

馮海粟

雙塔嵯峨聳碧空爛銀堆裏紫金峯江流吳楚三千里山壓蓬萊第一宮雲外樓臺迷鳥雀水邊鐘鼓振蛟龍問僧何處波濤險郭璞墳前浪打風

申屠駉

層層紺宇聳崔巍腳底洪濤激怒雷塔影暗搖坤軸動鐘聲晴擊海門開僧臨水府洞中出人泛仙槎海上來六鼇塵根俱洗盡不知身在妙高臺

張昕

紫金千仞鬱崔巍四面驚濤捲雪堆屹立中流天柱壯高標雙月海門開江淮今古幾分合日月東西自往來一覽衆山皆培嶁不知身世是蓬萊

黃晉卿

偶爲淸遊宿梵宮淩晨試上最高峯冰翻雪色寒猶落雲掩丹光遠更重舊有一僧能跨虎近聞三洞盡藏龍下方車馬應難到煙際唯聽日暮鐘

陳剛中天台

萬頃天光俯可吞壺中別有一乾坤雲移塔影橫江口潮送鐘聲過海門僧塔夜隨蛟室湧佛燈秋隔蜃樓昏年年只有中泠水不受人間一點塵

俞希魯

雪崖水柱出氛埃挂席登臨每厭回兩塔撑空鼇極壯千楹捲露蜃樓開無風但見驚濤沸盡日如聞驟雨來欲訪開山裴祖蹟荒涼古洞翳蒿萊

送長溪長老回金山　虞集

長溪送到長江上千古金山是寶山晝永獻花天女下夜深持鉢海龍還諸天聽法蒼茫際萬佛垂光紫翠間幾句題詩酬勝概磨崖常愧雨苔斑

薩天錫

朱闌六曲倚高秋元氣茫茫日夜浮客去客來天地老潮生潮落古今愁疏煙水國前朝寺落日海門何處舟更擬黃昏盡餘興卻從燈火望揚州

送長溪歸金山　前人

阿師召到金鑾殿喜動龍顔坐賜茶三宿觀堂談般若九重春色上袈裟波濤險處龍藏鉢鴻雁來時月印沙歸到江心舊禪榻妙高臺上望京華

吞海亭　張翥

危亭突兀戴鼇頭俯視滄溟一勺浮龍伯衣冠藏下府梵王宮殿起中流扶桑夜色三山日灩澦江聲萬里秋老我惜無吞海句但磨崖石記曾遊

寄郎休禪師　前人

老禪住處水雲重此地纖塵不可容潮色平鋪無際海日光先上最高峯踏花佛馭紅牙象獻寶神騎白耳龍第一江山第一座何時來聽講筵經

危素 臨川

八十了公如古佛禪心久矣會眞如飯供南海浮來鉢經鈔西天譯後書持呪降龍秋雨歇焚香迎客晚潮初此生終擬依蓮社猶苦塵緣未破除

京口三山志卷之四

集詩三 金山

次唐張處士韻　　國朝　黄謙莆田

金山纔咫尺人世此中分石磴封苔蘚松扉掩白雲塵蹤時暫脱清梵夜深聞幽趣應無極凭闌酒半醺

吴登

金山孤絶處幽閴遠塵寰花木江心地樓臺水面山安禪無客到喚渡有僧還此日乘舟過鐘聲落照閒

胡智

孤境絶纖埃重重紫翠堆梵宮隨地聳僧舍傍岩開月向江心吐潮從海口來分明塵世外何必問蓬萊

羅端

獨上金山寺禪關次第開塔穿霄漢碧僧臥水雲堆鳥爲懸
幡去龍因擊磬回妙高臺上望弱水繞蓬萊

李奎 廣信

陰壑生瑤草層崖鎖綠苔瞑鐘聞北固瑞氣接蓬萊佛閣凌
空起僧堂枕石開豪吟發佳興持節待重來

姚堂 四明

半江一岑突崖畔聳叢林水漾疑山動潮來覺地沈龍光現
石鏬塔影蘸波心兩岸人家近時聞鐘磬音

張景

福地人間有茲山天下無玲瓏開畫障淸淡入冰壺鷺立灘
頭玉龍擎海上珠何當登絕頂翹首望皇都

徐泰 江陰

揚子開天險天生一壯遊雲陰岩際落寺影浪中浮燈火山靈避鐘聲水怪愁自然成化國何用覓丹邱

姚廣孝吳郡

春草綠漫漫長江豁平路金山鎮中流萬古爲砥柱獨立天地間日月長迴互

題妙空岩

盛祥郡人

斯岩同地闢萬古尚完堅窈曲幽而深寥廓虚以玄上連兜率境下引中泠泉祥芝毓幽竇佳木蔭華巔海曙出雲霞日暮生嵐煙有時風雨暝一如混沌先天日倏開霽軒豁猶洞天幽棲方外士靜隱雲中仙說法瑱風生入定明月懸岩影倒寒碧心境俱湛然妙趣誰能識聰師獨悟傳何時謝事歸結居鄰岩前

留雲亭　　　　周宗嘉禾

蚤入金山寺獨上留雲亭江雲自天來到此常時停從龍駐霄漢縹緲連滄溟初疑若朝霧又訝輕煙生我登此亭上浩氣凌太清明當發瓜步馳望徒傷情

金山寺　　　　張恂郡人

攀石浮江上巍然勢獨尊儼成金法界幻出玉崑崙洞掩裴陀跡波埋璞老魂孤亭吞遠海雙塔擘朝暾風起山搖寺潮回水到門夜龍噓月白晴鶻踏雲蹲鐘鼓鯨音雜樓臺樹色昏嗔多閒日月襟帶限乾坤隨喜眞如境聊投淨土轅三靈如可汲一勺滌塵煩

王璉郡人

曉過金山寺玲瓏曙色分紅翻江底日翠擁樹頭雲雁塔懸

燈晃鯨鐘隔浦聞孤懷詩思遠眺望不成醺

煙雨奇觀亭　　道退

江頭煙雨晝溟濛水色山光淡復濃詞客倚闌看不厭恍然身在畫圖中

郭璞墓

青囊秘術久無聞水際空傳郭璞墳此日題詩因弔古夕陽沙鳥自成羣

魏淡

登雲遠上妙高臺香繞楞伽室半開舉目九重天日近恍然身世在蓬萊

莫棨

金山屹立大江心四面波光映梵林縱目吟懷塵世遠坐觀

烏兎日升沈

祝孟獻 番陽

冰崖雪柱湧崔巍金碧玲瓏殿宇開天水星河浮上下乾坤日月互周回雲連複道凌霄漢風送征帆出浪堆登覽不知歸去晚夕陽又帶暮潮來

黃淮 永嘉

浪花堆裏擁巑岏鐵甕巍峩指顧間傑閣倚廊深窈窕層巒疊巘倦躋攀一塵不到莊嚴地萬劫常存秘密關聽法魚龍時出沒老僧心共白雲閒

孫原眞

滄江浩浩一峯青千載禪林向炳靈塔影中天擎日月波聲入地吼雷霆雲生石上龍行雨露滴松稍鶴聽經晴物動人

迷去處可憐城市醉難醒

前人

夜宿金山景混融碧天虛映水晶宮山河影轉冰輪裏星斗光移玉鏡中白鷺棲餘江樹碧黃雞鳴徹海雲紅清風一枕瀛洲夢莫向僧家歎轉蓬

黃翰 閒雲

一室雲閒半虛白數峯江上盡涵清舟從翡翠屏邊過人在丹青畫裏行東谷笑談西谷應上方風雨下方晴尋芝野鶴歸來晚松頂長鳴三四聲

鶴背欲冰仙袂冷夜涼如雨鳳笙寒兩邊城郭參差見一帶江山表裏看明月遡光涵巨浪紫雲拖影落虛壇仰觀俯察添清思長嘯一聲天地寬

湘簾捲日清暉滿水閣臨風爽氣生下界路從塵外斷上方僧在鏡中行雲封洞口禪心定露滴松梢鶴夢清幾度遊人歸去晚滿船空載月華明

靈潭浪息黿鼉出古殿風微鳥雀喧江月轉空回白晝嶺雲分暝去黃昏塔懸燈影穿霄漢潮帶鐘聲過海門隨物賦形參造化誰云張祜擅時論

翠鳥避人穿石罅白鷗尋食傍船邊煙波渺渺滄江闊雲樹森森紫殿連滿院落花無過蝶五更殘月有啼鵑上人留我烹新茗水汲中泠第一泉

儲懋郡人

遥望金山一撮多羣峯不敢對嵯峨撑雲樓閣東西聳帶雨帆檣左右過曉霧失迷京口樹朔風雄振海門波古今題詠

多豪士欲賦蒼崖恨未磨

萬端

鼇背雄蟠紫翠峯波光倒浸玉芙蓉龍噓海霧成朝雨風送潮聲雜暮鐘鏡裏有天涵寶地人閒無路覓珠宮妙高臺上登臨處極目雲山幾萬重

曹鼎

玉琢拳峯浸巨流上方臺殿似瀛洲岸分南北荆楊會水渺東西日月浮粉砌露翻驚鶴夢石闌雲濕近龍湫濫竿天上乘槎客得遂平生一勝遊

王豫 郡人

一山能障百川流樓閣虛涵景最幽聽法老龍時出水聞經臞鶴夜歸楸峯頭雲去天無盡海口潮來地欲浮莫訝躋攀

無限險巍巍雄概冠南州

沈固 郡人

鐘鼓晨昏出梵林金山寺裏碧波心塔凌霄漢青蒼近樓倚松筠紫翠深片水飛甍無客到孤峯絕閣有僧臨紅塵一點應難著時有松風亂法音

趙宗文 長洲

水天樓閣影重重化國何年寄此蹤淮海西來三百里大江中湧一孤峯濤聲夜恐驚巢鳥雲氣朝隨出洞龍幾度欲登帆去疾滄茫遙聽隔煙鐘

劉承直 章貢

孤峯宛若巨鼇簪橫絕中流翠色深勢與波濤相上下影隨魚鳥共浮沈焦門風起雲翻黑瓜步潮回月湧金擬汲中泠

觀瘞鶴維舟三日阻登臨

滕枋 姑蘇

屹立江心勝境開人閒彷彿見蓬萊層層殿閣孤峯去滾滾波濤萬里來垂柳半維遊客棹雨花長繞閱經臺登臨欲煮山中茗試汲中泠水一盃

吳山 郡人

靈鼇戴出梵王宮殿閣崔巍百世雄額古澤心須建武地鍾元氣孕鴻濛雲連吳楚江山秀水接滄溟海日紅我欲楞伽分半榻汲泉煮茗話眞空

黃諫 四水

金山山寺古招提此日登臨覓舊題石骨有根從地起風光無際著僧棲危巔上接天光近勝概雄吞海氣低更上留雲

遥極目長江天塹石城西

張楷四明

山壓中流寺遶山海濤送月到禪關梵王下占馮夷國龍伯來登舍利壇曉日鐘聲催棹發夕陽帆影送僧還何當直上浮圖頂萬里滄溟一望閒

楊茂湘湖

金山湧出似擎拳砥柱中流不計年一點翠雲浮水面半窪滄海落岩前樓臺倒浸參差影星斗虛涵上下天公暇偶來登絕頂恍疑身近北辰邊

艾芳郡人

不到金山四十年重來風景尚依然苔梳石髮青含雨松拂龍鬚綠帶煙寂寂僧房鄰水柱層層佛塔與雲連鳳城回首

三千里一寸丹心向日邊

陳述 姑蘇

誰障中流砥柱迴水天倒影浸樓臺山分紫翠奇峯出地布金沙化國開過客頓忘塵世夢老僧同話劫餘灰試登吞海亭前路彷彿神鼇背上來

朱鏞 仁和

江心一朵金芙蓉去面突出光玲瓏仙掌摩青結沆瀣玻璃浸碧搖晴空大山小山儼盤據千派萬派從朝宗中流屹立有如此河清海晏歌神功

題中泠泉 林鶚

浮玉岩前碧一泓入閒水品獨知名深源暗接岷峨遠支脈潛通渤澥清且莫烹茶邀逸客只須種橘活羣生滔滔江海

無眞味願起山靈與細評

丁元吉郡人

萬水西來勢若崩金鼇背上一泉生氣噓雲霧陰常合寒逼蛟龍夢亦驚地脈不勞神禹鑿品名曾入陸仙評誰知一勺乾坤髓占斷江心萬古清

成始終無錫

波湛孤峯紫翠明芙蓉一朵詡蓬瀛鐘聲水國金山寺樹色江關鐵甕城樓閣盡從天際出風雲長向嶺頭生傷心郭璞墳前路日落寒潮萬古情

孫鐸丹陽

砥柱狂瀾坤軸牢地空塵靜隔喧囂雷霆夜吼驚濤湧樓閣朝盤蜃氣高雲洞雨香蒸石髓海門天遠見秋毫楞伽不作

東坡夢灑酒臨江先鬱陶

張表 郡人

融結寍知大造功危峯孤聳半江中地從鼇極分來斷天向鯨波盡處窮樓閣光涵龍伯府帆檣影拂梵王宮躋攀直越藤蘿上笑語雲霄第幾重

又

邵曦 餘姚

造化無私似有情波心湧出小蓬瀛船從碧玉臺邊過人在黃金界裏行四面星河連上下幾重樓閣自陰晴門前奇觀知多少總有丹青畫不成

俞僩 諸暨

揚子江心第一山崔巍砥柱海門關金陵煙樹微茫外鐵甕人家指顧間四面潮聲驚鶴夢八窗雲影伴僧閒一塵不到

眞如境時有天風振珮環

賴正金臺

海門潮來聲拍空鼇背擁出金芙蓉馮夷鐵綱鬮禹穴絕頂直望聯崆峒江草江花結春色浪靜風恬鏡光碧政餘無事訪遠公浮生爲問三生石

嚴正學舜江

帆檣白晝隨風下燈火黃昏隔岸明山色帶雲連水色樹聲和雨雜潮聲善財石上晚霞散郭璞墳前春草生我欲放歌乘小艇滄浪隨處濯塵纓

林廣金陵

滚滚長江吼怒雷波心湧出碧崔嵬水晶宫殿重重見雲母圍屏面面開內翰昔曾留帶去老龍頻爲聽經來中泠泉水

淸於鑑擬濯吾纓絕點埃

史珍 濤陽

煙樹微茫塞海門江流一帶勢如奔龍池星醮晴搖影蟒洞雲收濕有痕北固風松寒翠挺西津煙柳綠陰屯無端佳景牽情思幾度淸宵入夢魂

左贊 盱江

何山得似金山好屹立中流勢獨雄風鼓驚濤欲飛動煙涵空翠入溟濛根盤萬仞馮夷府頂矗重簷釋氏宮繫榜曾當臨晝景金烏落處海雲紅

夏寅 雲間

江心喜見碧崔巍不惜樓船破浪來謾說風雲有神護眞成圖畫自天開文章縫筆推蘇子泉石幽淸屬辯才壯觀由來

豁心日夕陽扶醉妙高臺

蔡堅 天台

秀拔中流第一峯水光煙景盡難同倚雲碧樹何年老隔岸紅塵無路通梵宇重重斜抱徑江濤洶洶怒含風憑高不盡登臨興又聽疏林響暮鐘

趙紳 凌江

金山自古稱名勝此日登臨最上頭四面水光涵倒影半簾煙雨弄清秋人家隔岸參差見客舫隨潮上下浮微宦可因塵務擾何時載酒賦重遊

賈承 金陵

峩峩砥柱屹中流爲訪名山作勝遊漠漠平沙孤鳥下遙遙落日片帆收僧居島嶼乾坤闊水接扶桑日月浮縱目覽觀

無限景凭闌何必望瀛洲

蔣忠 錢塘

籃輿舁我上高臺無限風光入品裁萬里江流連日下一天秋色帶潮回雲盤螺髻空中見金削芙蓉水上開俯仰只疑浮世界更於何處覓蓬萊

李東陽 長沙

楚纜吳檣萬里還夢魂常在水雲閒地當好景多逢寺江到中流合有山鶻嶺高秋爭突兀龍宮深夜鎖潺湲謝公無限登臨興不為蒼生暫解顏

程敏政

大江中湧一峯孤面面天開海岳圖黃鵠已隨拳石化白黿能受老僧呼遺邱漫笑青囊郭劫火猶傳玉帶蘇起向妙高

臺上望朵紅雲處是皇都

王鏊 吳門

借得仙人九節籐半酣飛上最高層乾坤納納容人住歲月悠悠憶我曾潮送夜聲來鐵甕山浮王氣入金陵凭闌欲更須臾立足蹋神鼇恐不勝

大江中湧小崑崙勢遏洪濤幾欲奔萬古乾坤限南北一方臺殿自晨昏雲低建業山爭出潮落瓜洲海半呑長嘯一聲天地闊妙高高處是天門

謝鐸 黃岩

水自東西下地應南北分山高欲呑海江闊半留雲絕境世間少佳名天下聞獨慚詩興淺對酒不成醺

金山寺

楊一清 石淙

爲學如爲山直欲躋其巔望道如望洋誰能涉其淵振衣妙高臺濯纓中泠泉茲行良有得不在山水閒知音苦遼絕俛仰復何言

吁嗟此名山乃在區寰裏古來孫張詩差足快意耳遂令千載人指點求形似江山信有靈塵穢誰當洗因之遡岳陽老杜驚人語先民有典刑後生安得此

長風振林皋木葉無停披寒潮作胥怒沙石從推移葉落會有萌石走不踰涯勞勞塵世人翻覆動如斯斯理苟有悟靜定復何爲

重遊宿寺中　前人

乾坤此名勝六載復登臨地界有南北江流無古今徑通山鳥道潮雜海鯨音欲渡還留宿長風正夕陰

致仕後重遊金山　前人

坐上青蒼接淼漫樓臺面面枕高寒八牕帆影隨潮過兩岸人家隔水看地有江山成偉觀天將砥柱障狂瀾塵心到此消應盡更欲臨風漱碧湍

東望海門連北固渡江形勝更無前且拋盃酒尋常債來試中泠第一泉雲破遠峯天際出月明高閣鏡中懸時清不作乘桴計聊向松蘿臥晚煙

留雲亭　前人

留雲亭上立多時古木滄波繫遠思南北界分還此水孫張題後豈無詩風高鶻嶺驚秋早江轉龍門到海遲三十年餘塵夢裏每因登眺歎吾衰

張昇　盱江

金鼇隱隱亙乾坤萬木陰中古寺存絕頂泉通揚子脈對流浪出郭仙墩江淮一障形偏壯吳楚雙分勢獨尊閱盡古今多少變焚香坐聽老僧論

李瀚 沁水

我愛名山未一遊薰風今喜送輕舟岩前雨過雲猶濕樹裏潮來水漫流江窟魚龍多變化祇園花木自春秋故人已奉朝天詔覽勝憑誰更上樓

前人

山僧扶我陟金鼇步入煙霄路更高天上仰瞻紅日近洞門常鎖白雲牢六時花氣浮空谷萬壑松聲雜巨濤記得念年曾此過西風寒雨撼輕舠

喬宇 太原

丹梯百仞手可攀紫翠樓閣參差閒龍宫下瞰海底日鼇背迴浮雲外山遥天千里影漠漠洪濤萬古深潺潺壯遊南北此第一安用跨鶴超八寰

宿聽潮軒　儲巏 海陵

朝游儱未極暮憩還自營上方鐘磬落虚室泠然清起視夜何其片月東南生青山如改故隱隱攢高城蛟龍寒尚蟄波浪誰與爭乃知羣動息夕景涵空明欻爾紫霞想緬貽滄洲情篝燈閉石閣細聽江潮聲

劉績 蘆泉

萬流深處列層巒絕頂登臨一縱觀因緩水維淩渤海故令砥柱遏狂瀾煙霞入腹語言異星斗襲人毛骨寒鐘磬聲飛落塵市憑闌始信上方寬

張汝弼 華亭

第一江山第一樓年來頻得縱淸遊盤雲舊隼如相識煮茗緇衣若欲留筆底風雲搖海嶽壺中日月送春秋古今多少登臨者何事哀吟動客愁

盛洪 崑山

久憶名山始一遊過江餘興欲還舟千年廢塔風煙跡六國遺墟草樹秋濁浪鎔金江月上遠峯來翠海雲收登臨孰免興亡思逝水無聲只任流

湛若水 雙泉

世道程途丞艱危憂思長涉江問京口駐節金山陽羣公半知舊相逢喜欲狂登高濯長纓浩蕩閱湖江舉手望五雲悄然思帝鄉心期久不至竚立以徜徉

王守仁 姚江

水心龍窟只宜僧也許詩人到上層江日迎人明白帽海風吹醉掖枯藤鯨波四面長疑動鼇背千年恐未勝王氣金陵眞在眼坐看西北亦誰曾

題蒲菊鈺上人山房 前人

禪扉雲水上地逈一塵無澗有千年菊盆餘九節蒲濕煙籠細雨晴露滴蒼蕪好汲中泠水殘香嚼翠腴

王臣 盧陵

六朝山色供吟眸幾度欲留還不留高切天關虎豹隔下窺海藏蛟龍遊僧船夜歸斗挂寺客枕醉驚潮撼樓試借瘦藤上方宿鉤簾燈火見揚州

高鑑 鐵溪

老月西飛萬里天半江寒浪鎖空煙斷鼇閣水疑無地古樹撑雲信有年潮海夢魂孤鶴遠乾坤身世一匏懸中宵未敢舒常嘯只恐蛟龍誤穩眠

前人

簿領紛紛得暫閒金鼇背上一躋攀山涵水月光明裏寺坐魚龍窟宅閒混沌有根盤地軸雲霄無路叩天關空江風靜潮聲歇興盡詩成棹始還

趙祥郡人

葉舟衝浪訪高僧上盡亭臺上上層一線天光通巨浸千年瘦石鎖枯藤江山有興詩應敵杯酒無多意不勝記取西岩留句處鐵溪太史與吾曾

金信括倉

一自乾坤闢闔來中流使有此蓬萊屹磨不爲秦鞭去秀拔元非禹鑿開萬古詩人言不了六朝流水去無回風晨雨岸聞鐘磬疑是龍吟般若臺

司馬亜蘭亭

幾年渴想金山寺今日眞從寺裏遊江面曉雲依玉節海門初日映朱樓化工忽點滄溟破元氣長兼紫翠浮勝境登臨方自適可堪難忘廟廊憂

前人

天下名山此獨靈半江高露一螺青樓臺常日在圖畫鐘磬有時來杳冥浩蕩正當流靡靡崢嶸偏自立亭亭詩成一笑下山去古木繞岩雲滿汀

前人

山寺岧嶤在半江浪花深處見僧窗玄珠獨吐藏琪樹素練平分湧翠幢北固瞋收山梵出中泠泉潔毒龍降欲消今古興亡恨倒盡攜來紫玉缸

盧濬 天台

天地奇觀在登臨兩腋輕雲橫低度鳥潮闊遠吞城帆影春霞没漁歌夕浦生瘡痍吾有寄俯檻若爲情

孔鏞 闕里

一水遠趨海孤高極接天江分南北路潮送往來船砥柱經千古迴瀾倒百川涵虛樓上月閒伴老僧眠

韋椿 郡人

岫刻崖鐫碧蘚深小奇留待野狂吟濤聲忽作萬山雨雲影倒飛千畝陰我輩登臨良偶耳化工融點豈無心中泠累試

非眞味莫更盤渦觸險尋

又　前人

游氛無髮海無聲天上中涵太古清萬寶呈光開貝府毒龍噓氣湧金精林空樹杪聞仙梵夜廻雲虛度玉笙坐遣詩神周八表靑冥何處放槎行

顧福吳下

金山高突兀玉宇靜塵埃窟底蒼蛟臥沙邊白鳥來江空浮島嶼樹遠見樓臺斜日帆檣亂臨流首重回

陳經邦編修對溪

鼇嶠浮空出龍宮傍島開江聲搖草樹海氣隱樓臺歲月隨雙鬢乾坤付一杯登臨無限意未許去帆催

白鉞

千古金山寺分明鎮海門濤聲春峯急雲影八簾昏傑閣凌
空際疎松漏月痕題詩記曾到回棹指天閽

施槃

長江限南北孤島屹中流清絕應無疋蓬壺卽此不往來任
指點陪從得觀遊今古留題富盛無杜老儔

陸深 雲閒

過水金山寺眞憐地脈分潮聲生絕壁江影落孤雲晚吹先
秋到漁歌入夜聞登臨殊不極斜日半微醺

謝琛

大江千古寺昏曉自平分地斷天連水山高犬吠雲蓬萊元
有象砥柱卽前聞不見風波惡憑闌酒正醺

袁經 甯鄉

南來佳境説金山山在長江巨浸閒地湧雲根擎寶刹天開圖畫隔塵寰逢僧且了三生話覽古能消半日閒身世直疑蓬島上夕陽西下尚忘還

郭郛 古肥

煙水周遭寺影中歸然不與衆山同登臨漸覺諸天近孤絶遥知四面空江静最宜當戶月僧歸尤愛渡帆風十年擾擾經過意吟倚清罇夕照紅

黄相 莆田

晚風吹袂度崚嶒石洞雲深鎖古藤妙處江山偏著寺閒中歲月總輸僧龍門聲帶三生話蜃氣光浮六祖燈南望金陵雄幾許萬家煙樹隔層層

王經 山陰

松下摩崖憶舊題仙蹤此日又攀躋江吞吳楚連天闊樹接淮揚入望迷石磴迴林飛鳥外岩扉高鎖潤城西醉來渾覺吟懷壯笑指鼇山手可攜

歐陽重 廬陵

尋春來水寺春意逐江分山暝洞留雪亭深簷宿雲人歌疑鳥散僧語慣黿聞今古多賢達能消幾醉醺

殷雲霄 石川

吞海亭中獨詠時江山如此欲何之江花寂寂隨秋草江樹深深叫子規

唐寅

山峙清江萬里深上公乘興命登臨憑尊指顧分吳楚滿眼風波自古今春日客途悲白髮祇園兵燹廢黃金日斜未放

滄浪渡飽酌中泠洗宿心

陸相 姚江

固宜淸地著閒僧萬疊飛雲石磴層江日破煙明白鳥海風吹雨戰蒼藤山根蟠結江聲合地界孤寒酒力勝試問扁舟來往者一尊登眺幾人曾

楊光溥 沂水

曉日波心擁翠巒一螺光映水晶盤聞鐘始覺無多遠到寺方知有許寬濤險不驚僧夢穩江長須信客行難妙高臺上南風急五月征衫早已寒

吳天祐 豐城

金削芙蓉面面屏乾坤磅礴爲鍾靈雲埋老樹風光濕龍臥寒潭水氣腥張祜有詩留翰墨王維無筆寫丹青箇中瓊嶼

塵囂隔弱水蓬萊浪得名

徐紘 晉陵

忙裏誰拚此日閒妙高臺上一躋攀山川掩映蒼茫外樓閣參差杳靄間雲海望窮魚鳥樂江湖心切廟廊關更移小酌披榛莽斜日西風苦未還

贈味泉宜僧　沈周 長洲

呷盡西江水中泠滋味長教人淡唇舌說爾泠肝腸無有中邊別休分彼此強笑他陸鴻漸茶苑贅閒忙

梅俊

雨後來尋江上峯翠螺高露碧雲叢恍疑上竺三生石坐我方山六衰翁厭聽黃鸝催短景思乘玄鶴駕長風憑虛俯仰心無怍消得閒身宇宙中

吞海亭

黃肅洪都

簷楹翼翼枕鼇頭吞納滄溟萬頃流瀉捲波濤明月夜倒傾河漢碧空秋高僧杯自窗前渡賈客船從檻外遊大塊榮枯喉吻裏卻能消盡古今愁

陳言常熟

枕水軒窗面面幽六塵飛不上簾鈎一聲清磬海門曉數點殘燈山寺秋蒿筍薦茶香可啜蒲團作榻倦堪投靈觀閣上憑闌看宦海奔馳若箇休

一拳浮玉結波根普供如來兩足尊四面風濤衝不動中流砥柱屹常存朝陽閣峻雲疑礙煙雨亭空海欲吞龍井汲泉烹苦茗金天清氣洗貪昏

兩牛鳴地出佛書是金山風便挐舟試一攀水湧峯巒霄漢表

天開樓閣畫圖閒白衣大士龍象力碧眼山僧虎豹顏熱惱
困人禁不得洗除誰遣向旃檀
翠箔朱甍蔭玉泉登登石徑費攀緣江山一覽窮千里風日
雙清抵萬錢岸柳綠藏沽酒市渚花紅颭釣魚船悤悤又逐
塵途去回首松菴愧老禪
釋曇噩
崢嶸兩岸市纏開靜愛人尋靜處來水底有天行日月山中
無地著塵埃塔擎燈影凌雲渺船載鍾聲出浪堆自喜平生
有仙骨好風吹上妙高臺
釋惠凱
夜半枯禪倚石房風光滿目境偏清簾前月轉定初起錯認
江聲是雨聲

釋宗泰

九水西來一口吞端爲江上衆峯尊一拳碧玉當天塹半點青螺寒海門殿湧高低千佛住岸分南北萬艘屯屹然獨立紅塵外可共三光永刼存

釋守仁

砥柱東南壯帝州飛樓湧殿壓中流雲收蛟窟天無際風捲鯨濤地欲浮兩岸青山迎畫舫萬家煙雨隔滄州妙高臺上青冥裏乘興應須到上頭

釋至聰

一拳玉立萬重波曾記扁舟載月過象外斷香飄玉宇雲邊仙梵雜漁歌山高日月光平挹天近星辰手可摩到岸回看何所似水晶盤內一青螺

釋法涌

一拳蒼玉一泓泉家業從茲富有年製衲不妨裁瀑布買山盌用費苔錢和雲臥去衣偏冷持鉢歸來月正圓試用金鼇峯下水幾時逃盡利名船

釋理潮

天遣靈鼇運化工何年移向萬流中一拳石硯眞如境四面波環古梵宮粉壁夜搖江月白朱樓晨映海霞紅人間勝境知多少都與金山迥不同

釋智鉉

般若航維兜率天金山山上禮金仙法門已入無多地利澤先嘗第一泉鷲嶺祇宜雲作伴雁堂眞與水爲緣魚游鳥語如如趣翠竹黃花總是禪

題蒲菊鈺上人　　沈周

蒲瘦如天台山之絕粒聖僧菊清似彭澤縣超世傲吏二物不生桃李場草木千年同臭味

京口三山志卷之五

京口三山志卷之六

集詩四 焦山

與陸東海焦山述懷　齊　江淹

杳杳長役思思來使情濃悃悒光氣度藉蕙望春紅靑莎被海月朱華冒水松輕氣曖長岳雄虹赫遠峯日暮崦嵫谷參差綵雲重永願白沙渚游衍遂相從丹山有琴瑟不爲憂傷容

焦山望松寥山　唐　李白

石壁望松寥宛然在碧霄安得五綵虹駕天作長橋仙人如愛我舉手來相招

冬日與羣公泛舟登焦山　王瓚（或作讚）

江外水不凍今年寒復遲衆芳且未歇近臘仍裌衣載酒適

我情興來趣漸微方舟大川上環酌對落暉兩片青石稜中際無因依三山安可到欲到風引歸滄溟壯觀多心目豁暫時況得窮日夕乘槎何所之

遊焦山　宋　王存

連山擁滄江峭絕視茲鮮由來一氣結殊不麗眾巘林深鳥聲悅境靜人自遠吾方抱幽介對此萬慮遣

題焦山　張文潛

焦山如伏龜萬古浸碧浪舉頭北顧海尾負金刹壯我開城東樓委蛇日相向松杉數毛髮人物見下上欲攜浮邱公據殻恣潛瀁仙風如見引金闕或可訪

遊焦山　蔡天啟

野曠天平入潮生海倒流帆餘閩嶠色雁帶玉關秋齋近鳥

蔦集漁殘網罟收雖云是吾土兹日始能遊

宿焦山　曾公亮

雨足雲歸岫湖回浪捲沙苔侵懸磴蔓竹隱斷巘花江闊風來遠山昏日已斜當年期卜築此興未應賒

宿焦山方丈　汪彥章

明發理煙艇歡言濟遥岑盤渦沸風雨稍辨鐘磬音行行並疏柳迎客多幽禽扶輿上犖确始見江湖深臺殿明海色嵌空憶龍吟修廊延客步妙香慰人心遐眺未云極千巖忽秋陰孤月欲生嶺諸天悉浮金兹遊信奇絶況接支道林夜語不知旦虚窗對横參人間驚毫末物外雄窺臨稽首悟眞理微生安所任蒼崖有奇字霜乾約重尋

自金山放船至焦山　蘇軾

金山樓觀何眈眈撞鐘擊鼓聞淮南焦山何有有修竹採薪汲水僧兩三雲霾浪逐人跡絶時有沙戶祈春蠶我來金山更留宿而此不到心懷慚同遊盡返決獨往賦命窮薄輕江潭清晨無風浪自湧中流歌嘯倚半酣老僧下山驚客至迎笑喜作巴人談自言久客忘鄉井只有彌勒爲同龕困眠得就紙帳暖飽食未厭山蔬甘山林饑餓古亦有無田不退寍非貪展禽雖未三見黜叔夜自知七不堪行當投劾謝簪組爲我佳處留茅庵

書焦山綸長老壁　前人

法師住焦山而實未嘗住我來輒問法法師了無語法師非無語不知所答故若看頭與足本自安冠屨譬如長鬣人不以長爲苦一旦或人問每睡無所措歸來視上下一夜無著

處展轉遂達晨意欲盡鑷去此言雖鄙淺亦故有深趣持此
問法師法師一笑許

遊焦山和子瞻　蘇轍

金山遊徧入焦山輕舟帆急須臾間涉江已遠風浪闊遊人
到此皆爭還山頭冉冉萬竿竹樓閣不見門長關金山共此
一江水只有勝絕無此閑野僧終日飽一飯與世相視如髦
蠻門無舟楫斷還往說法教化魚龍頑偶然見客話鄉國西
望落日低銅鐶岷峨正在日入處相像積雪堆青鬟稻田一
頃良自給仕宦不返知誰扳久安祿廩農事廢强弓一弛無
由彎行逢佳處輒歎息想見茅屋藏榛菅我知此地便堪隱
稻田斾斾魚斑斑

同鞠守遊焦山　林文節光朝

仙翁陟覽徧人寰雪後雲崖許共攀江入海門吞百粵樓橫鐵甕跨三山飄颻旌旆登臨水指點煙波笑語閒塵土揚州嬾回首一聞風笛棹舟還

立春至焦山　蔡天啟

歲爲兹山一再登籃輿乘興驀溝塍春生江海交流處人在藤蘿最上層畫鷁搶沙眠百賈華鯨吼旦集千僧道人邀上東巖宿坐看冰輪半夜昇

焦山　翟忠惠汝文

冰輪依風負坤輿百川東流同灌輸掀巾之陂莾吞受沃焦之山初不濡雲根終久插江湖狂瀾滔天隨卷舒空神迴摽避突兀海門排霄岌相扶僧居蠔山迷向背佛宇蜃氣成吹噓甘遊玄冬崖壑枯洪濤濺雨吹裳裾風來駕潮愁海若溟

漲跋浪翻鯨魚虞淵咸池相蕩潏月阿日窟漂方隅此身浮漚一緣聚四大滋相彌空虛鍼鋒懸持妙喜住蛟睫坐睨焦螟居山中老禪眼於菀香飯遣化分彫胡重淵垂涎舞蛟首方丈宴寢凝薰爐夜寒月黑照濁水乞取壞衲摩尼珠

觀音巖　米元章

秦驅禹鑿已寥寥郤爲高人得姓焦飽餌有時邀楚釣海雲常覺護山樵巖多陰霧龍藏角虹挂蒼林玉露膴濁氣不侵靈貺下方壇曾駐紫濤飈

遊焦山　韓無咎

荒村日晴雪猶積繫纜焦公山下石江翻斷崖石破碎葬鶴千年有遺跡瘦藤百級躋上方浮玉南北江中央檣竿如林出煙浦酒船遠與帆低昂老鴟盤風舞江面殺氣淮南望中

見神龍只作水底眠爲洗乾坤起雷電觀音岩前竹十尋大
士不死知此心醉歸更喚殷七七剩種好花開鶴林

遊焦山　晁子止

江勢東傾劇建瓴中流巖壑隱禪扃遊僧誰渡降龍鉢過客
爭摸瘞鶴銘修竹捎雲淩北固桃花吹浪漲南溟上人勸
賦斯山境乞與微吟勒翠屏

瘞鶴巖　胡致隆

當年誰爲裹玄黃潮打孤城草木荒華表竟無新信息斷碑
空有碎文章雲埋紫蓋峯何在煙鎖青田道正長遥想華亭
披鶴氅依隨明月過錢塘

金山行次梁必大韻　金遁初

江吞淮楚通吳中深有萬丈天吳宮珠樓貝闕知幾重魚首

人面赤如龍紫雲赫奕青霞濃天地下降百神從蛟鯨無端怒生風敕移三山填其胸日纏月緯分西東戴鼇方知策强雄馬塵轍迹絕遊蹤仙境眞與蓬萊同千濤萬浪插兩峯屹然對拱摩層穹金山蜿蜒勢未已焦山縈迴藏古寺大覺仙所廬聖止人間畫圖那得似鏡銅摩青鳥飛起浮屠倒影澄波裏六朝陵闕存故址百戰功名數行字相去淸風片帆耳此身未遊心已至君詩到手破的矢我詩刻畫慚下里三分之句豈辯此舉盃一酹問蘇子

和前韻　張道元

二山砥柱江流中下有水府之幽宮巨靈設此天險重怒濤掀起兩伏龍山光對面分淡濃朝暮雲氣相過從鐘聲兩樣飄江風撞驚大夢醒塵胸海門茫茫直其東江山第一麗且

雄六朝形勝留遺蹤天荒地老代不同登臨此地閱幾翁公獨硬詰盤高穹長江滔滔去不已千古名山占蕭寺白髮元僧心水止嗟余勞生竟何似人間平地風波起誰能釣舟煙浪裏千年門限鐵基址不如流芳向文字州縣之職徒勞耳丈夫封侯待時至以道事人直如矢豈但絃歌化州里人兮山兮有如此我願學者梁夫子

次祥卿焦山韻　翟思忠

窗影江光四面開虛空無處得生埃依依山頂雲飛去隱隱海門潮上來噴雪浪趨藏鶴塚落花風掃煉丹臺吸江亭上多時坐誰信茶甌勝酒盃

次董野迂韻　前人

四面江光不住塵中流擁護有波神畫家點染圖多賡詩老

形容語最眞丹井泉來冰熨鹵石脉雲臥浪搖身碧桃灣裏
花狼藉一夜狂風斷送春

自金山放船至焦山飲於吸江亭　元　趙文昌濟南

金山據上流怒挾江聲東焦山護海門坐折千里衝兩山勢
欲合盛氣薄蒼穹解分誰巨擘賴有流鑿功至今賈餘勇角
立相長雄西皋汗漫遊目極大塊中手持一盃酒澆爾磊磈
胸魚龍出戲舞摩蕩靑蓮宮山靈自不凡感汲欣相從因笑
魏與吳乾坤兩雞蟲悠悠一帶水往事尋無蹤夜深何處笛
嗚嗚起西風

題焦山方丈　薩天錫

江風入霜林寒葉下疏雨蕭蕭復蕭蕭可聽不可數山僧亦
可奇呼童埽行路到處覔秋聲肩輿下山去

遊焦山　錢源濬

中流千古寺樓閣倚天青水國僧開殿雲汀鶴瘞銘山光浮碧落樹影見滄溟我欲求深隱波澄正杳冥

郭天錫

砥柱中流障北溟海門對勢兩峯青鶴歸幽竇玄煙冷龍捲長江樹石腥爲爾欲招連社侶嗟予久負草堂靈坡翁綸老之何處西日荒寒照野亭

宿焦山上方　前人

揚子江頭風浪平焦山寺裏晚鐘鳴爐煙已斷燈花落喚起山僧看月明

焦山　無名氏一作初

江上峯巒擁翠濤神仙曾此挂丹瓢中流坐席雲常護六月

樓臺暑自消樹色遠迷淮甸雨鐘聲遙帶海門潮天開圖畫
非人世一葦相過不待招
次趙萬里遊焦山韻　俞希魯
山姓猶仙迹豈非神丹往往有餘輝海門浴日霞光動佛屋
凝煙霧氣微半夜講經龍出聽千年瘞塚鶴來歸馬頭塵上
深如海羨殺雲堂老衲衣
次朱知事韻　前人
滔滔南紀接東溟天遣茲山鎮百靈一榻煙雲空外影四軒
風浪靜中聲祈蠶沙戶無來艇瘞鶴山樵有刻銘慚愧蝸牛
廬下客蒲團趺坐閱晴陰
登焦山有感　祝子權
旅泊驚雙鬢舊遊今十年雲山故時色江月幾回圓寥落嗟

如許登時何惘然淮南數行樹愁眼亂風煙

登焦山　　周信仲

雪埋斷麓元曾到風度疏欞始再來春盡幽園尙紅藥雨餘荒徑自蒼苔短笻扶病吾猶力古錦囊詩子合開第恐平生老無著不能傳律以宗雷

遊焦山子昭姪不至　　陳德昭

江盤石裂秋濤怒風捲魚龍海門去斷蓬掀簸一葦輕修眉淡埽千山暮惜哉佳景子不來丹楓落盡平沙樹

題焦山塔　　陳雲嶠

老樹雲間鳥宿洞深月落潮回此時此興不淺何日何年再來

登焦山塔

遠尋閬若訪參寥仰見龍蛇窟宅高試上雲梯舒望眼蓬萊
咫尺限雲濤

又

歸鞭裊裊拂斜曛踏碎長街九里雲慚愧蝸牛廬下客終朝
城市醉醺醺

題金焦山圖　顧利賓

我昔一舸遊金山扣舷長歌雲水間靑天四垂白日迥穩踏
鼇背淩風還潮落帆開更安往焦光福地增蕭爽水歸渤澥
定潮宗人向蓬萊惟彿彷草堂秋夢幾年無贈别高情見此
圖物色恍然飛動意山靈應識老狂夫

登焦山　國朝　高潤

久慕焦山勝今朝試一臨水環千畝闊月上半巖陰帆帶潮

聲過樓因樹色深忽聞鐘磬響疑是海鯨吟

遊焦山寺　謝省

勝地浮鼇背開從五馬過半江流水淨兩岸好山多蜃氣籠臺閣鯨音振薜蘿誰知入蓬島塵世隔煙波

焦山　袁潔郡人

浩劫存拳石秦皇不敢鞭斷崖飛白浪孤柱入青天鶴化何勞瘞丹成信妄傳幽人翻貝葉鎮日坐蒼煙

焦山　黃淮

巍峩臺殿冠鼇簪雪浪浮空萬象含鮫女獻綃騰紫霧驪龍聽法起深潭華嚴會上今方到栢子庭前試一參千古焦光名迹在追尋碑碣過巖龕

焦山望海門　黃翰

一氣中分造化均淩波雙峙玉嶙峋遙連海上神仙宅不著人間市井塵月白天空涵兔影風恬浪細蹙龍鱗渾疑咫尺銀河近便欲乘槎一問津

出使經過焦山　黃諫

停舟山下訪遺基二月春風雨霽時瘞鶴有銘隨石刻附鴻無信到家遲尋真徧認前人識辯古還尋昔日詩卻恨斜陽下山去重來有約再相期

題焦山　徐章

秀出江心壓眾山半空秋色淡雲鬟氣吞日月波濤裏地簇樓臺島嶼閒俯仰只疑浮世界登臨方覺異塵寰多情不爲逃禪到卻喜平生始得閑

題焦隱君祠　陳宗

瓣香再拜隱君祠，細讀中郎古贊詞。京洛已聞龍戰野，漢廷空想鳳來儀。神仙託迹誰能識，江海韜光世豈知。獨許富春山下客，清風伯仲播當時。

登焦山感興　丁元吉

帝將撮土浮洪波，橫塞海門誰敢訶。瞬息閱世六萬載，山腰日月相軋磨。崩崖怒石互飛舞，氣鍾神秀吞岷峨。春霞秋霧擁臺殿，晨鐘暮鼓奔蛟鼉。穴藏少鶴管已朽，山名浮玉艮非訛。靈蹤往往人爭傳，何須更上三山巔。或言此中有道氣，我來登此非希仙。俯仰乾坤玩真易，羲皇不見空雲煙。謂山靈與川后，區區子雲徒草玄。同步松陰古祠下，揮觴一酬焦君前。

焦山寺　孫鐸丹陽

一襟煙火倚空濛詩史王維畫未工翡翠屏開金菡萏玻璃盤捧玉芙蓉嘻吁鳥道三千里依約巫山十二峯老我西風此登眺放歌扶醉月明中

張表

開闢從來有此山偶隨焦姓播塵寰百川趨海波濤洶一柱擎天日月閑松竹尙迷靑玉塢煙霞何處碧桃灣欲窮勝概無佳句落日扁舟共醉還

謝廷柱

海門沙沒潮始生山川落木天宇淸煙晴巨鼇戲水國日曉列雉明江城三詔難喚隱士起一醉稍覺狂心平重來作計應不晚詩成爲訂山靈盟

劉景寅

金山東下屹焦山天設龍門第一關拳石平吞江海際虛亭高架斗牛間潮頭送雨疑鼇抃樹杪銜風見鶻還似有淩雲豪氣在不妨椽筆共追攀

趙祥

寺裏樓臺竹裏山紛紛俗事不相關風帆沙鳥微茫外流水浮雲醉夢閒絕頂松龕僧獨住緣崖石磴鳥孤還迥然隔斷紅塵路愛此巉巖不易攀

達毅

一舟橫渡隱君山山在盈盈萬水閒風月上方從笑看煙霞石洞任躋攀紅塵隔斷雙眸迥清氣分來百慮閒此趣幾人能會得紛然燕壁與秦關

鄭軾永豐

十里松陰跨馬來焦山頂上一徘徊山靈似有平生約滿地白雲風埽開

潘府

焦山之勝金山之儔金常舟楫焦自春秋類世炎涼爲誰之羞拂衣上下矯時之遊江空月白此樂何求知趣者誰焦公之流

程敏政

十日横江雨未晴艤舟來作看山行海濱煙堠遥分幟樹杪風帆欲近城去國身輕如雁落登高詩健逐潮生閒心欲託焦光隱客裏先抛第一盟

漠漠頑陰埽未開石梯千仞滑生苔倚闌尙見淮南樹拂袖宜登海上臺坐聽松風聊當樂醉呼江水爲添杯繞山細看

題銘刻蚤有人曾冒雨來

整履同登壯觀亭百年身世等飄萍兩潮漫作崩騰勢拳石終存砥柱形過棹客愁煙樹黑浮家人占雨莎青南來抉勝心方健有約重尋瘞鶴銘

王鏊

昔年曾上金山頂今日焦山始一躋四望雲峯如此好平生詩句若為題煙中遠樹長江北天際孤帆落日西聞道魚龍多窟宅夜船歸去莫然犀

重遊焦山

楊一清

洞口孤雲面面生百年身世坐來清一船月色金山寺十里煙光鐵甕城江閣雨餘秋水闊海門風定暮潮平青山潦倒虛名在恥向沙鷗問舊盟

邵文敬同遊席上次聯句韻

青簾白舫寺門前可是蓬萊別有天對客揮毫眞自許當場

邵敵更誰肩詩書童冠聊乘興賓主東南未乏賢不用德星

占太史先聲已聽路人傳

雨中遊焦山

無端秋色登臨地不盡長江眺望時世路渺然空作客風光

如此可無詩及辰爲樂人能幾冒雨登山興亦奇直待晚晴

凌絶頂徧摩蒼蘚認殘碑

與屠大理元勳夜遊焦山次聯句韻

天將浮玉配金鼇萬古波心物色饒廟有瓣香逢盛代洞存

三詔記前朝高雲絶嶺江空闊茂草深林路閒寥乘興不妨

昏黑造諸天欲上敢辭遙

帆影參差月在窗杳聞人語隔晴江山深地僻僧歸晚木落天空鳥去雙興盡冰絃還綵筆坐消銀燭更青缸平明再著登臨屐梯徧層雲氣未降

次日登絕頂次韻

西風殘葉嫩寒初兩日尋幽興不孤心愛竹巖留客坐力窮雲蹬遣人扶城頭山色遙連楚樹裏江聲直到吳莫道居人誇勝地分明此景是蓬壺

陪少宰石樓李公遊焦山得長句兼以贈別

金山之東復焦山兩柱屹立洪流間石樓先生好奇者公暇拉我同躋攀江波不動平於掌鼇背穩踏心神閑想當造物開混沌鬼釜爲鑿蛟龍闢至今崖巘鎮南極吐納江海迴狂瀾靈根不畏滔天沒直與元氣相爲端焦光託名亦幸爾何

物浮屠能踞蟠與君尋幽兼弔古梯磴歷歷披榛菅龍叟生孫靑玉塢仙翁遺世桃花灣華陽眞逸有舊刻名不可滅字已刓病起曾遊半山止兩眼生花腰腳頑君年稍長體力健直上如挾雙飛翰兒童攙扶强追逐吸江亭前成大觀仰窺空無俯渤澥京口諸山如彈丸倦來下憇水晶菴旋烹竹笋燒沈檀白雲自封三詔洞石亂齒齒苔痕班帆檣如林出屋外鼓枻放歌時往還酒酣閒行繞山腳稻田旆旆魚班班古今解道惟蘇子而我舊遊徒汗漫君如朝宗意先往我獨佇立留應難海雲堂深白日晚輕風水面生微寒揮毫賦詩兼贈別留向他時作畫看

李少宰有詩次韻一首又限韻二首

勝槪東南幾擅雄此山屹立大江中君來價重韓吏部我老

才非蘇長公且向川流觀道體要從瀾倒識神功輕舟便合乘風去海上蓬萊只尺通

三詔當年下漢京不將高隱博浮榮地奔龍躍此巖在浪打雲霾稀客行石壁凝煙苔色重海門浴日霞光明茲遊奇絕人間少悔卻前時不出城

淸風直與富春長江水悠悠樹色蒼秩祀載嚴周典禮遺編猶紀漢文章松聲暮逐胥濤急花氣晴薰梵語香卻少高人踵幽躅漫將好景屬空王

李瀚

薰風吹上最高臺山閣稜層四面開夾道松筠疏又密馴人猿鶴去還來品題都付經綸筆倡和慚非博雅才倚徧曲欄凝望眼虛舟江上若浮杯

少年兩度過焦山今日偷閑又一攀隱士洞前雲靉靆空王闕下水潺湲微風入樹藤花落細雨侵堦石蘚斑一點炎熇無著處分明佳景出塵寰

喬宇

巨峯盤亙屹江中望極扶桑眼界空千古混茫開鬼鑿九州疏濬仰神工蜃樓出海雲將霽貝闕依山路可通塵慮怪來消欲盡雨花巖近水晶宫

方天雨

峯迴古刹急流中浮玉峩峩萬木空九有江山無此景六朝詩句許誰工光涵鐵甕風濤壯秀擁金陵王氣通絕頂登臨聞鶴唳恍疑人在蘂珠宫

丁鳳

屹立江心第一峯望中青靄鬱重重迎春花發臨崖樹向晚僧敲入定鐘樓閣低懸波底影詩篇長護壁間龍憑闌漫憶黃巾亂聞道中原漸息烽

馮蘭

勝名高跡並隆中翠嶂青峯倚太空卻愛幽棲從隱姓翻嫌圖畫失良工孤根江底蛟龍護絕頂雲端鳥道通盡日我來還越宿分明身在蘂珠宮

杭淮

中書偶從京國至興來拉我遊焦山秋清萬里見毫末長江洶湧來雲間再望江南望江北丹梯此日欣躋攀金山留雲更突兀咫尺相對芙蓉妍海門東去渺煙霧沙青鳥白相與還憶昔焦光避漢世尙有片石留人寰萬年江月照不爛呼

酒一破風塵顏

錢福

一宿僧房萬慮空恍然身世有無中煙籠北固城頭火潮擁金山寺裏鐘吳地起頭驚突兀楚江拖尾入鴻濛古今代謝詩篇在不用臨岐歎轉蓬

唐寅

亂流尋梵刹灑酒瀉襟期西北分天塹東南缺地維高臺平落鷺清磬起潛螭千古基王業來遊有所思

經焦山

上海陸琛翰林編修

鳥道高雲拂樹開海門指點是重來得從御史桓公雅自愧詞人馬子才緩步振衣分綠蔭題名援筆破蒼苔江山城郭眞吾土卻笑登樓亦浪哀

和　　　　　　　　　　　　　　廣信謝琛監察御史

百年笑口幾番開千古名山此日來石洞清風高士跡海門佳句大蘇才遠天圖畫雲明日絕壁龍蛇鳥啄苔坐想六朝前後事江南何獨子山哀

潘丞之道長遊焦山約期未赴用寄　　　　前人

聞說焦山好因君引興長林花朝露淨江月夜窗涼禪榻誰同下公文我獨忙三邊況多事憂世正皇皇

丁璣郡人

焦君一去已千載拳石空餘水面青雲鳥悠悠浮世變江山渺渺俗眸醒煙橫京口高低樹潮落海門長短亭我恨古人今不見心隨鴻背入秋冥

西風已到菊花時江水江雲動遠思遊興一如秋色壯孤懷

只許老天知玄黃不瘞波心鶴黑白長摩石上碑寄語焦君莫相笑渭川盌灣鬢成絲

暫開塵網洗吟脾預擬遊山一首詩應爲山靈相待久故令官鶬出行遲玄黃莫負尊前約丹竈仍存別後思但得眼中無俗物鳥飛魚詠總相宜

陳鳳梧

萬仞懸崖挂紫藤水晶宮殿碧層層江山天下眞無敵登眺平生恐未曾三詔香煙藏古洞六朝秋草沒諸陵桑田互變知多少砥柱中流此獨勝

風擁鯨波接四溟扁舟蕩漾若浮萍石頭虎踞遥相望禹穴龍門一飽經一片海雲天外赤幾行煙樹遠中青百年興廢憑誰問笑倚江山一覽亭

浮玉金鼇值兩山滿江風月碧桃灣踞鵬南擊三千里滄海東流第一關徙步不辭躋絕頂微軀迴覺出塵閒偶緣拋卻公家事消得登臨半日閒

司馬亞

南來眞見此江山天塹渾隨北固灣慨古幾迴勞客夢尋幽兩度到禪關雲霞趣好頻成詠廊廟憂深一倚闌莫向紅塵解相絆野心先與白鷗閒

共擁樓船看八溟頗憐蹤跡似雲萍意中江水前朝恨望裏茅亭舊日經幽洞煙橫春草綠斷碑渡浸古苔青吟餘回首蓬萊上不盡長亭更短亭

一樽相屬坐聯詩正是松風化日時翠壁丹崖來遠近青簾白舫度參差詩章好與江山勝心事深教宇宙知但恨與君

容易別天南天北豈勝思

王臣

芒屩飛來浮玉山路緣石磴仍灣灣嵐光染袖翠欲濕江色到門春不關笑倚長松若張蓋醉扶孤鶴似憑闌向來盡有閒時節爭及今朝眞是閒

帆檣委曲度滄溟身世眞同水上萍三詔昔人猶未起一官今日已重經潮聲入海依然壯山色當樓若箇青瘞鶴舊銘餘幾字暮雲空繞吸江亭

片雲不用急推詩已是仙翁欲醉時竹裏茶煙晴冉冉洲南草色綠差差江山有景僧皆占歲月無情鳥未知寶墨亭邊蒼蘚合一襟聊爲昔人思

遊焦山次蓬庵韻　王守仁

長江二月春水生坐沒洲渚浮太淸勢挾驚風振孤石氣噴濁浪搖空城海門靑峴楚山小天末翠飄吳樹平不用淩飈躡圓嶠眼前魚鳥俱同盟

倚雲東望曉溟溟江上諸峯數點靑漂泊轉慚成竊祿幽棲終擬抱殘經岩花入瞑新凝紫壁樹懸江欲墮靑春水特深埋鶴地又隨斜日下江亭

扁舟乘雨渡春山坐見晴沙漲幾灣高宇墮江撐獨砫長流入海扼重關北來宮闕參差見東望蓬瀛縹緲閒奔逐終年何所就端居翻覺愧僧閒

邵珪

玆遊豈天假始發興尤緩出門山便佳巒岡半回氳江流如白龍金焦雙角短海門浮大船恰濟春潮滿我由筋力強登

眺不辭懶緬懷三詔翁一庵誰付管佛印十六詠一一當賦續幸勝蘇公遊選友四三伴王尹予故人此情殊款款主僧好事者饌具出躬爨新堂設大榻小憩供茗盌儵日得重遊記取西巖暖

高鑑

爲愛南徐第一山偷閒清曉扣禪關崚嶒石壁三千丈紫翠雲房四五間洞口葉稀緣客埽海頭潮落有僧還興來更探幽棲處竹徑崎嶇盡日攀

悶阻春江一夜風海門東望杳何窮斗垂天地潮初上樹影簾籠月正中身世暫留金色界夢魂疑在水晶宮青山咫尺明朝路衣馬紅塵便不同

杖外江楓照醉顏漫陪高興坐松閒天心冷浸冰壺月海勢

晴呑玉鏡山一兩點塵飛不到百千般事不相關乾坤佳境
僧居占只許沙鷗伴此閒
偶將高興寄滄江春滿乾坤酒滿缸入喜劇譚嫌晝短句逢
險韻覺心降浪頭突出靑山一樹杪盤回白鶴雙無奈遠公
情正洽斜陽倒影入禪窗

韋椿

雲臮淸嘯躡高寒絕勝還輸老眼看碧海靑天無點翳翠崖
丹壁任飛湍蝸牛人去山猶姓鶴塚銘非字亦漫水月平分
從此始玄眞分合理魚竿

王溥

金山名勝聞天下看到焦山更不同樹色遥連金界碧日華
初映蜃樓紅胎禽羽化銘猶在詞客登臨句自工行樂可能

忘國念春光還在九分中
建康東下石城連佳氣和雲勢欲褰鑿向此中疑鬼斧驅從何地有神鞭平波浩渺來青海曲竇蒼芒鎖翠煙極目乾坤凝望處萬年風景只依然
羣峯紛糾碧城圍綠滲岩阿路漸微芳草和煙黃犢塢落花衡浿白鷗磯千年勝地山河壯半日閒情車馬稀憂樂肯同萍跡遠丹心還自戀金扉

陸相

秋空望眼徹東溟險絶身如汎水萍三詔士能終舊隱一龕僧解理殘經風迴沙觜蘆翻雪潮落山根石露青自許塵蹤難數到日斜猶倚吸江亭

劉績

絕頂纔登萬象無人間別是一蓬壺信憑潮汐報昏曉摩弄星辰辨越吳天女獻珠成黍粟闍黎攬水作醍醐六朝宮殿皆塵土不及焦君隱士居

泝流尋古刹獨立最高峯三國封域混十洲雲氣通盤旋蹈煙霧唾咳墮天風地怪凡人入周遭令水封

釋宗泐

一峯如鉅石屹立江水中寶刹鬱重構勢與山爭雄若人於此住超然塵外蹤上開當水面下瞰馮夷宮魚龍近几席波濤蕩襟胸有時天宇淨倒影淸若空燕坐觀衆有起滅殊無窮一念寂不動嗒焉心境融焦光邀千載遺丹射林紅浩歌倚闌夕明月生海東

釋玄穆

獅子峯前放晚參直登絕頂縱幽探帆檣遠近迷蒼靄樓閣高低鎖翠嵐水色倒涵天上下山形雄壓地東南焦仙去後岩扉古樹老碧桃春正酣

釋德綱

昔聞焦山寺今上妙高臺僧向雲中住船從浪裏來地高霄漢近山碧畫圖開日暮詩成處潮聲暗作雷

釋智鉉

誰移兜率向蓬萊不著人間半點埃盡日波光浮几席行空雲氣礙樓臺隱君洞古多蒼竹瘞鶴岩空但綠苔閱罷楞嚴望秋碧羣鷗天際忽飛來

陳經邦編修對渼

汗漫開霜鏡微茫露翠鬟居然接三島不復混千山幻境人

天外禪心水月閒休疑焦處士避詔老松關

京口三山志卷之六

京口三山志卷之七

郡人張萊輯
雲間顧清正
推官史魯修

集文

賜甘露寺大藏經敕諭

皇帝聖旨朕體天地保民之心恭成皇曾祖考之志刊印
大藏經典頒賜天下用廣流傳茲以一藏安置直隸鎮江
府甘露禪寺永充供養聽所在僧官僧徒看誦讚揚上爲
國家祝釐下與生民祈福務須敬奉守護不許縱容閑雜
之人私借觀玩輕慢褻瀆致有損壞遺失敢有違者必治
究之故諭敕正統十年二月十五日

金焦二山寺同

祭焦光文

維　年　月　日鎮江府某官某偕僚屬等官敢昭告於漢隱士焦公之神遊心太虛棲迹空谷人欽隱德山以姓名峻節清風千年百世謹遵國典常祭是伸尙饗

祭金山順濟廟文

維　年　月　日鎮江府某官某偕僚屬等官敢昭告於金山順濟龍王之神維神託迹金山揚靈江海褒封順濟實以報功月吉辰良下元屆候謹遵國典常祭是伸尙饗

焦光徵君贊　　漢　蔡邕

猗歟焦君常此玄默衡門之下棲遲偃息泌之洋洋樂以忘食鶴鳴九皐音亮帝側乃徵乃用將授袞職昊天不弔

賢人遘厯不遺一老屏此四國如何穹蒼不詔斯慼惜哉
朝廷喪斯舊德恨爾學士將何法則

瘞鶴銘 并序　　梁　華陽眞逸

鶴壽不知其幾也壬辰歲得於華亭甲午歲化於朱方天其未遂吾翔寥廓耶奚奪之遽也乃裹以元黃之幣藏乎玆山之下仙家有立石旌事篆銘不朽詞曰

相此胎禽浮邱著經乃徵前事出於上眞余欲無言紀爾歲辰玄門去鼓華表留聲我爲彷彿事亦微冥爾其何之解化唯寍後蕩洪流前固重扃右割荆門未下華亭爰集眞侶瘞爾作銘上皇山樵人逸少書

瘞鶴銘辯

瘞鶴銘并序華陽眞逸撰上皇山樵人逸少書鶴壽不知

其幾也壬辰歲得於華亭甲午歲化於朱方天其未遂吾
翔寥廓耶云云　宋資政邵亢就山下斷石考次其文闕其
不可知者也
江陰眞宰丹陽仙尉茅山徵君此宋咸淳間寺僧如玉所
定本
集古錄云右瘞鶴銘華陽眞逸撰刻於焦山之足常爲江
水所沒好事者伺水落時模傳之往往秖得數字而已世
以其難得爲貴惟余所得六百餘字獨爲多也按潤州圖
經以爲王羲之書字亦奇特然不類羲之筆法而類顏魯
公不知何人書也華陽眞逸是顧况號今不敢遂以爲况
者碑無年月疑前後有人同斯號也
東觀餘論云邵公亢考次銘文首尾可讀雖文全亦止此

百餘字爾而集古録謂好事者往往只得數字惟余所得六百餘字獨爲多蓋印書者傳訛誤以十爲百當時所得蓋六十餘字此銘相傳爲王右軍書蘇子美詩山陰不見换鵝經京口空傳瘞鶴銘文忠以爲不類王法而類魯公又疑是顧況又疑王瓚僕今審定文格字法殊類陶弘景弘景自稱華陽隱居今曰眞逸者豈其別號歟又其著眞誥但云己卯歲而不著年名其他書亦爾今此銘壬辰歲甲午歲亦不書年名此又可證也壬辰者梁天監十一年也甲午者十三年也按隱居天監七年東遊海嶽權住會稽永嘉後還茅山十一年乙未弟子周子良仙去爲之作傳即十一年十三年正在華陽矣此銘後有題丹陽尉山陰宰數字唐王瓚詩字畫亦頗似但筆勢差弱當是效陶

書故題於石側或以銘即瓚書誤矣
苕溪叢話曰東觀餘論黃伯思所作也其跋陶華陽書云隱居書故自出流俗其在華陽得許楊顏三眞蹟顏最多而學之故蕭遠雅淡若其爲人伯思此跋稱贊弘景書如此故以瘞鶴銘爲類之第余初不曾見弘景書未敢遽以爲然
趙氏金石錄云集古錄華陽眞逸是顧況號余徧檢唐史及先文集皆無此號惟撰湖州刺史廳記自稱華陽山人爾不知歐陽公何所據也苕溪漁隱曰集古錄疑前後有人同斯號者西津詩話云余讀道藏陶隱居外傳號華陽眞人晚號華陽眞逸此蓋同斯號矣集古錄又以字不類羲之筆法而類顏魯公不知何人書也第蘇子美黃魯直

皆以此銘爲右軍書得非本潤州圖經而言之故魯直云
頃見京口斷崖中瘞鶴銘大字右軍書以此觀之遺教經
良非右軍書也若瘞鶴銘當爲右軍書使人不疑如歐陽
詢顏柳數公書最爲端勁然纔得瘞鶴銘彷彿爾惟顏魯
公宋開府碑瘦健清拔在石玉間又嘗有詩云小字莫作
癡凍蠅樂毅論勝遺教經大字無過瘞鶴銘東觀餘論云
晉成帝咸和九年甲午歲逸少方年三十二不應已自稱
眞逸此銘決非右軍審矣又與劉無言論書云焦山瘞鶴
銘俗傳王逸少書非也一小書中載云陶隱居書此或近
之然此山有石刻王瓚一詩字畫全類此銘不知卽瓚書
抑瓚學銘中字而書此詩歟嘗親至彼觀之疑卽瓚書也
下有云上皇山樵人逸少書非王逸少也蓋唐人有此人

亦號逸少爾東觀餘論又有此二說姑俟識者折衷之
蔡祐雜記焦山瘞鶴銘不著名氏但稱華陽眞逸世因謂
羲之書雖前輩名賢皆無異論獨張子厚丞相不以爲然
緣石刻在崖下水濱非窮冬水落不能至其處其側復有
司兵參軍王瓚題名小字數十與瘞鶴銘字畫一同雖無
可攷官稱乃唐人則張丞相可謂明鑒也又古洲馬子嚴
題云予淳熙己酉歲爲丹陽郡文學暇日遊焦山訪此石
刻初於佛榻前見斷石乃其篇首二十餘字有僧云往年
崖間震而墜者予不信然遂挐舟歷觀崖間尙餘茲山之
下二十餘字波間片石傾側舟人云此斷碑水落時亦可
摸榻予因請於州將龍圖閣直學士張子顧出之張欣然
發卒挽之既出則甲午歲以下二十餘字偶一卒復曰此

石下枕一小石亦覺隱指如是刻畫遂併出之疾讀其文則與佛榻所見者其文一同持以較之第闕二字而筆力頓異乃知前所見者爲寺僧所紿耳因摸數本以遺故舊今但餘此裝緝以爲一通而記其左云近觀陶隱居諸刻反覆詳辯乃知此銘眞陶所書前輩所稱者衆矣惟長睿之說得之矣此不復辯

銘之所餘斷石今在山之西北觀音庵下濱江崩崖亂石閒春夏水漲石沒秋冬水落始可摹榻其刻之壯觀亭側崖上者乃翻本也

格古要論云瘞鶴銘梁陶弘景眞書在焦山之足水中今不可得其字神妙

狠石辯

蘇文忠遊甘露寺詩有狠石臥庭下穹窿如伏羱緬懷臥龍公挾策事雕鑽一談收猘子再說走老瞞名高有遺想事往無留觀其序云寺有石似羊相傳謂之狠石諸葛孔明坐其上與孫仲謀論拒曹操蔡寬夫詩話云潤州甘露寺有塊石狀若伏羊形製略具號狠石相傳孫權嘗據其上與劉備論拒曹公按輿地志石羊巷在城南吳時孫權隧道也劉備詣孫權權與俱出獵因醉各據一羊三說不同

又詩話云甘露壁閒舊有羅隱詩版云紫髯桑蓋此沈吟狠石猶存事可尋云云　時錢鏐高駢徐溫鼎立三方潤州介處其閒隱此詩惋而有味元符中經火詩版不復存石亦毀剝矣按曾彥和潤州類集引羅隱石羊詩自註云在

妙喜寺又隱寄默師詩云石羊妙喜寺甘露平泉碑妙喜卽今因勝寺也甘露寺殿前有小石似羊僧因以隱詩揭其傍蓋非也或者謂李衞公鼎建甘露寺時聚境內奇物實之今狠石實自妙喜遷置然羅隱與衞公相去甚久石羊在妙喜隱猶及見之則知非衞公徙置明甚彥和類集作於元豐中而蘇公過潤亦當元豐時則當時所見已非舊石矣

明應公祠銘　米芾

水淸石白焦公之宅妙道誰測能語而默侯河之淸乃通帝夢殖殖瑤壇乃靈是擁盻蠁遠濁以道祚宋公德不葷客必茹素擁徒駕御必以風雨明德感神神應可呼勒石津塗以肅薄夫

金山長老寶覺師眞贊　蘇軾

望之儼然，卽之也溫，是惟寶覺大士之像。因是識師，是則非師。因師識道，道亦如是。

與金山寶覺上人柬（節）

去歲赴官，迫於程限，不能住舟。一別中流，縱望雲山杳然，有不可及之歎。既渡江，遂蒙輕舟見餞，復得笑語一餉之樂，慚荷之懷，殆不可勝言。別來因循，未及奉書，專人至，辱教累幅，慰喻反覆，讀之爽然如對妙論，仍審比來法體佳勝。某比纍纍遣，但未有會見之期，臨紙惘然，惟萬萬自重。至遊堂記，卽當下筆，遞中寄去。近有後杞菊賦一首，寫寄以當一笑。人還草草。

與佛印禪師柬

軾啟人至辱書承法體佳勝離揚州日忙迫不復知公在郡也但略見焦山耳行承示諭知世外人尚刼刼如此吾輩何足道耶妙高詩聊應命耳僕不知大顛如何人若果出世閒豈一退之能輕重哉今日過邵伯埭自此入塵土狹猾之鄉矣回望山水閒麈塵妙談豈可復得惟千萬爲重不具

與金山寺佛印禪師離黃州

辱書伏承道體安佳甚慰馳仰約遊山固所願也方迫往筠州未即走見還日如約悤悤布謝不悉

金山寺重建水陸堂記　曾子固

慶曆八年潤之金山寺火明年寺之僧瑞新來治寺事某月擇山之陽亢爽之地勸州之人某氏爲水陸堂積錢之

數百三十萬積日之數若干而成夫金山之以觀遊之美取勝於天下非獨據江瞰海並楚之衝而濱吳之要也蓋其浮江之檻負崖之屋椽摩棟揭環山而四出亦有以夸天下者則天下之東馳而莫不顧慕者豈特一山之好哉而其作之完蓋非一人一日之力及火余固嗟未嘗得與時之君子者游而縱夫余心之所樂焉至於今未久也則聞夫山之穹堂奧殿環傑之觀滋起矣此非佛之法足以動天下蓋新者余嘗與之從容彼其材且辨有以動人者故成此不難也夫廢於一時而後人不能更興者天下之事多如此至於更千百年委棄鬱塞而不得振行於天下者吾之道是也豈獨牽於勢哉蓋學者之難得而天下之材不足也使如此寺之壞而有新之材一日之作軼於百

年累世之迹則事廢者豈足憂而世之治可勝道哉新方以書告某氏之世善而其子某又業爲士因以求予記堂之始故爲之歷道其興壞之端而并予之所感者寓焉

焦山寺御書閣記

鄒浩

余前年過丹陽登連滄觀以縱目而大江橫貫於前金山焦山拔出江心岌業於左右如人分引兩臂之狀信乎其爲東西之絕境今昔之勝遊者各有得焉不可以言盡也焦山在東北隅非若金山當舟楫往還之會人所易到故其名未大顯於世稽按圖牒此山蓋以漢焦光嘗居之得名今之寺乃光之故居改以爲寺於今若干年本朝太宗

皇帝深念沈淪波濤之人未脫苦趣嘗遣近侍郎山建道場以濟拔之御製疏文著在寶刻與佛日輝光照耀幽冥

無有終極沙門某人既嗣住持事私自念曰某人之初授疏也展卷讀誦實令開堂演法上祝皇帝聖壽借使得一蕞爾陋處猶將汲汲興起仰贊天長地久無疆之休用副臣子歸美報上之勤誠何況此山高視一方又太宗皇帝寶刻在焉雖龍天聖衆恭敬衛護不可容聲然棟宇規模苟有可新以隆莊嚴又安敢不勉於是前之人未作爲者作爲之舊製之當更易者更易之願力潛通輿情翕應怠者勇奮吝者樂施慢者篤信毀者讚揚百物咸赴其求百工各罄其能自某年月日至某年月日凡若干時而寺之內外一一閎麗與山與州與尊奉君父之意悉皆宜稱某人遂屬其從弟饒州樂平縣主簿詹君抃以其詳來求記余雖未識某人觀其所建立如此且樂平君鄉先生也先

生爲其兄言至於再三余曷可已於是以余之所目覩者
并載焉俾刻石以垂無窮

甘露寺重建多景樓記　陳天麟

甘露寺多景樓不知其所始與所以名寺興於唐緐李衛
公以後登北固題詠者皆不及多景則樓當建於本朝無
疑獨不知其歲月初爲樓者誰也今樓中石刻有米公元
章詩且云禪師有建樓意故書禪師不載何名當元章時
尚未樓而東坡先生熙寧甲寅歲自杭過潤與孫巨源王
正仲會於此賦江天斜照傳於樂府不知與元章賦詩時
歲月相去幾何豈有之而中廢耶或云熙寧中主僧應夫
爲之是皆不可知也考丹陽類集寺凡樓觀四曰雨華淸
暉凝虚多景其一也刼火之餘蹤跡難辨近歲有言於太

守方公滋者指優婆塞之居爲舊址公因以其所名之啟窗東鄉僅得圖汝焦石數山長江一曲則景固未嘗多也謂此爲是是又未可知也下臨峭壁岸稍稍壞難於立屋主僧化昭危之乃相地於寢堂之西爲屋五楹榜以元章舊跡登者以爲盡得江山之勝蓋東瞰海門西望浮玉江流縈帶海潮騰迅而維揚城堞浮圖陳於几席之外斷山零落出沒於煙雲杳靄之閒至天清日明一目萬里使人慨然則是樓也安知其非故處不然亦足以實其名矣京口氣象雄偉殆甲東南北固瀕江而山聳峙斗絕在京口爲最勝而今之建樓之地又爲北固勝處昭蜀人也胸中不碌碌故於是舉爲宜予喜而爲之書乾道六年歲在庚寅三月初五日

研山園記

馮多福

蔡氏叢談載米南宮以研山於蘇學士家易甘露寺地以爲宅好事者多傳道之余思欲一至其處且覩所謂海岳庵者米氏已不復存總領岳公得之爲崇臺別墅公好古博雅晉宋而下法書名蹟寶珍所藏而於南宮翰墨尤切愛玩悉摘南宮詩中語名其勝概之處前直門街堂曰宜之便坐曰抱雲以爲賓至稅駕之地右登重岡亭曰陟巘祠像南宮扁曰英光西曰小萬有貿出塵表東曰彤霞谷亭曰春漪冠山爲堂逸思杳然大書其扁曰鵬雲萬里之樓盡模所藏眞蹟憑高賦詠樓曰吟清堂曰二妙亭以植叢桂曰灑碧又以會眾芳曰靜香得南宮之故石一品還之山房室曰暎嵐灑墨臨流池曰滌硯盡得登覽之勝總

名其園曰研山酒酣意適撫今懷古即物寓景山川草木
皆入題詠公文彩振耀一世篇章脫手爭傳施之有政談
笑辯治當調度搶攘羽檄旁午應酬剖決動中機會又以
其餘才餘智與舊起廢自我作新人皆汲汲已獨裕如茲
園之成足以觀政非徒侈宴遊周覽之適也夫舉世所寶
不必私爲己有寓意於物固以適意爲悅且南宮研山所
藏而歸之蘇氏奇寶在天地閒固非我之所得私以一拳
石之多而易數畝之園其細大若不侔然已大而物小泰
山之重可使輕於鴻毛齊萬物於一指則晤言一室之內
仰觀宇宙之大其致一也此地以晉唐而宋皆名流所居
南宮營之以海岳名庵後百餘年公始大復其舊岳惟公
姓天設而地藏之以遺其爾乎予何幸寓目其閒公俾記

其顛末不敢以固陋辭於是乎書

金山寺萬壽閣記　元　虞集

南徐古治限大江之墺受衆川之委東趨而將至於海也其浸汪洋以無涯其流舒肆而莫止拳然屹立中江以迎其衝者金山也山有佛祠始建於晉明帝時梁武帝著水陸齋儀親幸其寺至宋眞宗賜名龍游禪寺國朝至大己酉僧應深以天子之命主之兼畀以馬薛里吉思所據銀山東西二院且敕使者修水陸大會如梁之儀延祐至治間又兩敕建會如至大故事於是應深以辛酉之歲卽寺之右建大閣焉上嚴萬佛之像下肖羅漢之容爲位五百後三年今上皇帝潛邸之日由江引舟而親登是閣壯其締構雄偉而善深之爲也出帑金成佛像千以贊之又三

年皇帝既登大寶建元天曆三遣使賫名香白金往祠之
山祇波神魚躍龍舞幽顯咸若應感著焉至順元年秋應
深來朝京師十月乙未入見上御奎章閣奉佛像以進上
曰閣中萬佛已莊嚴乎對曰像具而未完以金也上曰朕
悉爲若成之卽出內府寶鈔五萬緡以賜之仍歸以羅漢
莊陷江沙汰之田明日應深入謝曰臣僧請以萬佛祝萬
壽願萬萬壽等萬佛上曰朕之崇佛豈私朕躬所願含生均
被佛力因名其閣曰萬壽又明日敕學士臣集勒文以記
之臣集聞諸浮屠氏之說曰充乎法界一佛身也何有於
萬及其化現至百千億恆河之沙拆爲微塵猶不能擬豈
萬可言用像設教取數於圓以表也臣請喻之以言今我
聖皇運至善大慈之心位乎億兆萬民之上一念慮之善

一佛之全體也一號令之善一佛之大用也一日二日已具萬幾至於歲時積善無數即佛之言非萬可計然則聖天子萬幾之施豈獨見於斯閣而已哉有生之類無閒遠邇大小知上之念已也仰而望之一一如覩涵上之恩惠焉辟如瞻日於天人各見日如日覩已不知所見共一日也觀月於水人各見月如月覩已不知所見同一月也散之諸有名之爲萬歸之如無其實一佛也一佛萬佛也我聖天子一佛萬佛之所具乎一佛之壽已不勝計即至萬佛其壽無量即壽即佛即佛即壽是故斯閣可得而名矣請書其事以諗諸來者而深之勤亦得繫於無窮焉

京口三山志卷之七

京口三山志卷之八

集文下

甘露寺興造記　　國朝　王直

正統三年甘露寺興起之功成寺之耆舊具本末以報巡撫侍郎周公恂如書來求記按寺乃吳主皓所作時改元甘露因以爲名寺在北固山下臨於大江自昔號奇勝地天監中武帝幸焉賜大鑊二貯水飲僧且書天下第一江山六字揭於樓上久之字廢而二鑊存至今唐寶曆中李德裕觀察浙西爲充拓其址增廣其室廬且造鐵浮屠七級乾符中燬於火鎮海節度使裴璩重建焉宋祥符間僧祖宣主是寺宣本國戚賜田四千餘畝資用既饒乃遷寺於山上窮極侈麗建炎燬於兵嘉定中僧祖燈復修之至

元己丑又燬焉大德己亥僧智本重建土木采章不失舊觀自是而後莫有繕治之者故久而益壞上雨旁風無所蔽障僧徒漸散諷唄幾絕宣德癸丑周公巡撫過焉歎曰是江左名刹而頽弊若此非有德望之人不足以任之乃命僧綱司爲請於僧錄司選於衆舉天界首座玹理主焉玹理字一中端重明敏深悟宗旨而多讀儒書僧俗禮敬焉既正法席闡明其師之道以授學者退而周視弊宇慨然欲新之田利之入未嘗私一毫歲凶則凡佃其田者皆賑贍之人人爲盡力故利入愈饒而得如其志歲甲寅作法堂於山畔葺多景樓乙卯治山麓建大悲閣千佛閣及凝虛雨花二樓丁巳修大雄殿戊午創僧堂補廊廡之缺敗者重建海岳庵庵之西蘇子瞻諸賢舊遊處也構垂青

軒用唐人天垂四面靑詩意云總之爲屋百餘閒輪奐之美莊嚴之妙益極其爲之所能至若庖湢庫庾及諸器物靡不畢備衆謂寺之全盛莫如今一中之力然非侍郎公啟迪而闡揚之安能是也宜書以示後使知善繼而不忘予謂世之名利多矣資力非不富締構非不壯麗也其盛於前而衰於後者不可一二計至於衰而遂廢者亦往往有之豈其人皆不足爲哉天下之事無不可爲者苟存廉公之心持堅勇之志充之以誠而積之以久豈有不底於成功彼樂因循善貪黷詭欺之習勝鹵莽之意多如是安能有爲爲之亦安能有成哉無怪乎其衰且廢也甘露之弊甚矣其資業固在也然猶歷久而復興者豈非無其人而必待一中故耶一中蓋有廉公之心堅勇之志誠實而

不欺恆久而不渝者宜其成此不難也使凡任事者皆如一中豈有廢事哉予舊聞甘露之勝多景樓最殊絶也羣山西連磅礴秀整大江東去與海相接四時朝暮之閒景物萬變嘗有意一遊焉然以其弊也不果乃今得一中興理於破壞之餘使千百年瓌傑之觀煥然復盛於今日其製作又加於前者則予之興可已耶他日乞身南還儻得遂償所願焉覽一中之績尙當爲賦之也一中廬陵人全菴其別號云

金山妙空岩記

周忱

金山之東麓有岩焉硆砑洞豁縱廣數丈許居其中可當屋四楹然其上崖粤疊出有傾側之勢下則蕨石隱起作礧硊肰荒茅篁竹又蓁翳於其前故高人勝士不以爲奇

而蹤跡未嘗至前住山敏機聰上人作竹院退居於其旁
已十餘載亦未之顧也宣德五年秋余至京口暇日過金
山瞰中泠泉陟妙高臺坐楞伽室進至絕頂倚吞海亭窮
極勝覽然後退坐於上人之竹院始覩是岩謂其可以居
也因俾上人營而治之後二月予復至焉則向之傾側於
上者補以簷楹列窗戶而正向之礧磈於下者足以土石
加甓甃而平矣其前之蓁翳者亦芟治而爲徑路矣入其
中几案牀榻熏爐茗椀無不具矣徘徊瞻顧則岩之深與
廣迥若有增於昔時因爲名之曰妙空岩求駙馬都尉沐
公爲書三大字揭而扁之且告于上人曰兹岩空洞之妙
出於天造地設自開闢以來然矣何其晦於昔而顯於今
耶蓋有賴乎上人之窗戶甓甃也窗戶甓甃非岩之本體

而岩不能無賴之者非此則傾側者無由正礧磈者不得平終於蓁翳而妙空之體不足以表見也嗟乎一岩空洞之妙尚有賴於營治之力曾謂人之有身而可以頹墮委靡不事修飭乎佛家謂之定慧必由戒律而通於此亦可以取譬矣上人曰善請以是爲記使後來者知所警上人名善聰博學而嚴於戒律嘗與予同修中秘書余是以爲之記云

留雲亭記　彭祿

金山在京口江中每風四起勢欲飛動故昔人謂之浮玉山艮有以夫山上有寺寺舊有六亭今惟存其一曰呑海餘皆久廢景泰甲戌郡守白公祀金山之暇訪古懷興乃命住持弘霆盌謖作亭於山頂因舊址也越明年夏六月

而亭成高明雄傑參絶霄漢復舊觀也華扁重揭輝映山水昭舊名也弘霔盋誒感公之惠徵記於余夫亭以留雲名豈有他哉或曰晦冥之朝風雨之夕雲氣往往停留其上故得名云嗟夫江山亭榭非人不傳唐王弘中在連山僧景常建亭以供游息而燕喜之名載諸簡冊宋歐陽永叔守滁陽僧智仙築亭以備宴賞而醉翁之名垂諸後世今弘霔盋誒之作亭又因公而致余知留雲與公之名流芳無窮必矣豈待記而後傳耶公名仲賢字希閔陝西綏德人由御史擢郡守所至皆有仁政云

焦山寺壯觀亭記　　徐有貞

古稱金鼇浮玉二山爲江漢朝宗於海之門戶即今京口金焦是已蓋省文易名因以淆譌故郡志無考然焦有古

刻浮玉之名尙存岊石而江表之人猶稱焦門爲可證焉
浮玉視金鼇加峻而多石高出雲表屹立中流其獨也如
洪河之砥柱其對也如蒼龍之雙闕天下山川形勝莫踰
此者昔余道乎京口金鼇嘗一再遊而浮玉則未也迺者
以太守姚侯之約而始克登焉旣探三詔之洞訪漢隱君
光之遺跡因與之搜奇選異於蒼崖翠壁閒得其景之會
處作一亭以據之南臨鐵甕之城北瞰瓜步之洲西接龍
蟠虎踞之都東控海門天蕩之險引領四望但見夫淏淏
焉灝灝焉稽天而白者皆水也峩峩焉鬱鬱焉拔地而青
者皆山也而一拳之石尋丈之亭盡攬而有之游目之際
余與侯相顧動色而歎曰壯哉江山之爲觀也有如是乎
侯因舉李太白登高壯觀天地閒之句而謂余曰請以名

吾亭可乎余曰可雖然江山之壯不自名也以人而名是故甘露之名以李文饒金山之名以蘇子瞻茲山之名則以焦隱君也然茲山之形勢視彼兩山加勝而其名不加著題詠不加多何哉蓋古之人所以名世而不朽者有三所謂立德立功立言是已文饒子瞻其庶幾立功立言者隱君之名高矣而於三立無聞焉此其所以異歟不然彼如羊之狠石何么麽也徒以諸葛孔明一踞以談而其名至今猶震悼於人耳目間然則天地間壯觀雖在乎江山而所以名壯觀者實在乎人人可不自重而自立耶今侯之與予同遊於斯亦豈徒然也哉如文饒子瞻之事業文章固不可少而亦不可以是自畫乃所希則孔明其人乎至於立德則吾聖門之軌範在焉尚可勉焉以有立也夫

子固嘗曰知者樂水仁者樂山又曰己欲立而立人侯之自立偉矣而能知余相與以道合志者余也敢不敬從侯於是躍然意唯然應即以余言記夫亭天順八年歲在甲申五月日

新修焦先生祠堂記

沈固郡人

先生諱光漢末隱士也丁獻帝建安關中之亂潛至河渚作蝸牛廬呻吟其中復尋幽勝徙京口城東江中之山洞居焉朝廷三下詔徵不起後人因名其山而扁其洞至今嚴祀不絕舊有堂宇歲久朽腐且祠釋像其中天順壬午四明姚侯彥容來守是邦行禮祠下周迴顧瞻咨嗟興歎以爲表揚風節化民之本而先賢廟貌弗稱具瞻甚闕典也因謀修葺於是搜羨餘發委積聚材庀工經營籌畫協

角之歆缺者補正之繪畫之漫漶者鮮明之繚以垣墉創外門而揭華扁徹異端崇正祀規模氣象視昔有加不徒竭虔妥靈甚慰邦人之思也夫以先生高世之行三聘不赴豈絶世好爲詭異哉蓋是時漢室不綱羣雄並起先生抱康世濟民之才而不遇文明仁義之主是以蔡邕荀彧之徒雖賢且智猶不免屈身玷節先生辭卿相之貴千金之富總老空谷子陵以來一人而已夫西漢養士二百年王莽謀逆而子陵僅見東漢養士亦二百年袁曹角逐而先生再見先生相去二百年而風聲氣韻如一日富春之山與揚子之山相去數百里而光華高致無彼此論其清風高節匪直矯當時貪饕之弊能使百世之下廉貪立懦而塞奔競之途且兩漢清節之士皆見於季世又以表國

家培養之久所謂歲寒松柏後凋也祠於其鄉以崇名教宜哉雖然夫惟光明正大之人然後能重清修苦節之士故嚴先生祠堂傾圮范文正公典郡新之加以雄文光照寰宇今焦先生祠宇弊陋已久不遇吾賢太守庸能作興創新乎是知焦先生固無愧於子陵而吾太守之舉亦庶幾文正之軌轍也第以固投老邱園筆力荒猥而祠記之作不克褒揚先賢發揮郡侯以禮導民之意爲可少焉祠修於是歲仲秋訖工於季冬而記作於次年孟春云

重建金山寺上梁文

宋　孫仲益

萬川東注一島中分長江界吳楚之衝故刹踵陳梁之舊肇新蘭若寅奉金仙都統太尉得正法眼藏而擢軍官了一大因緣而作佛事眷茲勝地獨有頹基鐘鼓入鳴龍象

皆泣毘耶城大居士已屬當人妙高臺老比邱而爲説法
指囷分粟除地布金嗣開祇樹給孤之園首建釋迦文佛
之殿六鼇負出三神山仙聖之宮一鷲飛來四大海神龍
之會迴起諸天之上中嚴兩足之尊仰止仁祠俯伸報地
大安國步衍河沙數之難窮求錫帝齡等西方佛之無量
爰修上梁之舉共賡擊壤之音

東　赤岸銀河一水通萬疊彤雲竟天起六龍推出半輪
紅

西　草舍蕪城望眼迷日脚未收蜺飲海濤頭初上雪平
隄

南　一勺中閒乳水甘殿角風來鈴自語曼陀花雨落毵
毵

北　北斗星垂如可摘夜鶴休驚蕙帳空古佛同龕有彌
勒
上　堂中丈六金身相光明五色爛摩尼八部龍天盡同
向
下　二十三生本同社庭前松柏自長春神裏靈珠光不
夜
伏願上梁之後四恩擁祐十方護持萬德從衆香之鉢而
來羣魔分一炬之燈而去三登葳應百順人康六合混同
城池有金湯之固千齡際會山川書帶礪之盟凡在見聞
普沾利樂

京口三山志卷之九

詩話

梁王勵大同末爲南徐州別駕從事吏武帝幸朱方登北固樓勵隨從輦側備顧問所經山川應對咸有故實賦北固詩辭義清雅帝嘉之本傳

唐王灣先天進士任洛陽尉詞翰早著爲天下所稱最者不過一二遊吳中題北固山詩云海日生殘夜江春入舊年詩人以來無聞此句張燕公居相府手題於政事堂每示能文令爲楷式[redacted]文簡按灣又有江南意一篇全用中四句殆許郢州青山碧樹一聯而兩見者歟

宋晁君成登多景樓詩無一字一句之不工孰謂宋詩非唐乎五言律八句內得一聯可以名世況有此數聯曲盡多景之妙南渡後詩碑充塞如劉改之長律阮秀實之大篇

皆徒虛唱耳

楊公濟甘露上方詩云雲捧樓臺出天上眞佳句也下句亦稱歐公有云臥讀楊蟠一千首乞渠秋月與春風以其葩藻流麗與平甫相似律髓

龍州劉改之以詩鳴開禧乙丑過京口岳珂爲糧幕庾吏廣漢章以初輩皆寓是邦暇日相與摭奇弔古多見於詩改之多景樓一篇云金焦兩山相對起不盡中流大江水一樓坐斷天中央收拾淮南數千里西風把酒閑來遊木葉漸脫人間秋關河風景異南北神京不見雙淚流君不見王勃詞華能蓋世當時未遇庸人耳翩然落魄豫章遊滕王閣中悲帝子又不見李白才思眞天人時人不省爲謫仙一朝放逐金陵去鳳凰臺上望長安我今四海遊將

卓

徧東厯蘇杭西漢沔第一江山最上頭天地無人獨登覽樓高意遠愁緒多樓乎樓乎奈爾何安得李白與王勃名與此樓長突兀以初爲之大書詞翰俱車犖可喜囑珂爲刻樓上會兵事起不暇也程史按多景樓詩集中止載首四句而全篇人多未之見不欲增入姑錄於此

劉改之多景樓詩又一聯云江流千古英雄淚山掩諸公富貴羞蓋自吳晉以來立國於南者恃長江天險兢兢保守北望中原置之度外況沙漠之境氊毳之域哉詩意蓋深寓此恨也至我朝太祖命將出師直抵塞外太宗親征遠逾漠北名王貴族悉來歸附龍沙之地蕩然一空奇功偉績真可謂雪恥酬百王成功冠千古者矣石齋

李德裕既新甘露寺出所藏陸探微畫獅子一菩薩二以

授寺僧故蘇子瞻有詩云破板陸生畫靑猊戲盤跚上有二天人揮手如翔鸞翟汝文亦云奮迅陸子畫靑猊戲芝田其後寺僧發古殿基獲舍利七粒并石記乃文饒所瘞也

元祐中郡守林希寫李衞公會昌集文武兩朝獻替記與佛書同藏於寺寺舊有張僧繇所畫菩薩像六東坡詩云僧繇六化人霓衣挂冰紈隱見十二疊觀者疑夸謾翟忠惠云僧繇六化佛生面行差肩米南宮甘露悼古詩序則云寺壁有張僧繇畫菩薩四所見乃不同又寺壁有吳道子爲畫行脚僧亦見悼古詩序

金山寺號爲勝景張祜吟詩有僧歸夜船月龍出曉堂雲之句自後詩人閣筆孫魴乃復吟一詩時號絕唱南唐書

孫又有句云結宇孤峯上安禪巨浪閒可以相埒然移之南康之落星永嘉之湖心亦無不可青瑣集

白樂天爲杭州刺史徐凝自富春來張祜亦榜舟而至各希首薦白曰二君論文若廉藺之鬭勝負在於一戰祜曰某題金山寺詩曰樹影中流見鐘聲兩岸聞雖綦毋潛云塔影挂青漢鐘聲和白雲之句亦未爲佳也尤文簡

張祜詩全篇皆好魴詩不及且有疵病如驚濤濺佛身之句則金山寺何其低而小哉誰言張處士詩後更無人仍自矜衒如此尤可啞鄙苕溪

金山居大江中迥然孤秀詩意難盡故張祜孫魴詩爲第一如孫生結宇安禪之句似終不能逃苕溪之評羅隱亦云老僧齋罷關門睡不管波濤四面生日記

梅聖俞金山寺詩山形無地接寺界與波分一聯絕妙尾句自然有味誰言張處士詩後更無人然則有梅可也律髓

金山寺留題亦多而絕少佳句惟樹影中流見鐘聲兩岸聞又天多剩得月地少不飛塵最爲人傳誦要亦未爲至以其亦可用之落星也熙寧中荆公有句云天末海門橫北固煙中沙岸似西興尤爲中的遯齋閑覽

王平甫金山會宿之作只第四句佳被乃兄介甫壓倒平甫自和有云檻外風吹前渡語江邊影落萬山燈半空月上方淸徹萬里潮來自沸騰又較親切乃皇祐中少作耳荆公時亦未達遯齋謂熙寧中非也張祜詩無可議荆公詩恐亦未能壓倒方壺

陳無已謂王平甫嘗以楊公濟金山詩爲莊宅牙人語解

量四至如天末樓臺橫北固夜深燈火見揚州信如所譏矣然予觀荆公之詩前四句亦類此胡苕溪云平甫金山詩有北固山連三楚盡中泠水入九江深平甫譏楊蟠而反自作此等語何耶復齋漫錄

前輩譏楊公濟金山詩五六爲莊宅牙人語若如此論介甫亦犯此戒其實自是佳句公濟燈火見揚州沙岸似西興細味之公濟尤勝尤切題非外來也方壺

郭功甫金山行造語豪壯全篇世多未之見苕溪

功甫金山行鳥飛不盡暮天碧漁歌忽斷蘆花風之句大爲王介甫稱賞王直方

功甫好自誇其詩蘇軾守杭功甫過之嘗誦其金山行至再三不輟聲振左右既而問軾曰祥正此作幾分軾曰十

分功甫愕然驚喜以爲遜已也軾徐曰三分是詩七分來讀豈非十分耶閑覽

蘇軾在金山嘗作一小詩戲佛印云遠公沽酒飲陶潛佛印燒猪待子瞻云云 蓋軾性喜燒猪佛印在山每製以待其來一日爲人竊去故有是作竹坡

潤州大江本與揚子橋爲對岸瓜洲乃江中一渚耳潮水昔通揚州城中唐李紳詩云鸕鷀山頂片雲晴揚州城裏見潮生大曆後潮始不通今瓜洲與揚子橋相連自揚子距江三十里瓜洲以閘爲限雖揚子橋潮亦不至矣大抵江中多沙湧聚不常予在丹徒時聞金山之南有漲沙安知異日金山不與潤州爲一耶蔡寬夫

潤州伏牛山即金山貢銅器及鱘鮓唐志

金山鹹豉爲天下第一他處雖效之終不及也故蘇子瞻亦有詩云誰能斗酒博西涼但愛齋廚法豉香太平風月錦囊

昔有傳先生者其少好道入焦山石室中積七年感太極君詣之與之木鑽使穿一石槃厚五寸許云穿此槃便當得道其人乃晝夜穿之積四十七年鑽盡石穿隱居眞誥按了元焦山十六題有鑽丹石者指此耳

蘇子瞻書焦山綸長老壁一篇長於譬喻淩陽室中語

趙彥才云此篇譬喻乃坡公全用小說一段事裁以爲詩而意最高妙

金焦兩山對峙江中然金山當津渡之衝騷人韻士無不登覽焦山僻處下流人跡罕到氣象不侔故東坡詩云金山樓觀何耽耽撞鐘擊鼓聞淮南焦山何有有修竹採薪

汲水僧兩三其後梵宇寖盛遂與金山角金山名亭曰吞海而焦山名亭曰吸江示不相上下也

曾畋以瘞鶴銘蔡邕焦光贊江淹焦山集王讚詩爲山中四絕類集

國朝李西涯云邵文敬善書工碁詩亦有新意如江流如白龍金焦雙角短之類麓堂詩話

楊邃庵云古今詩人多出奇句與山爭勝然惟孫張之作膾炙人口予謂樹影鐘聲差足快意天多剩得月地少不生塵非無足觀而驚濤濺佛之句已不免徐凝之誚若王荆公北固西興諸語亦豈能壓倒前人世之君子猶恐其不似自知言觀之直恐其太似耳扶桑弱水吳楚乾坤安得此老輩哉

碑刻

三山懸崖亂石間鐫勒昔人詩文及姓氏實多閱世旣遠波衝蘚蝕往往無全文焉蘇子所謂薙草得斷碑蓋不獨甘露然也

甘露寺

李文饒爲穆宗薦佛記石刻得於廢殿基土中

米元章甘露寺詩石刻在多景樓中天開海岳四字在海岳庵

雷音雨花淸暉等扁刻皆宋人書

張孝祥書陸務觀詞石刻

王埜北固山亭四大字石刻

延陵吳琚天下第一江山六大字板刻

趙孟頫書明本碑

金山寺

玉鑑堂妙高臺六大字石刻張安國書天順間郡守林鶚得於草莽間命寺僧盋議逗砌於留雲亭畔

蘇軾與金山寺僧了元手札淳熙戊戌寺僧藴東刻於石

蘇養直眞書心經石刻

吳琚行書斷碑

吳傅朋草書斷碑

吳琚題洪邁記額

蘇軾碧潭萬丈四大字刻石排山

趙孟頫行書水陸碑石刻

焦山寺

瘞鶴銘石刻二一在焦山之麓霹靂石傍眞書一在壯觀亭左岩石上

陀羅尼經石幢唐雲陽野夫王奐之自題其端云集宗祖晉右軍書歐陽公集古錄作王奐之書字畫頗爲世俗所重與前不同宋咸淳八年郡守趙溍移置焦山

正法眼藏涅盤妙心八大字石刻無名氏

石屏二大字吳傅朋書石刻

浮玉二大字汴趙孟奎書石刻

浮玉山三大字石刻無名氏

丹陽王建行書斷碑

郡守河東煜如晦率上黨鮑安上輩同遊焦山普濟庵武功蘇大雅題治平甲申石刻隸書

劉唐年輩訪右軍碑躋攀至此劉龜年題熙寧元年石刻

陳朴文淑輩陪明州使君穎州公遊熙寧元年石刻

許介卿輩同觀瘞鶴銘元豐癸亥石刻

陳安民諸人冒雨至焦山題識紹聖三年石刻

胡師文諸人題名崇寧元年石刻

何子韶輩題名嘉熙己亥石刻

又刻石一絕云文韶翰墨此曾題俛仰當年若有期地老

天荒崖石劃臨風惆悵立多時咸淳癸酉石刻

又有一律云丹石無光古刹存蘆沙漁鼓幾朝昏江淮門

戶天分合日月軒窗海吐吞山足半沈曾瘞鶴雲腰斷處

郤呼猿丁盌爲我留佳處竹屋三間護竹根前有序曰欲

擬東坡故事爲我佳處留茅庵云云構體遒勁不著作者

咸淳壬申夏六月有九日石刻

咸淳閒尤文簡云瘞鶴銘側一小碣云縱步不知遠夕陽猶未回好花隨意發流水逐人來無名氏與刻石之歲月碣傍復一小石刻詩云江外水不凍今年寒苦遲三山在何處欲到引風歸題云丹陽掾王瓚作按此詩已全載集中茲四句乃其刻石者瓚一作讚舊志作晉人今觀其自稱丹陽掾又嘗稱功曹司兵參軍皆唐官名也京口自天寶後稱丹陽而詩亦不類晉人語故系於唐因載諸此以俟知者

了元十六題碑刻

圓悟庵碑刻

京口三山志卷之九

京口三山志卷之十

雜記

甘露寺有鐵鑊二其量容百斛梁天監中賜貯水以飲僧衆沙門明本記謂嘗有碧芙蓉生其中蘇文忠公詩蕭公古鐵鑊相對坐團團坡陀受百斛積雨生微瀾翟公惠亦有蕭梁遺巨鑊彷像神姦鑄之句

甘露寺有僧道行孤高李德裕廉問日與之遊及罷任以方竹杖一枝留贈方竹出大宛國堅實正方節目鬚牙四面對出實衛公所寶及再鎮浙會僧問曰前竹杖無恙乎僧喜對曰已規圓而漆之矣公嗟惋彌日

唐若山刺潤州好方術用府庫錢市藥遂有所遇與賓僚同遊金山寺自中流隱去有遺疏留郡中玄宗省而異之

太平廣記詳盧憲評

贊皇公居廊廟日有親知奉使京口託取金山下中泠水其人舉棹醉而忘之泛舟至石城下方憶乃汲於江中歸京獻之李飲之歎訝非常曰江南水味有異於頃歲矣文饒指京口為江南此頗似建業石頭城下水其人謝過不隱廣記

李秀卿刺湖州至維揚遇陸鴻漸謂曰陸君善茶天下所聞揚子南零水又殊絕二妙千載一遇何可輕失乃命軍士之信謹者挈瓶操舟詣南零汲之陸潔器以俟俄水至陸以杓揚水曰江則江矣非南零似臨岸者既傾至半又揚之曰此南零矣使駭服曰自南零齎至岸舟盪半懼其尠挹岸水增之處士神鑒也李亦驚異陸又曰楚水第一晉水最下因命吏占而次第之張又新水記

劉伯芻以揚子江水爲第一李秀卿以揚子江南零水爲第七水記

陸羽茶經未嘗品第天下之水味至張又新水記始云劉伯芻謂水之宜茶者有七等又載李秀卿論水次第有二十種皆與陸羽經相反得非又新妄附益之耶其述羽辨南零岸水似亦誕妄不足據也歐陽修水記

李德裕鎮浙右日甘露寺訴交代常住什物金若干傳領文籍分兩明甚而爲新主寺僧隱用之羣喙同辭而金無可驗或以僧無行廢盡獄既具僧不能辨公疑之僧泣曰前後主者積以空文相承其實無金衆欲乘此擠之死地耳公惻然曰得之矣立召兜子數乘促關連僧入對咸遣坐兜子下簾揮門卒不令相見各與泥蠟令摸遞付金樣

以呈然初無形狀而彼此揣模竟弗能就公怒劾之皆伏罪所擠者獲免之

李約在潤州得古鐵一片擊之淸越又畜一猿名山公每月夜泛江登金山擊鐵彈琴猿必嘯和傾壺達夕醉而後已於焦山得一石號寶峯後載歸洛

宋柳開知潤州胡旦爲淮漕二人俱以文鳴於時旦爲漢春秋邀開於金山寺觀之頗以著作自矜開伏劒叱之曰自生民以來未有如夫子若邱明公穀止傳述而已爾何敢竊聖經之名今贈一劒以戒狂斐語訖勇逐旦旦闊步攝衣急投舊艦劒鋒幾及舟人擁入猶斫數劒於舟以快忿焉玉壺淸話

佛印住金山寺東坡公久與之遊一日印與弟子入室公

便服至方丈見之印云內翰何來此閒無坐處公戲云暫借和尚四大作禪林印曰山僧有一轉語內翰言下卽答若不能願留玉帶以鎭山門公笑解玉帶寘於案印曰山僧四大本無五蘊非有內翰欲於何處坐公思議未卽答印急呼侍者云收此玉帶永鎭山門公笑而與之印取衲裙相報因賦二絕公次其韻師民瞻詩註

陳亞知潤浙憲馬尋欲按之因觴於甘露寺憲曰滿酌陳素滑稽驚謝曰何敢望滿但得保全幸矣湘山野錄

陸務觀與何德器張仲玉韓無咎題名云隆興中蹋雪登焦山觀瘞鶴銘置酒上方烽火未息望風檣戰艦在煙靄閒慨然盡醉薄晚泛舟自甘露寺以歸次歲乙酉二月環禪爲刻之石

紀異

晉元興三年三月己卯甘露降丹徒
永初元年九月庚辰甘露降丹徒峴山北固峴山支也
元嘉二十六年二月京口有黑氣暴起占有象明年虜寇
飲馬於江
二十七年五月甲戌甘露降丹徒白燕産京口
泰始三年十一月癸亥甘露降丹徒
齊中興元年十二月乙酉甘露降丹徒瀰漫數里
梁天監初武帝夢一僧告之曰六道四生受諸苦惱何不修
水陸齋以拔濟之帝叩諸沙門寶誌公曰尋經必有因緣
帝取佛書躬自披閱創造儀文久而後成乃於金山寺依
儀修建親臨地席詔祐律師宣行迨今行焉

陳紹泰二年三月甘露頻降京口

唐開元十四年潤州大風起自東北擁海濤及金山沒瓜步

貞元二年潤州魚黿蔽江而下皆無首前所未有也

貞元戊寅潤州有黑氣如隄由海門山橫亙江中與北固

山相峙又有白氣如虹自金山出與黑氣交將旦而沒

寶曆中甘露降北固山

光啟元年正月潤州江水赤凡數日俱唐志

唐道士范可保夏月獨遊甘露寺將登北軒忽有衣褐者自

傍入肩帔相拂范素好潔心不悅俄牽一黃狗駕肩而出

范怒形於色褐衣回顧目光炯炯如電范始懼久之山下

人至曰向山上霹靂取龍范固不聞也稽神錄

咸亨中長安法海寺英禪師夕坐方丈忽異人來謁曰大

覺寺吳僧義濟藏金山水陸儀文盡願往求之於山北寺修設言訖而隱英遂尋訪義濟而果獲焉

金山灘瀨下多黿鼉窟宅每泝洄順流驗喝沈浮或近或遠出没於浪花開合間頗類馴擾可玩古賦及名勝錄故蘇子瞻詩云扣闌見黿鼉揚首意自得王安石亦云扣闌出黿鼉幽姿可時覿

光啟中金山寺西石磯上有異獸狀如牛無角長可數十丈色黃而毛引首望城中久之復回顧廣陵寺僧觀者漸多乃躍入水波濤洶湧如衆車馬聲移刻乃止僧神錄

宋天聖閒近輔得龍卵於大河中獻之詔遣中人送金山寺是歲大水漂金山廬舍數十閒人皆異之今匱藏焉其形類色理都如雞卵大若五斗囊舉之至輕乃空殼耳筆談

金山寺匣藏一圓石大如拳一頭微鋭色如鐵重亦如之相傳治平元年毘陵日晡時天震聲如雷者三星隕宜興許氏園光焰燔空藩籬焚盡乃熒然沈地其竅極深熱不可近後發地得此州守鄭仲以遺寺藏之王無咎爲傳甚詳同上

元豐中蘇軾在金山寺夜觀江光初起熒熒若漁火鬼烽旋眄而大照耀江山閃映林木棲鳥皆驚故賦詩有是時江月初生魄二更月落天深黑江心似有炬火明飛焰照山棲鳥驚悵望歸臥心莫識非鬼非人竟何物可謂紀實蘇文忠公集

了元主浮玉嘗靜夜登留雲亭東望忽見焦山之西北五色霞光上燭星漢亙夕方滅元因構妙高臺潛對其地詩序

元延祐年二月金山寺修水陸會明感神光聖燈頗與常異應碑記

大德二年江浙僉省周文英建塔於焦山寺時耆舊云焦山形如龜塔不宜有及舉鍤啟土果得石龜數枚張文潛詩焦山如伏龜萬古浸碧水志集

程子云人有曾於鐵狗廟下穿得一龍卵後寄於金山寺龍能壅水上寺門取卵不得二程全書

浙右歸服之明年夏夜素月流空江澄如晝甘露寺僧持課忽覩數人自西軒上江亭坐定命酒列殽僧竊於窗隙窺之南向一人朱衣霜簡淸瘦多髯東向者曰今恣江南游皆不乏風流僕嘗記公云何人種得西施花千古春風開不盡可謂越古超今西坐虜服者曰請各述向日臨危

一言以代絲竹可乎眾曰唯虜服執杯乃曰趙一能為賦鄒陽解獻書可惜西川水不救轍中魚次至縱掖者曰偉哉橫海鱗壯矣垂天翼一旦失風水翻為螻蟻食南向曰功遂侔昔人保退無智力誰言太行險茲路信難陟次朱衣曰握裏龍蛇紙上鸞逡巡千幅不為難顧雲羅隱皆塵土歎息何人逞筆端俄而鐘鳴僧戶軋然而啟倏皆散去見郡志

歐陽文忠公宿采石渡夜聞相呼之聲舟尾忽應曰參政宿此不可去公疑之至五鼓岸上馳驟有聲舟尾又呼曰如何行者答云道場不淨無所得而歸公愈異其事後遊金山以告寺僧僧曰昔者施主於寺設齋方第二筵其妻乳臥少頃腥風滅燭眾駭其異公詢其日正宿采石之夜

也夜話錄

金山寺舊有輪藏并巨鐘而井亦在山對必渡橋汲之寺僧別峯入定夢遊龍宮龍王謂曰寺每推輪藏鳴鐘吾宮爲之震動汲水者亦有穢污請皆去之僧許諾覺而語其徒遂移輪藏置鶴林寺鑿井於寺左大鐘亦不鳴因建三禁堂焉舊錄

按水陸西軒采石之記與夫三禁之說謬誕甚矣以其流傳之久也故不能廢昔人謂博物志多考驗神怪而皆以閭里恆談爲據乃無浮疑然文士好奇禪僧夢幻固無足深辨者載之特爲有據耳是豈誇詡其事而自冒助妄稱之譏耶

京口三山志卷之十

京口三山志後序

正德已巳余以推官入鎮江始獲見其大江金焦北固三山鼎峙於江之中外信夫爲天下之所傳也所謂金鼇浮玉砥柱中流北固龍盤虎踞者是已既而徐索其書記得民間舊本金山曰形勝錄焦山曰志甘露曰多景樓詩集鄙略蕪雜皆僧人所自爲編徒泛載前人之題詠而已然亦煨燼莫存嗚呼三山天下之名山也天下之名山而不爲之表其名於天下則名於天下者皆山水之粗迹而無所與據也郡之大夫士亦相與同此心也久矣一日言於余曰是其於公有待乎迺謀於諸同寅長延鄉進士張君廷心蒐輯抉摘分異合同釐爲十卷總名曰京口三山志禮請翰林松江顧先生取舍裁訂之遂成此書夫融結之奇特集賢哲議論而藴奥畢

見風景之變態爲騷墨詩賦而情狀無隱然時久人易詩之錄也亦或多遺亡雖不敢自謂之全典也要之俾觀者無恨已遊與未無不識眞面目之歎有超然神往於茲之意矣繡諸梓者皆寺僧之費余惟董其事故爲之言於卷末云正德七年壬申夏四月之吉賜進士第直隸鎮江府推官河東史魯書

右京口三山志十卷吾邑張萊所輯也萊字廷心正德甲戌進士授戶部主事嘗督糧畿甸計課潯陽悉稱職爲人孝友肫篤從丁易洞先生游體驗擴充學益以邃嘗以心庵顔其室因以自號所著有心庵集江山鍾秀集皆不傳此志以鎮江推官史魯之屬而爲之撰集松江顧文僖復以魯之屬而爲之詮次遂序以行魯字宗道平陽人爲魯襄垣儀賓史保從子正德己巳來官鎮江辛未以監察御史謝珍之命分普照寺後隙地建宗忠簡祠以與楊文襄善得授南京戶科給事中他無所傳也是志因山僧所自編者但泛載前人題詠乃益以總敘諸寺堂宇田土祠廟爲一卷名賢住釋爲一卷集文一卷詩話碑刻爲一卷雜記一卷此於三山志固有筆路襤褸之功而故書雅記亦未盡搜採其集詩至四卷宗道

自序亦云或多遺亡不謂全典余嘗就江南圖書館閱列代名集其詩文爲此未載者尙可蔚爲大國也惟明史藝文志於三山之志僅錄此書其他明人志三山者如廬陵胡經金山志成於正德辛巳在此志後不過八九年見於朱竹垞集萬歷辛巳督學李公命二博士治三山志復見於屠長卿序今皆漫然磨滅不可得見其幸而僅存者巍然惟此志耳又惡可忽諸金山印開焦山鏡融二方丈余方外友也每來江甯輒過盋山留余館中劇談閱架見是志則相顧驚詫謂寺僧知此書者殆鮮其人則吾山之祖志也欣然任剞劂屬余先爲刊行且曰願君更就館樓徵書補之其篤志於存古顓顓其若愚詎非吾黨之所用心耶而此志敘諸寺屬諸甘露者謂有芝峯時思二院均在白兎山其山今名橫山我橫山

草堂所由名也祖德之所憑依族聚之所歌哭皆以此山爲
望焉而此山三峯固與三山靈氣相爲呼吸數典之不忘詎
獨山僧之幸哉宣統三年辛亥秋七月橫山鄉人陳慶年識
於江南圖書館

明丁元吉蹈海録一卷附録一卷

乙卯仲冬

橫山草堂

欽定四庫全書總目卷六十史部傳記類存目

陸右丞蹈海録一卷浙江鮑氏恭家藏本

明丁元吉編元吉鎮江人是書成於成化中記宋陸秀夫海上死難事蹟採宋史本傳及龔開所作傳黄溍所作年譜益以諸家題詠彙爲一編並載秀夫遺文二首末附桑海遺録序大忠祠碑及祭文一首

藝風藏書續記　江陰繆荃孫編

蹈海錄一卷　舊鈔藍格本

吳氏手跋曰此書與襄陽守城錄保越錄共三種借自龔蘅圃先生家予與李子魯玉分手錄竟其中可疑之事余俱標題於上時癸巳四月也石倉自識

予先得龔氏蹈海錄既錄之矣茲越十五年重見於友人案頭而其名則爲陸君實挽詩前無史傳後增此跋似書於墨跡卷子後者因補錄之龔本載聖予詩兩首方鳳詩一首而此本以聖予之次首爲方作觀聖予自序亦云成長句一首則次首之爲方作無疑得此善本足證蹈海錄之失丁未三月上巳後三日書於得聽居之玉蘭花下石倉老人

善本書室藏書志 錢塘丁丙輯

陸右丞蹈海錄一卷 舊寫本 龔氏玉玲瓏閣藏書

後學京口丁元吉編次

右記宋陸秀夫海上死難事蹟採宋史本傳龔開所作傳及諸家題詠並秀夫遺文二篇附桑海遺錄序元吉鎮江人書成於成化閒有橫河龔氏玉玲瓏閣收藏圖書玉玲瓏閣者仁和龔翔麟藏書處也字天石號蘅圃康熙辛酉副貢官至御史卷尾題云丙戌二月九日閱是書鈔自嘉禾曹秋岳先生家當爲康熙三十五年龔蘅圃手筆海鹽張芷齋載華記云居易錄所載從蘅圃借閱本所摘蹈海錄詩句及序記卽從此出也惟龔開漁洋訛作熊開耳更有芷齋圖籍古鹽張氏松下清齋

諸印

陸右丞蹈海錄

後學京口丁元吉編次

上海圖書館藏
王培孫紀念物
横山草堂

事實

宋史列傳

陸秀夫字實夫楚州鹽城人生三歲其父徙家鎮江稍長從其鄉二孟先生學孟之徒恆百餘獨指秀夫曰此非凡兒也景定元年登進士第李庭芝鎮淮南聞其名辟置幕中時天下稱得士多者以淮南爲第一號小朝廷秀夫才思淸麗一時文人少能及之性沈静不苟求人知每僚吏至閤賓主交懽秀夫獨歛焉無一語或時宴集府中坐尊俎間矜莊終日未嘗少有希合至察其事皆治庭芝益器之雖改官不使去也就幕三遷至主管機宜文字咸淳十年庭芝置制淮東擢

參議官德祐元年邊事急諸僚屬多亡者惟秀夫數人不去庭芝上其名除司農寺丞擢宗正少卿兼權起居舍人二年正月以禮部侍郎使軍前請和不就而反二王走溫州秀夫與蘇劉義追從之使人召陳宜中張世傑等皆至遂相與立益王于福州進端明殿學士僉書樞密院事宜中以秀夫久在兵間知軍務每事咨訪始行秀夫亦悉心贊之無不自盡旋與宜中議不合宜中使言者劾罷之張世傑讓宜中曰此何如時動以臺諫論人宜中皇恐亟召秀夫還時君臣播越海濱庶事疏略楊太妃垂簾與羣臣語猶自稱奴每時節朝會秀夫儼然正笏立如治朝或時在班行中悽然淚下以朝衣拭淚衣盡浥左右無不悲慟者屬井澳風作上以驚疾殂羣臣皆欲散去秀夫曰度宗皇帝一子尙在將焉置之古人

有以一旅一城中興者今百官有司皆具士卒數萬天若欲未絶宋此豈不可爲國耶乃與衆共立衛王時陳宜中往占城以與世傑不協屢召不至乃以秀夫爲右丞相與世傑共秉政時世傑駐兵厓山秀夫外籌軍旅内調工役凡有所述作又盡出其手雖匆遽流離中猶日書大學章句以勸講至元十六年二月厓山破秀夫走衛王舟中而世傑劉義各斷維去秀夫度不可脱乃仗劍驅妻子入海卽負王赴海死年四十四翰林學士劉鼎孫亦驅家屬并輜重沈海不死被執拷掠無完膚一夕得脱卒蹈海鼎孫字伯鎮江陵人進士也方秀夫海上時記二王事爲一書甚悉以授禮部侍郎鄧光薦曰君後死幸傳之其後厓山平光薦以其書還廬陵大德初光薦卒其書存亡無從知故海上之事世莫得其詳云

宋陸君實傳

龔開

陸君實諱秀夫字君寔一字實翁楚州鹽城人生三歲父母攜抱避地南來居京口比免幼出從師肄業聰明穎悟異他兒郡有二孟先生以宿學教授生徒大小學多逾百人知君實不凡刮目待之學舉子文下筆有奇語不待師煩日進不休年十五應鄉舉得貢補太學牒非其好也後三年歲在丙辰用鄉書登乙科是時殿撰章子美琰居京口負時望以兒之孫子妻之因留婦家需次淮尉李祥甫庭芝制置淮東君實當斂扳轅和而同年進士錢淳甫眞孫子制使有連姻又殿撰贅壻于是相攜入淮南幕府淮尉書考歷而已淮南幕府號小朝廷人物如林淳甫與君實能自植立其爲人沈靜寡言與人交不翕翕熱凡僚吏因公事過閤要以主賓情接

爲貴而君實退然託處非謝舉謁告未嘗過閤有集則持敬尊俎閒終日與衆客俱退制使以此雅器重之不欲撓拂其志馴以舉格改合入官三遷至主管機宜文字分擬諸房公事職無不舉京湖制使呂少傅薨任李制使改鎭江陵君實仍以機宜佐行襄陽失守李制使投閒寓朱方君實與親友朝暮見不以前疎爲少後密爲多日從事詩酒如在山林閒也未幾印制使應雷卒于維揚閫治大敵壓境人心易搖金字牌命李制使往維揚用乙夜絕江小駐瓜洲維揚出鐵騎三千來迓擁元戎兩時頃入城君實以鞍馬從自是帷幄之謀無不與而機職領之如故召赴都堂稟議權臣誘進之君實恬無自獻之意循比除提轄文思院出爲制置大使參議官兼淮南東路提點刑獄公事淮憲與浙右不侔既無臺治

亦無公使供給以故多制垣上介兼領因之望幕焉君實處之宴如也事會艱危制臣令赴闕奏請留中未幾隨王帥府過浙東景炎新造君實以端明殿學士參贊都督軍事陳宜中既得政兼將相權知君實久在兵間歷諳戎事引以自近多所咨訪君實亦傾心贊助之期底于濟議又不合以言者謫大將張少保世傑謂宜中曰大業未濟人才有限動輒令臺諫排論人世傑若不可相公意亦當如此宜中皇恐卽日召還遷海上君實遂執政事海濱誅茅築土爲殿陛遇時節朝會君實端笏盛服如立文右班未嘗少怠既罷則望山海淒然至以朝服拭淚悲動左右草莽中百種疏略君實隨宜裨補盡心力而爲之及祥興既立兩軍相見于厓山南軍大舟三百柁分前後中三部以對敵者爲先鋒而以中部居宸

辰中堅反居其後前鋒失利波濤掀舞旌旗交錯部伍爲之混亂君實出倉卒仗劍驅妻子先入海號哭拜幼君曰陛下不可再辱拜起抱幼君以匹練束如一體用黄金硾腰閒君臣赴水而死已卯歲二月六日也年四十二君實在海上與青原人鄧中甫光薦善嘗手書日記授中甫曰足下若後死以此冊傳故人僕嘗託黄唐佐圭從中甫取冊不得始以所聞輯爲此傳用申桑梓之義先是僕嘗序大略成長句四韻率朋從賦詩或謂僕盍疏一傳存公之大體勿以詳略爲拘僕聞之泣下既而歎曰吾郡以忠孝聞死節有趙公師旦至行有徐節孝先生今吾君實得與趙公相望而其子乃先驅入海使陸氏一枝無續趙公則有三歲孤兒不并死較之君實不其重可哀也然在當時趙公孤兒有收養者幸而成人

可爲公後無他說至若君實之子年已弱冠假令不死託之何人此君實寧有媿于節孝受無後之罪而於趙公不能作烈士斷腕之事時勢有不同者庸詎知其心不爾則傳其可以不作朋友之言其可以不懷筆力短不能使潛德幽光浮于偉節斯爲可媿焉耳

龔開曰昔趙簡子使尹鐸治晉陽請曰繭絲乎保障乎曰保障哉尹鐸結民心堅壁壘以備其入也及襄子爲智伯所攻卒以晉陽獲濟自甲戌大敵渡江東南如晉陽可走者何所再造而亡幾及五年竟無三里之城七里之郭使其民效死勿去惟有逴逴遷轉而已國之亡固有天數抑亦人事有不至歟而吾君實鞠躬盡瘁死而後已烏乎悲夫天邪人耶

輯陸君實輓詩敘

處死丈夫之能事哀亡朋友之至情因能事而發至情尙幽明相須之理也至若無閒親疎久近而能使人一切哀之如漢之李廣將軍知與不知皆爲流涕此其理又安在哉故嘗求其說于太史公傳贊有云彼其忠實心誠信于士大夫也曰否不然也夫李將軍英偉傑特人也當其窮而自裁非命與非義相爲重輕義重則命輕命輕則不知死之爲非故人之哀之也不復以久近親疎爲閒蓋知哭其私而不知爲人才世道悲也嗚乎以英偉傑特之人窮而自裁時人哀之尙無閒於親疎遠近之别而況舍生就義爲萬世綱常立本絶無而僅有之事乎是故大中之道也陸公君實其謂是矣往僕自泉南囘浙西聞公死事悲悼不勝情將以詩弔而不敢輕爲懼傳聞之失實也及其既久有聞于鄉人尹應許云得

其詳于翟招討國秀翟得之辛侍郎來莘侍郎公安耦池人住海上目擊其事可信無疑然後成長句一首并爲之序又自惟念公之事在人心在天下後世顧欲存一已之私非是于是乃遂謄寫庸俟諸作者伏惟諸作者與之素交或聞名而未及識或識而未至於稔一切以天理民彝處之幸惠之詞異時刊刻以傳其亦庶乎其可也詩無先後次第至則登載惟公出處大略已載鄙文或曰厓山敗時公位右丞相樞密使非也雖揆席本兵皆一時外物不足以爲公之重輕既貳其傳孰爲之定名故字而不爵如布衣云壬辰三月廿八日淮陰龔開序

挽詩

立事寧將敗事論在邊難與在朝分從來大地爲滄海可得

孤臣抱幼君南北一家今又見乾坤三造古曾聞他年自有
春秋筆不比田橫祭墓文

二

數關天地人何與分在君臣理可無周粟如山夷叔餓史書
猶日曰嬰誣舊邦新命方開化公法私情本不渝忠義未須
論彼此後光崇長是昌圖

河南方同萬里

亙古無斯事于今有若人龍綃同把手鮫室共沈身蹈海言
能踐憂天志不伸曾微一坯土魚腹瘞君臣

彭城鄭疇叔範

蒼姬嗟訖錄漢火可能炎自古誰無死存孤志未厭力殫精
衞石身殉鼎龍髯萬里煙濤闊忠魂貫海蟾

吉州龍仁夫觀復

存孤臣子志已矣并成非無地參黃鉞終天慘玉衣魯連生獨恥苟息死同歸薄晚蓬萊頂桓桓扈六飛

二

絕矣陳橋祀哀哉碧海波夢中姬旦抱天上或作泉下褚公羅日月綱常在滄溟血淚多吾州文督相雙廟晚同科

里舍生湯炳龍子文

七日陰霾事可知樓船魚貫果誰爲人心自感興元詔天意難同建武時黃屋溯風那有濟角巾東路更無期公爲萬世綱常計兒女扳舷不暇悲公妻子胥先公死幼女扳舷求哀公拔劍示之曰汝先去我卽來乃脫手沈於海

二

閒闘海島豈謀身嬰曰心存力不能天上龍章空結夢人間魚腹了中興英雄一死從君父忠義遺編託友朋萬里楚魂招不得詩成惟有淚沾膺

虎林盛彪 中文

紫宸黃閣共樓船海氣昏昏日月偏平地已無行在所丹心猶數中興年生投魚腹不見水死抱龍髯直上天板蕩誠臣竟如此流光靑史更無前

里契生尹應許 聖予

誰使權奸釀禍深末流無復救危枰君臣胥壤難同死社稷丘墟可再生叔寶井中空大辱仲連海上特虛名一家骨肉俱魚腹留得丹心萬古明

二

古今忠義獨斯人危在須臾見益眞身不速亡憂喪節君非同逝懼蒙塵平時誰執朝廷柄末路方知社稷臣楚些欲招招不得滄溟南望浩無津

永嘉俞德鄰宗大

杞國天將壓蒼梧雲正愁龍胡誰可挽魚腹葬何憂萬死丹心在千齡王氣收懸知精衛忿今古不能休

二

七朝迷瘴霧一日倒狂瀾天意竟難料皇圖不再安寧甘蹈東海誰忍繫南冠自古孰無死從容就義難

三

羣雄紛愛死一士獨捐生曆數絕難續綱常晦復明人知念王蠋天豈禍程嬰淚眼休枯盡他年看史評

蜀宇文叔簡 子敬

景炎未久改祥興，强欲持危力莫勝。梧野啣沙方慘慘，虞淵浴日竟沈沈。空哀黄鳥三良殉，俄從白雲千歲乘。國悴人亡兩俱盡，忠魂追悼淚沾襟。

京口郭景星 元德

黑風吹海浪崩騰，獨抱龍髯氣拂膺。臣子但知全大節，國家那得再中興。眼前兒女誰能顧，身後功名有足稱。獨憶城南秋雨夜，一窗曾共讀書鐙。

錢唐仇遠 仁近

乾坤那可問，至痛老臣心。甘抱白日沒，不知滄海深。忠魂隨上下，義骨肯浮沈。草木長淮淚，秋風起暮陰。

艮齋侯克中 正卿

宣公苗裔有餘馨耿耿丹心醉六經獨立生難扶社稷全家死不負朝廷世間民聽猶天聽海底台星共帝星歲月不銷忠義氣厓山十倍向時青

東陽方鳳 韶卿

祚微方擁幼勢極尚扶顛鼇背舟中國龍胡水底天鞏存周已晚蜀盡漢無年獨有丹心皎長依海日懸

雜著

陸右丞像贊　金華宋濂

身抱龍髯兮眼不見水鳳闕雖遐兮龍堂則邇玉雪皎如兮肯污泥滓赤日出海兮爾心不死

陸秀夫抱主入海圖詩　元姚燧 與前盛中文詩同

詠陸右丞遺墨　勾金曹翁

別師游宦去國事又乘桴有地皆周粟無人可趙孤生期斷
鼈足死學抱龍胡遺墨仍留在顏書比得無

新得南海志觀宋季厓山事蹟

故國今安在新營忽此山藩王收末燼義將扞邊關典禮存
周法威儀復漢班開衙旗幟動結寨舳艫環節制通江邏槍
牌集洞蠻瀧濤多繫礮嶺嶠半蓁菅置陣移官港帷宮泊女
灣狗流疑尾掃龍殞莫髯攀奠殯須求繼驅馳獨任艱搶攘
殘戍屋殺僇罄居閭玳瑁洲仍隔珊瑚壘併跧乾餐炷竈減
鹵飲轆轤慳道斷無前援民哀有老鰥颶掀雲赤暈鯨鬬雹
朱殷大業從舟盡元戎棄仗閑炎邱朝服襲貝闕御弓彎贅
御隨冠冕嬌嬰泣劍環駃騠銜柵象精衞避籠鵬敗氣徒延
喘英飈欲起孱一沈知有抉再縛懼何顏去矣曾青蓋行哉

被翠鬟城危嗟唄鬧井辱痛脂斑出督空懸令迴軍卻算錢蜀瀘家失奧衰漢國忘櫝月炤丹心苦風揚白骨頑諛儒輕戰再穢史進降奸世遠神終在天高淚或潸綺羅歸北府殭理混南寰毒淚悲潺內煙氛蒼莽間一時磨石處萬里凱歌還

詠史詩 有序

國朝合肥王惠

秀夫初在杭都與廣王益王及太后妃嬪等航海而南至福州廣王卽帝位改元景炎後至廣東之崗川景炎崩衛王卽位改元祥興遂遷于厓山以秀夫爲丞相張世傑太傅天祥少保會張弘範舟師至秀夫見勢既不可爲乃取舟中諸器物悉沈之於水仍仗劍驅妻子赴水于是登御舟請上曰皇太后辱已甚陛下不可再辱當爲國死遂抱帝俱投水中秀

夫文筆英妙凡事皆其潤色紀綱之若賜文天祥勤王詔謂天祥如鋼百鍊而愈利如水萬折而必東是已

由閩航海到厓山國運亡閩抱不還抱主共投深水去絶勝浮虜走塵寰

劍江陳宗晃

大小天星墜海洋厓山兵敗事堪傷王師十萬俱淪喪帝昺亡來宋即亡

祥興元年六月有大星南流墜海中小星千餘隨之元人進薄世傑之舟宋師南北受敵兵士皆疲不能復戰俄有一舟檣旗仆諸舟之檣旗皆仆世傑知事去乃抽精兵入中軍諸軍大潰元帥薄宋中軍會日暮風雨昏霧四塞咫尺不辨世傑乃與蘇劉義斷維以十六舟奪港而去秀夫

走帝舟帝舟大且諸舟環結度不得出走乃先驅其妻子
入海卽負帝同溺爲帝崩後宮諸臣從死者甚衆越七日
屍浮海上者十萬餘人因得帝屍及詔書之寶

論陸右丞

國子助教蔣景高曰矢躍不可以羽同輪運不可以蓬止天
下之勢人孰不知之彼陸秀夫輩自以死國之難故溺其妻
子而不辭支履善艱難萬狀猶欲有爲豈當車而奮螳螂之
臂哉誠以廉恥禮義有所懸之耳

題郭州判所藏陸樞密手簡　京口俞希魯

希魯讀先子所作宋樞密陸公秀夫挽歌詞壯顏毅色猶凜
凜有生氣欲髣髴其音塵邈不可得義山郭先生與公爲同
舍友平昔所往復尺書片簡收輯無遺余得拜而觀之前修

典刑森然在目字畫遒勁自成一家非隨俗嫵媚者所可同日語降歎之餘敬識紙尾

右丞遺文

丹陽館記

丹陽館之所始無可考按郡志紹興十四年朝廷命守臣鄭茲建之於時和議既成館是用作中門南向接送伴使在東館客使在西館厥後凡奉法銜命者皆館焉部使者亦如之在郡國諸邑爲特鉅屋與歲陳廩廩將壓於是百二十有六年矣咸淳五年冬長沙趙公以外司農典州顧謂是邦江淮閩浙之所交也四海賓客之所合也軺車騎驛之所會也而舍於隸人不亦羞當世之士乎七年春乃一大修之悉撤其舊而新是圖木甓瓦石厥材孔良孔惠孔時役不告勞暨訖

工功與掤略等而其鉅也加于昔落成馳書秀夫曰子之居是邦也盍記諸竊嘗考之周官里有市市有候館館有積嗟夫此王者之政也晉文公崇大諸侯之館猶汲汲焉繕修是務褒城驛甲天下財幾何時庭除蕪堂廡殘過者太息今州縣皆驛迎夫以古人則視館如寢後世則視州縣如驛蓋學之不講而吏道之衰也久矣公典土于茲能以蓬之廉以奉之心休而力有餘茲館固舉廢之一事嗚乎古之所以創中之所以弊今之所以修其可以弗記公名滔字元晉忠靖公之子忠肅公之孫忠肅師張宣公淵源所漸有自來矣奉議郎宣特差充京湖制置大使司主管機宜文字陸秀夫記

奉二孟先生尺牘

秀夫百拜覆判簿祕書郎中先生師席前秀夫拜違函丈僚

見清明尊抑之誠與日俱積初浙　一歸萬里　遂　待
以故起居之問未及拜今既不果行則不敏之罪甚矣尙
望師慈特垂容宥即辰春光秀麗恭惟絳帳雍容尊候動止
萬福秀夫仰藉教誨之緒餘僥倖得遊辟雍所以感激詎容
語盡之一葦攸隔蔑繇面伸不克頓首遙奉瓣薌以酬秀夫
近始克取二親過此比聞令壻正奉狀元得意南宫今歲榜
稍遲音捷四日以慰拳拳秀夫仰　教育之恩僭　以芝楮
百卷爲壽尙望先生諒其誠心特賜尊肯命之曰留瑣瑣瀆
蔓　焉懼惕或有使令之及聞斯行諸伏乞心照不備初八
日秀夫百拜

桑海遺錄序

頃予嘗從鄉先生學見福唐劉汝鈞貽書括蒼吳思齊子善論文丞相宋瑞事云自江西初起時崎嶇山谷購募義徒畔町洞丁造轅門請甲仗不啻數萬而尹玉實爲饒將大衣冠指麾衆皆詣闕感泣求效死已而當國二揆交沮用兵師無宣諭卒無犒賞盤桓月餘僅令守姑蘇一路張彥提重兵居毘陵且有叛志尹玉竟以絶太湖弔橋首尾不救而溺死未幾獨松告急朝廷四詔政府六書趣棄聊攝援根本一日一夜倉皇就道及至行都而獨松隨以破陷復令駐兵餘杭守獨松朝議不一衆心離散會有尹京之命餘慶遽奪其印不與漢輔遁德剛遁北軍入城與權又絶江遁乃即日拜樞使又拜右揆補與權處且令往軍前講解毅然請行及被囚以

北中道奔迸收集亡散無兵無糧天下大勢去矣帝霸交馳正僞更作是不一姓當世之爲大臣元老者視易姓如閱傳郵況當滄海橫流之際而彼乃以異姓未深得朝廷事權欲隻手障之至死不屈微箕二子且有媿色于宗國矣其書大略如此予後又獲見淮陰龔開所作文宋瑞陸秀夫二傳蓋益詳焉方唐末五代之季藩鎮跋扈武臣驕矜君臣父子之義不明而土地甲兵之强類無不欲黃屋左纛自爲者先宋知其然一旦躋大位即罷諸節度兵符遽用儒臣以爲治終不足以盡復乎石晉所割之境土迨乎宣和衰亂北兵南下急若建瓴晉不得乘一障設一堠而遂至奔亡不守後宋再造東南區區山海之間内政不修外猶恃夫江淮以爲固久之南北夾攻而汴蔡之藩籬自撤其蔽荆襄受圍郢渚有警

巴蜀侵陷廣西之鋒燧亦不絕此其國勢垂盡受兵處多殆如囊中探丸闈中逐鹿無復有潛藏隱伏地矣所可幸者天下學士大夫二三百年祖宗培養作成之澤薰蒸者久忠臣義士或死節或死事葢無愧焉卒之宋瑞秀夫前後死國精忠激烈誠有在于天地而不絕于古今者嗚乎吳晉陳隋之變豈復有一人若是哉龔開者字聖予少嘗與秀夫同居廣陵幕府及世已改多往來故京家益貧故人賓客候問日至立則沮洳坐無几席一子名浚每俛伏榻上就其背按紙作唐馬圖風騣霧鬣豪骭蘭筋備盡諸態一持出人輒以數十金易得之藉是故不飢然竟無所求于人而死志節既峻儀觀甚偉文章議論愈高古至爲此二傳大率類司馬遷班固所爲陳壽以下不及也此其人殆亦無負于秀夫者哉余故

私列二傳以發其端詢之故老徵之雜記題曰桑海遺錄且
以待太史氏之采擇

陸右丞蹈海錄終

蹈海錄附錄

擬景炎皇帝遺詔

朕以沖幼之資當艱危之會方太皇命之南服黽勉於行及三宮胥而北遷悲憂欲死卧薪之憤飯麥不忘奈何乎人猶託於我涉甌而肇覇府次閩而擬行都吾無樂乎爲君天未釋於有宋强膺推戴深抱懼慙而敵志無厭氛祲甚惡海桴浮避澳岸棲存雖國步之如斯意時機之有待乃季冬之月忽大霧以風舟楫爲之一摧神明拔於旣溺事而至此夫復何言矧驚魂之未安奄北哨其已及賴師之武荷天之靈連濵於危以相所往沙洲何所垂閲十旬氣候不齊積成今疾念衆心之鞏固忍萬苦以違離藥非不良命不可逭惟此一髮千鈞之重幸哉連枝同氣之依衞王某聰明夙成仁孝天

賦相從險阻久繫本根可於柩前即皇帝位傳璽綬喪制以日易月內庭不用過哀梓宮毋得輒置金玉一切務從簡約安便州郡權暫奉陵寢嗚呼窮山極川古所未嘗之患難涼德薄祚我乃有負於臣民尚竭至忠共扶新運故茲詔示諒宜知悉

擬祥興皇帝登寶位詔

朕勉承丕緒祗若令猷皇天付中國民既勤用德聖人居大寶位曰守以仁藐茲眇沖適際危急惟我朝之聖神繼統而家法以忠厚傳心滲漉在人億萬年其未泯遭逢多事百六數之相乘先皇帝聰明出乎羣倫孝友根於天性痛憤三宮之北未嘗一日而忘遺大投艱丕應後志除凶刷恥惟懷永圖託於神明辱在草莽上霧下潦之所假薄洪濤巨浪之所

震驚謂多難以殷憂宜祈天而永命胡寧忍我而不其延日月爲之無光社稷凜乎如髮攣髯何及繼志其誰以趙孤猶幸僅存盍使爲宗祧之主以漢賊不容兩立庶將復君父之讐大義攸關輿情交迫閔予小子遭家不造而況斯今於前寧人圖功攸終其難莫甚尚賴元勳宿將義士忠臣合志而並謀協心而畢力敵王所愾扞我於艱茲用大布寬恩率循彝典於以導迎和氣於以延續洪休可大赦天下於戲人心有感則必通世運無往而不復成誦雖幼有周不後於四征少康之興祀夏實基於一旅往求攸濟咸與維新十七十八十九日文武百官詣大行皇帝几筵殿早晚臨二十日卒哭行香二十一日以登極

擬授文天祥通議大夫右丞相樞密使都督諸路軍馬詔

帝王之立中國惟修政所以攘夷輔國之重朝廷惟用儒所以無斁朕作共即位圖厥敉功介臣不二心歷險夷而一致否汝宅百揆賴文武之全才亟歸右揆之班並授元戎之柄肆駿太號耑告羣工具官某骨鯁魁落之英股肱忠力之佐仁不憂勇不懼坎維心之亨國忘家公忘私蹇匪躬之故適北兵之奄及率義旅以勤王慷慨施給鎧之資豪傑雷動感激灑登舟之淚忠亦天知雖成敗利鈍逆覩之未能然險阻艱難備嘗之已熟獨簡慈元之愛爰升次輔之聯方單騎以行驚破北敵之膽及免胄而入大慰國人之心天地之所扶持鬼神亦爲感泣今職方雖非周邦之舊而關輔未忘漢室之恩伊欲闢輦轂而追三宮復鐘簴而妥九廟非內治飭何以實元氣非外威振何以折遐衝披荆棘于靈武之初予未

知濟收桑榆於澠池之後事尙可爲思昔元勳有如臣浚在思陵已登平亞相更孝廟乃復於舊班式同今日之中興罔俾前修之專美况同列崇皋陶之遜而初政俟公旦之來庸再秉於國鈞仍惠長於樞密優督撫琱戈之賜峻文階黃繖之除申拓賦畲式隆寵數於戲春秋以歸季子爲喜朕方循於私情晉人謂見夷吾何憂爾其扶於衰運尙堅忠孝大布公忱迄圖社稷之安茂紀山河之績其祗予命永弼於彝

擬奬諭文天祥詔

敕天祥才非盤錯不足以別利器時非板蕩不足以識忱臣昔聞斯言乃見今日卿早以魁彥受知穆陵歷事四朝始終一節敵氛正惡鞠旅勤王皇路已傾捐軀殉國脫危機於虎口涉遠道於鯨波去桀就湯可觀伊尹之任歸周避紂咸喜

伯夷之來方先皇側席以需賢乃累疏請身而督戰精神鼓動志氣慷慨以匈奴未滅爲心棄家弗顧當王事靡盬之日將母承行忠孝兩全神明對越雖成敗利鈍非能逆覩而險阻艱難亦旣備嘗如精鋼之金百鍊而彌勁如朝宗之水萬折而必東尙遲赤舄之歸已抱烏號之痛朕當繼紹未有知思政茲圖任舊人克戡多難倏來候吏疊覽封章巋然靈光之固存此殆造物者陰相胡然引咎益見勞謙至如諗問之勤悉備悃忱之至朕今吉日旣屆六月于征倚卿愛君憂國之忠成我刷恥除凶之志緬懷耆俊深切歎嘉

勸陳文龍書

景炎二年春正月二十日寓潮州罪人陸秀夫謹具啟大宣撫陳相公閤下秀夫誠不自揆冒言遠寄前直院不越月貶

潮迂戇無補分所宜甘第因潮以韓子過竄非所與聞韓處唐中葉盛時也衰朽送殘僅此憂耳今車馬蒙塵中原荆棘淮東江西閩廣諸路俱敗陷北向長望無寸土乾淨秀夫豈敢游逸此土哉十數年來賢人朝者退野者隱如黃元仲陳晒鄭獻翁鄭鉞吳子純陳子修方公權材器宣撫每誦不輟口竟亦落落遯去不出一謀佐軍事於臺下詩曰人之云亡邦國殄瘁非必死而爲亡也隱去亦爲亡也忠臣義士痛哭流涕亦何及曹澄孫方應發輩羕行今當不勝誅戮宣撫被執不降亦不死比復何如想身不足惜國事不可爲爲可恨也周粟雖佳夷齊恥食毋令首陽獨孤潔罪人數千里遠視臨風悵悵涕泗交流而已伏惟宣撫照察秀夫再拜白

編正孝經刊誤跋

孝經一書古文不可得而考見矣所可考者漢氏藝文志顏氏劉氏司馬氏編次之文而已要之皆古文之舊也秀夫幼而讀之莫覺其非長而疑焉涉獵載籍罔非類是莫敢有所與既入仕濫次西藏匃當得朱元晦刊誤一編而玩味之夫然後心目開朗欣欣然若有所得於是與在館諸同志因元晦之議從而刪削次第之然而敢以粟絲己意妄有所參涉於其間以得罪於先正庶幾是經燦然可復而元晦刊正之功不泯聖世以孝治天下之化或不能無少助云陸秀夫識

題鶴林寺詩

歲月未可盡朝昏屢不眠山前多古木牀上半殘編放犢飲溪水助僧耕稻田寺門久斷掃分食愧農賢

陸右丞蹈海錄跋

右陸右丞蹈海錄一卷，明丁元吉編。元吉字无咎，鎮江丹徒人，學行高古，弗事舉業，年未弱冠即教授鄉里，精研易理，扁所居曰易洞，學者稱易洞先生。爲詩古文才思宏遠而律度嚴正。成化末與邑人俞桂居壽邱山同修郡志，筆削有法，惜其書無傳。有集六十四卷，亦佚。是書記宋陸秀夫海上死難事，鈔自錢塘丁氏，爲仁和龔氏寫本（龔名翔麟，字天石，號蘅圃，其藏書處爲玉玲瓏閣）。其中所錄忠烈事蹟與諸家輓詩（王鳴盛西莊始存稿卷三十二陸君實輓詩跋云：右鈔本陸君實輓詩一卷，龔開聖與輯，詩凡二十九首，作者一十三人，仁近有集，覯復有易傳，韶卿詩見謝臯羽天地閒集及金華遊錄中，其餘諸公今人能舉其名者鮮矣），而以聖予詩文最爲名作，故附吳淵穎桑海遺錄序於此書之末，詳著聖予之志節，蓋易洞即以作自序云爾。余復以舊鈔草莽私乘聖予此文讐校異同凡文可以兩存者皆從原鈔審其必應改者爲之是正如聖予陸君實傳不翕翕熱二葉末一行此用昌黎集鄭羣墓誌不爲翕翕熱也原鈔誤熱作然惟私乘所載不誤今據改又傳末幾隨至帥府三葉後半二行原鈔至帥作王師亦據私乘改又聖予君實輓詩序辛侍郎來莘五葉後半一行原鈔辛字亦誤作莘則據黃文獻集君實傳後序改之又桑海遺錄序或死事三字十四葉四行原鈔無則據吳萊淵穎集是序補之寫定是本爲付削氏焉易洞此書四庫存目謂成於成化中而錢謙益輯桑海續錄訪聖予此傳不得至萬歷庚申始得之於草莽私乘則此書在明時固未甚行世也明人鹽城王夢熊輯忠烈全書八卷只載聖予忠烈傳不及他文至道光閒鹽城陶性堅集忠烈全書續編二卷載聖予所輯輓詩矣而亦不如此之

全性堅子鑲陸公故里碑記文後有自記云鑲閱明史稿載丁元吉陸丞相蹈海錄一卷未見俟考是自來言忠烈事者均未見此書則余之所爲亟謀雕播者也秀水沈叔埏頤綵堂文集書草莽私乘後言黃晉卿陸傳後序一篇摭鄧中甫家塡海錄等書附注於舊文之下訂譌補闕亦當與傳相輔而行今考四庫存目載元吉所採書龔開所作傳外明有黃溍所作年譜考文獻陸君實傳後序一篇詳述景炎祥興事分年月疏之故亦可云年譜易洞是錄蓋原有晉卿此篇他日如重刻必當補刊而末附之桑海遺錄序外據四庫存目亦尚有大忠祠碑及祭文一首是本無之蓋橫河龔氏之本猶非完書也易洞錄右丞遺文僅二篇余從王夢熊忠烈全書中得遺文六篇題鶴林寺詩一首並附錄於後云戊午季

秋月十四日戊戌丹徒陳慶年跋於傳經樓

明楊文襄西征日録八卷

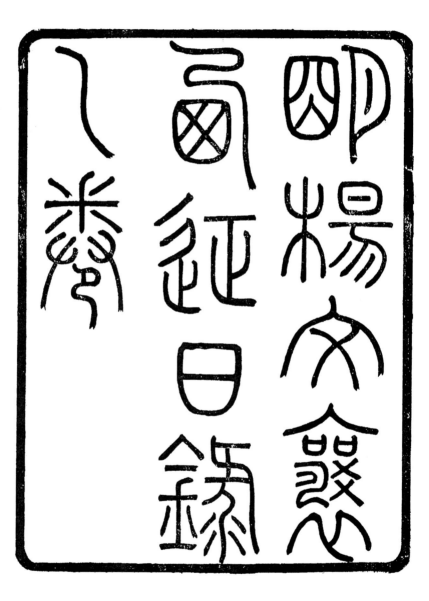

甲寅仲春
橫山草堂

西征日録

明石淙楊一清應寧著

橫山草堂

予在寧夏時嘗默憶被召以來道里月日聞見之槩筆錄之以備遺忘事定復將所處置興革撮要舉凡附錄其中而交際答問之微亦漫及之事體所關庶他日有足徵者耳既而敕召還京此紙藏之巾笥未嘗以出諸人比部事稍閒偶取而觀曰是不可棄乃略加證正併以北還途中事續焉以識本末通謂之西征日錄云

正德五年五月初一日兵部差錦衣舍人王誥馳驛齎文至鎮江府屬時賊瑾用事政令苛急錦衣使者所至人心驚動比開則吏部公文有旨起臣一清赴京聽用予病廢久謝巾櫛聞之强起梳盥拜命於家自念不即就道則奇禍及焉然

終以見瑾爲難使者密言寧夏有變起公往征當不須入京也敕使且至矣予曰若是則某不敢辭初二日謁告先壠初三日告祠堂別諸親舊初四日錦衣舍人王誥齎敕旨迎於京口驛府衛縣諸司官皆陪行吏部侍郎泌水李叔淵以公務道鎮江亦陪予行開敕於府堂一清拜稽跪讀之始知寧夏賊臣都指揮何錦周昂丁廣輩挾宗室安化王寘鐇以叛殺鎮巡太監都御史總兵等官僞封官爵鑄章印傳檄召調各路兵馬將謀入寇廷議推予仍總制陝西延綏寧夏甘肅各路軍務督諸鎮守臣撫諭征勦叔淵曰先生之責不亦艱且大哉予曰主憂臣辱某敢不效死初五日具本差鎮江衛百戶胡宗隨使者齎進謝恩且報起程期日初六日雨中渡江至揚州泥淖深不能陸行發舟夜過邵伯湖初七日至高

郵風逆猛甚舟不可動乃由陸冒雨將趨天長行田塍閒馬屢蹶夜黑不辯路宿田舍初八日過天長行百餘里村雞初鳴暫憩鋪中初九日渡河至泗州望祖陵叩頭而去又行百餘里路黑雞三鳴暫憩民店初十日過虹縣宿靈璧十一日至宿州雨初霽自渡江至是凡五日皆風雨輿馬恆陷深淖中是日聞朝廷祗告天地宗廟削寘鐇屬籍下詔正名討罪命御用監太監臣張永總督軍務臣一清就彼提督軍務涇陽伯臣神英佩平虜將軍印充總兵官統率京營兵三萬會合陝西諸鎮兵馬分道進剿各賜璽書得專制以軍法從事且命戮止渠魁脅從罔治以功贖罪者得從賞格薄暮行宿百鄯道驛十二日至永城伏覩詔條寬征緩刑伸雪冤滯稍革近時紛更苛察之政喜曰賊不足平矣行二站宿石榴固

驛十三日過歸德至寧陵前衢阻河不可夜行乃用小舟夜至睢州十四日過杞縣至陳留縣渡口舟不能進乃復索轎馬十五日雨中由徑路至汴城諸司皆不及知止接官廳以戎務不敢朝王報名急辭三司以下官吏謁畢即行宿中牟縣十六日過鄭州宿滎陽十七日過汜水鞏縣宿偃師十八日過河南府不入城止西關清風館午飡畢行二站至義昌驛宿焉是夜監鎗陸太監聞會於驛知總督張公已到衛輝府十九日過澠池縣硤石驛宿張茅遞運所二十日過陝州至靈寶縣訪前尚書許季升留飯辭一茶即别去戶部主事王才工部主事楊淳來見宿閿鄉縣漏下三鼓矣二十一日入潼關再會陸太監予先行至華陰縣二十二日陸太監過華陰先行予宿華州始行事具本題知先是陝西總兵官曹

雄約會諸鎮將官協謀討賊師次靈州寧夏游擊將軍仇鉞初被何錦賺調入城已而約爲内應糾集義兵乘間手斬賊師周昂并殺其黨數十人遂執寘鐇父子眷屬械繫之擒何錦丁廣於大壩餘賊悉就縛諸將罷兵而道路相傳總督率京兵將洗夏城予恐激成他患二十三日上疏乞將京軍取回以安反側之心以免供億之費遣百戶韋臣賫牌星馳至寧夏曉諭本城官舍軍民謂大賊已擒地方無事天子遣一二重臣來撫定爾軍民二十四日發華州過渭南縣宿臨潼二十五日入陜城二十六日朝王留宴辭京使至知上得捷報召涇陽伯以其兵還勑張公仍乘傳至寧夏偕某撫靖地方起解寘鐇眷屬并逮繫諸罪人張公乃罷遣所部兵歸京營獨率麾下數百人兼程而來初所與爲亂者懼不免出危

言相恐嚇脅從之徒胥懷疑貳觀望以動闔城凜凜恐玉石俱焚裹糧謀出走者踵相接且大亂之後官司不能令其下體統蕩然予乃出給告示奉宣德意以爲寧夏之變造惡止是數人其餘俱被逼脅顧戀身家勢非得已朝廷止誅首惡不究脅從有功者兼許錄用況近日詠賊建功者亦皆夏城官兵可見從亂非其本意自今官舍軍民各供乃事服乃役莊屯農業市廛交易各寧幹止勿疑勿畏各部領官員加意撫恤不許聽人讐攀誣指官軍體統素定各遵約束不許互相猜忌敢有揑造流言扇惑人心及以下犯上不遵紀律者治以軍法劄行按察司刊印百餘道二十七日遣千戶王臣齎送鎮巡官轉發各該地方張掛曉諭二十八日遣官迎張公于潼關予發陝城至咸陽河畔遇張公先所遣旗牌官王

巘楊義輩自寧夏還問之云鎮巡續將原謀黨惡夜不收申居敬等六十八擒獲但餘黨尚多二十九日過興平至乾州慶陽王主事綸盩厔王舉人元凱武功康狀元海次第會焉予以離陝且數歲恐今昔殊勢問爲政寛猛之宜綸謂今大亂之後當撫之以寛手滑之戒不可不知元凱亦曰先生往日御軍賞重罰亦重今恐未能如昔日之賞可如其罰乎海從傍笑曰今昔勢殊理則一夫亂固有以激之者先生未嘗負西人西人寧忍負公公宜無改舊政姑息之風不可長也予以爲然三十日晨起驛報敕使至予迎於郊至察院開讀叉齋内府公支欽賞白金三十兩大紅織金獅豸胷背紵絲二表裏望闕叩頭畢行至永壽縣雨如注曹總兵父子來見道討賊事甚詳六月初一日冒雨至邠州初二日王巘復來過

邠云見張公於渭南聞夏人不安出給紙榜百餘言大意與予前告示同遣瓛馳往曉諭是日將趨慶陽至涇河河漲以木筏渡水没靴乃復艤岸同邠州取平涼道以往是夜宿宜禄驛初三日宿涇州平涼舊部曲以昔所選中軍人馬來迎疲駑居半精采大非昔比予問其故皆泣曰自公去鎭歲征戍不得休息芻糧不時給或經歲無糧又科出銀物供需索壯士饑而逃今多補役充數馬瘦死殆盡今皆追補者也予爲之憮然初四日過白水至平涼不入城止高平驛韓王以下各遣官勞問固請一見辭之遂檄平涼衞都指揮陶文率前部曲官兵百餘騎以從晡時發高平積雨途泥深數尺乃舍轎上馬渡涇河行四十里雨益急路黑不能進將宿安國遞運所屋頽且漏風凜凜薄人乃出宿客店中初五日過瓦

亭驛徑趨固原平涼夫馬憊甚而固原之人不虞予之卽至也皆不及迎去城二十里州衛官數人迎伏道左有懼色予慰之曰我本行速於汝輩乎何尤又行數里兵備黃副使繡來迎暮至城南關都給事中段豸查盤邊餉歸適至此亦出迎入宿總制府段來見留共晚飧能道延寧事初六日發固原聞寧夏鎮巡官將寘鐇眷屬并何錦輩俱械送北行欲以獻俘爲功予以事干宗室既無上命豈可擅發且人心未定處置少疏恐生他變又各犯有原謀脅從情狀不一不審鞫得實一槩解京莫適爲證將無可活者矣乃遣官齎鈞帖馳往止之如已渡河則收繫靈州以待是時張公已宿平涼聞之怒亦遣旗牌官往止之暮宿鎮戎千戶所沿途皆牧馬營堡牧卒壯老塡衢訴曰自公之去我輩疲於力役疲於科取

不得牧馬馬死鞭追急人無完膚逃且半見在者不能存將盡逃矣或曰公初以牧馬招我今百差叢集較諸征戍之兵顧加苦焉公來矣其爲我處之言已哭聲震地予姑應之曰西事方劇徐當爲爾處分初七日至平虜千戶所有城翼然城之外有闤室廬櫛比煙火數百家貿易交匝先是鎮戎至韋州二百里莽無人煙虜騎突入莫之阻遏予巡撫時始申余肅敏前議奏增築土城置所設官吏編集新軍給地耕牧爲長守計凡今成蹟予實經理之隱然爲固原一屏障自是虜騎不敢越之而南恐我兵議其後也予午飡畢將發張公所遣官朱德谷大中暨其兄富謁予傳言留待議事初九日予迎張公於郊至官廳開敕宣讀畢延入後堂厲聲曰寧夏鎮巡將王府宮眷不待吾至先發過河可乎予云論法誠不

可但各官無别意只因人心驚疑恐生他變早發出門一日省一日干係而已又曰聞此事皆是陳侍郎張主欲以爲功曰此恐不然賊平是四月二十三日後獲夜不收申居敬是五月二十一日陳侍郎六月初二日方到寧夏豈敢以爲己功况鎮巡御史三司官俱在豈可獨歸咎一人張公曰陳有倚仗乃敢予曰亂臣賊子人人得而誅之此皆反賊各官所行縱有不是朝廷或不深責况傳聞之言未必皆實到彼再看如何張公意解乃曰各官連連奏捷只是要封侯封伯予曰譬如人家父母心上有事爲子孫者一聞好消息便當急報以寬父母之憂豈有隱而不報之理張公曰固然初十日予先行至韋州陳侍郎遣官齎送符驗一道總制軍務關防一顆令旗令牌十面副至予收領具本題知先是予總制之

命瑾屈於衆議不得已而從之然度予必辭故奏遣陳先往暫行總制事待予至交代卽回實託陳爲心膂冀其成功將柄用之寧夏副總兵仇鉞閻綱參將保勳迎謁道左皆故部曲予以仇新建大功稍優禮之二將進曰鉞匪公薦拔則混處常流安得至此鉞頓首謝初鉞在寧夏部領中以驍勇聞予察其忠實可用薦充游擊將軍統新募義兵三千員名聽調殺賊援救行事竟以是成功十一日會陳於小鹽池驛報張公將至予偕陳迎之郊至驛中相見張公詰陳前事陳欲釋其怒遂言老太監之來風聲甚大雖未至地方前日所遣旗牌官督令鎭巡將申居敬等捕獲人心始安不然事變未可知張公曰今早爾差人齎來揭帖亦有是言吾豈欲以是爲功吾性非貪功者且欲陳仍回寧夏陳辭以爲旣與楊總

制交代似難復回予曰渠已得代復回無名張公曰諾予與張公遂偕西行陳東歸慶陽而所謂揭帖者不及見不知其何說也是夜宿石溝驛十二日至大沙井總兵官楊英見又行二十里鎮守太監張弼來迎比至靈州東關巡撫都御史馬炳然來迎見畢皆前迎張公予宿守備衙張公宿州衙予往會事鎮巡按巡等官謁見張公數其擅發宗室宮眷衆果歸咎於陳予謂此非細故業已會行錯則皆錯豈獨陳侍郎一人之過是時寘鐇父子宮眷并何錦申居敬輩俱分繫千戶所獄并驛遞空倉數處張公約往視之寘鐇指諸兒孫訴無衣被問之鎮巡云府第物皆沒官別難措置張公曰不然彼固有罪系出宗枝當生致之廟闕豈可令其瘐死命各取其所收衣鞋被褥數事給之何錦見予哭曰我公不去鎮錦

輩豈得至此予數之曰朝廷何負汝輩敢爲背逆錦曰本鎮官兵遭鎮巡誅求逼迫怨深入骨故得乘之爲亂實欲爲下人息肩予曰既欲作好男子何不奏發其罪待朝廷誅之錦曰彼動以劉瑾爲詞發之無益徒自速禍張公微笑時瑾焰猶烈予不敢有言申居敬等皆大號曰我輩昔皆公所選戰鋒精兵爲官司剝削所苦又誤聽周昂之言至此實不與反謀願寬其族張公又命守臣選壯健女婦數十人伴監其妃嬪及諸宮人不許男女混處據鎮巡公移逮上當千餘人予慮其事同情異宜有區別又恐有律不該連坐之人混逮其間乃會張公檄鎮守撫按督同三司官審取各的確供詞分別首謀共謀隨從等第稽冊按籍詢其族鄰老長於是堂姪以下子壻許嫁之女并顧工人役出之凡百餘人惟申居敬

等六十家及平虜城官舍徐欽程保等一十一家法當連坐
予謂申居敬等一聞周昂逆謀卽有樂從之意殺人刼財乘
機爲亂若欲比諸脅從則情重法輕但舉事之日方預其謀
義兵一動當卽戢止比之元謀首惡似有不同徐欽程保等
聽調從逆但事後方入城不曾相助殺掠俱止宜逮其身而
繫其家屬以俟請誅正犯而徙其妻子奏下法司議從所擬
全活者百餘家初詗事者報賊黨未獲尚多張公在途調取
固靖蘭州官軍三千員名并陝西遊兵三千至是俱集靈州
夏城復驚老稚婦女走避山野留壯者持刃居守予告張公
曰地方已不用兵調來人馬徒費芻糧宜卽散遣之張公曰
人心難保逆黨不盡殄除將遺後患予曰公謂逆黨猶有幾
何曰訪有姓名者百三十八予曰夏城大變之時迫脅爲亂

者何止數千但節奉詔敕惟首惡不宥脅從之徒悉與放免今何錦周昂丁廣三首惡既已擒斬寘鐇等眷屬已拘解又擒斬同謀正犯百十餘人亦足彰天討正國法此外漏網雖不能無只可一切置之不問若再行尋究則人人自危縱不敢稱兵相向大眾一呼逃往山後套中如何收拾吾輩此來正須安靜地方敕旨諄諄以撫按軍民爲主若激他成變何以復天子之命張公默然予恐其意不解作一書投之次日乃曰先生言是但遠調而來待吾賞勞畢遣之予曰不知賞勞當用若干令巡撫查支無碍官錢送用張公笑曰吾豈肯用此地官錢返留形跡在此所司乘機將別生弊端遂將自帶錢物量途程遠近給賞官軍有差各遣回營適山後節報聲息予與張公議令仇鉞史鏞同鎮城予因檄仇鉞領兵於

寧夏北路史鏞於南路各按伏夏城之人聞河東兵馬已掣散而二將分兵各按邊堡知其爲北虜也始帖然寧安逃者歸室家相慶無復驚疑諸罪人既鞫既明傳之檻車以歸於京師二十二日張公及予渡河入城農不廢耕市不易肆老少聚觀如堵牆次日朝慶王賜宴以戎事辭成禮而退乃大集官吏旗甲鄉老士庶宣布皇上恩德問其疾苦禁所與爲虐者將釐革之衆踴躍歡呼咸以手加額曰不圖今日復覩天日一日予告張公曰恩威當并行不悖大變之後堂陛陵夷不復知上下之分恐漸不可制維時造僞命僞符手刃大臣者戕殺主將而奪其家者有遺姦焉將無以善後宜密令所司捕之張公笑曰如脅從何且與先生靈州之言異矣予曰始至人心未定當示之以寬今恩澤已覃衆志既定所當

誅者纔十數人耳無他顧慮況好生者天子之德執法者人臣之義吾儕受命專制須權其輕重豈可膠於一定以遺患將來張公曰諾乃密諭鎮巡捕得指揮馮經等悉伏厥辜傳而上之輿論稱快張公一日又曰訪得總兵楊英仇鉞乘機將安化府第金帛并犯家財物取以自私各數萬兩楊英又將應捕人犯得錢縱釋此法不可恕予曰某亦聞之但無實可據恐是讐人怨家流言相傳大功既成則小節似不必深究且反逆之徒皆得以脅從釋放而以暗昧不明之事追究一二有功將官非惟體面不宜又似與反賊報仇張公首肯久之曰然然初公總督命下西人震慴畏罪然雅性靜重所過秋毫無犯與將士同甘苦行不乘輿暑不張蓋日給公廩數升餘雖片楮莖蔬無所取用悉以已貲散給麾下徒隸厮

役無不沾惠駐靈州及夏城兩浹旬所隨從貴近數十輩部
曲五百餘人寂然遵約束無敢譁者居人若罔聞知又嘗語
及慶府事予謂慶王當寘鐇反逆之時不能密諭諸王併力
戰守及播告本鎮官兵協謀討賊顧日往朝賀行君臣禮將
祖宗所賜寶纛儀仗送與借用又傾其所有金銀幣帛資給
亂兵失諸侯維藩之義且事起交結變生飲宴閒當爲後防
遂會奏以聞請敕切責警戒及申明禁例通行天下以杜交
結之弊防禍亂之萌又以寧夏東路興武營密爾河套武備
單弱請以寘鐇典仗所官軍編充興武營戎伍皆荷俞允遂
削慶府護衛逮其承奉長史等官於京皆謫戍邊七月初二
日張公北還渡河予以會處事未竟送之靈州初三日至石
溝將處置寧夏事情各遣官會奏初四日別於驛中予欲郊

餞之以兩而止比行謂予曰先生自愛某當具述先生賢勞不敢隱蔽予曰不然某病廢之餘朝廷以戎事起用義不敢辭强自鞭策昨在夏城病脾不能食賴公藥而愈茲幸地方無事便須上疏乞骸骨公善爲調護使得早歸江南無他望也張公笑曰吾平生不敢欺君遂上馬去予還靈州差指揮符深進繳提督軍務敕專行總制事靈州士人素苦漢官科虐予昔時多所釐革故轍尋踵作且益甚焉至是紛相訴訐予以大亂之後爲除其害而不深究其人減科徭十之二禁泛濫接遞以卹人馬初八日閱土漢官兵於教場初十日巡視各邊堡閱舊築邊牆自紅山至橫城高厚堅完儼然巨障惜成功之難歎前志之未遂感而賦詩有老去寸心猶不死仗誰經略了餘忠之句十二日復入夏城遵奉敕諭督同鎮

巡訪求各營衛部領之賢否而更置之然後約法定令以從人便謂邊軍之困本由科差繁重而私役買閑爲弊居多且屯軍地去糧存以爲俩患逃逋累萬數而湖地草灘半爲將領所據返累軍供採取以自封殖法之當行莫急於此於是鎮守太監張錦聞之退出所役正軍三百名總兵楊英仇鉞游擊將軍史鏞監鎗少監馬良各有退革共二千餘人楊英又將所收草灘湖地呈退三之二仇鉞以下退有差盡歸之官以助邊儲乃行巡撫將本鎮馬步軍士稽查實數造冊在官凡有征調全隊以出一切雜差循次撥用無得脱者賦役始均又通行各城堡一體查處禁革條陳地方急務十數事上之不能悉記其大者如請蠲寧夏各路旱傷税糧以卹困窮溥賞賚恩典以安反側乞旌罵賊而死都指揮楊忠李睿

逃難而殞百戶張欽等門閭仍旌卹其兒男以勵臣節改調
管糧參政等官及復設按察司簽事監理邊儲極論各城堡
糧儲缺乏之請發內帑如舊例召商輸納以免派買累民之患
皆與瑾意相忤比瑾敗誅該部覆奏皆報允可又奏總兵楊
英喪失之餘士心不附但人才難得用之他鎮猶有可觀乞
將楊英取回調用并薦副總兵仇鉞威名素著參將保勳志
節兼優游擊將軍史鏞才略出衆皆可大用十八日大閱鎮
兵於教場示以紀律及申明賞罰條格俾遵行之二十四日
發夏城巡視各城堡楊英史鏞從是夜宿大壩次日夙興廣
武營協同孫隆來迎循邊牆而南分守西路參將馮禎迎於
途因令楊英回鎮將至廣武㺚賊自沙窩出可百十騎猝與
相遇遣馮禎孫隆追之予按兵徐行入廣武賊奔北出邊牆

日已暮遣旗牌戒無窮追收兵回營二十六日宿棗園堡二十七日至寧夏中衛馮禎分守且久旌旗卒伍精采非他鎮可及予嘉奬之次日閲武教場禎子馮大經騎射爲第一時莊浪涼州守將節報虜寇犯邊河西城堡多失守道路不通二十九日予發中衛渡河遵草地而東野宿兩日八月初一日至靖虜衛條陳河西事宜欲調延寧陜西三鎮兵馬分道而進驅逐出境遠遁然後修復沿邊舊守墩臺城堡以圖經久無患莊浪參將魯經告急乃選靖虜蘭州健兵一千令指揮陳松統領馳往援之兵至而賊遁自固原至蘭州邊城糧草所在缺乏河西尤空虚軍士多枵腹生怨語乃量發各帑藏官銀議令兵備守巡二司官分路招糴酌量城堡大小事勢緩急分派運納以暫紓目前隨將議處儲蓄數事差人馳

奏又奏劾固原守備趙洪貪婪剝害洮州守備高謙柔懦不立俱當黜革舉指揮趙濟路英等代其任十三日自靖虜發程閱視乾鹽池西安州海剌都一帶城堡關隘十四日宿黑水苑十五日至固原指揮路英歸自京師賫捧獎勵敕書至十六日郊迎開讀於總制府具本差百戶韋臣賫奏謝恩且以衰病不堪供職奏乞照舊致仕路英因言瑾賊得寧夏諸奏大怒卽欲有所處分其所親厚者以爲不可又欲改巡撫寧夏衆謂事體非宜議未決予笑曰官爵職任本出朝廷總制巡撫皆無不可若許歸休老計之得者也是時延綏鎮巡奏欲因燒荒會諸鎮兵搜索河套寄賊予上疏以爲漢中流賊未平調去沿邊官軍數多邊城空虛邊儲缺乏而河西達賊日肆搶擄又恐河凍之後大賊踏冰入套各鎮兵馬正當

蓄養鋒鋭以俟今乃無故出境窮搜縱得數輩老弱殘敗餘寇何補於事而往回動經旬日糜費糧料傷損馬匹所得不償所失且舍門庭侵犯之虞而尋伏藏逃難之賊取笑外夷又遣書當道極論其事竟寢不行十七日得吏兵二部咨有
旨命巡撫寧夏都御史馬炳然還鄉終制而不補其缺令予專在寧夏居住撫馭蓋陰奪總制之權也予遂發固原復詣寧夏過鹽池商人遮道訴稱公昔掌鹽法時每引一道許載鹽六百石車脚塡委商得厚利今拘以禁例每引止許載三百石車脚不至羣商坐視無可爲者又言前此撈鹽積多輸運不及輒爲暴雨所衝予歎天地自然之利官不善取而自棄之顧爲私販之資是誠可惜然以御史有專職未可徑行許爲具奏議處九月初一日至靈州馬都御史先在被候交

代予接管巡撫文卷三邊軍務惟徵調軍馬重事仍聽節制初六日予餞馬都憲於郊還至行臺忽報前所差齎奏章百戶復來予驚問其故云八月二十九日至陝城聞瑾賊已被執下詔獄事多更變歸請進止予驚喜謂天啟聖衷罪人斯得更化之機在是矣但前疏已定義無可改因復遣之初七日承差牛學至自京得邸報知一清被敕召還京初八日陝西鎮守官差人齎公文鈔蒙內府揭帖欽奉聖旨賞臣一清銀五十兩紵絲四表裏羊一隻酒十瓶某拜稽受命卽以羊酒饗諸部曲至暮而罷榮君賜也然明文未至恐曠日廢事初十日予入夏城仍經理巡撫政務十二日得部咨乃行二十日拜敕於固原屬痰火舊疾舉作不能兼程且前上乞休疏未報迆邐而東以俟命途中復上疏請開鹽課以實邊儲

及疏薦西方將官楊宏馮禎時源陳珦安國輩并堪任游擊
守備者各數人又薦左布政使燕忠當瑾賊氣焰熏灼之時
獨無附麗干謁二十六日至涇州得邸報被推爲戶部尙書
尋以寧夏撫定功加太子少保賞白金五十兩紵絲伍表裏
十月初一日過陝城初五日出潼關痰大作失聲十五日至
衛輝復上疏申前請乞致仕是日劉司徒用齊會於衛源驛
道戶部事甚詳十八日會叢侍郎及戶部委官袁主事者三
人於宜溝蓋前所奏缺乏戶部覆請得旨命叢以戶部兼憲
職往督理之二十四日至邯鄲縣得部咨知所上乞歸第一
章不允門生張知府潛閒住郭御史郛迎見送至臨洺驛二
十九日至保定府又得部咨所上乞歸第二章復不見允仍
催促赴京十一月初一日至安肅縣門生王侍郎寅自易州

山廠來會初四日至都城宣武關外假宿永慶寺中痰嗽猶未止公卿大夫士枉顧無虛日終爲病所困不能趨朝又上疏備陳前後懇悃乞見放回休致溫旨褒答不允延醫問藥又十餘日稍愈入宿東朝房十九日赴鴻臚寺報名二十日陛見二十二日謝恩二十五日賜玉帶於左順門是日到任始治部事

西征日錄

丹徒盧世和校

右楊文襄西征日錄一卷正德五年安化王寘鐇反寍夏文襄起廢西征總制軍務其被召以來道里月日聞見之槪自是年五月初一日在鎮江得吏部公文起至十一月二十五日到戶部尙書任止皆具於是錄寘鐇反十有八日已爲文襄故部將仇鉞所擒其時文襄甫至華州道路傳言大兵將洗夏城闔城謀出走者踵相接文襄疏乞召還京兵以安反側馳至鎮與中官張永結納甚歡永在途所調兵六千集靈州者公力請罷遣以安夏民分別逆謀輕重全活者百餘家減靈州科徭十之二復將領所據草灘湖地盡歸之官以助邊儲條陳地方急務十數事瑾誅後皆報可施行凡此詳於是錄者明史公傳一無所記但以馳至鎮宣布德意一語賅之獨於公畫策誅瑾一事記之甚悉爲是錄所無按文襄是

錄序有事定後復將所處置與革附錄其中云云論公是役處置各事其卓卓大者宜莫如誅瑾不應反無一語著於錄中考明唐鶴徵皇明輔世編公傳敘是役事至爲翔實皆一一依據是錄是錄記丞於七月初二日北還公送之靈州初四日丞行時公言望早歸江南張笑答云云唐傳於此云云後即述公爲丞畫誅瑾策云云其文甚詳文云一清謂丞曰將爲公畫一奇策丞曰何謂一清曰公豈一日忘情故無能爲公畫策者遂促席手畫瑾字丞曰渠日夜在上傍上一日不見渠不樂今其枝附已成耳目廣矣奈何一清曰公亦天子信幸臣今討賊不付他人付公上意可知公班師入京詭言請上間語寧夏事上必就公問公於此時上寘鐇偽檄並述渠亂政凶狡謀爲不軌海內愁怨大亂將起上英武必怒且大悟誅瑾柄用公公一矯瑾行事呂强張承業暨公千載三人耳丞曰即不濟奈何一清曰他人言濟未可知言出公必濟公顧公言時須有端緒且委曲上萬一不聽公頓首請死願死上前即退瑾殺奴喂狗又涕泣頓首得請行事無幾頃刻機事一洩禍不旋踵丞勃然作曰老奴何惜餘年報主乎已而丞入京請見如一清策竟誅瑾爲明史公傳所采用

竊疑其文當原在是錄中特以當時其事祕甚（國榷永計出一淸祕甚）是錄傳刊之本或有未載此者毘陵唐太常所見當爲文襄手定之完本世不能盡見也此猶永誅瑾受算於公一則見於制府雜錄者僅海鹽徐咸書引之今雜錄本固不載也予於紀錄彙編四十一卷中得公是錄無他本比勘姑發其疑於此云歲在強圉大荒落七月壬寅丹徒陳慶年跋

明楊文襄制府雜錄一卷

甲寅季夏
橫山草堂

制府雜録

明石淙楊一清應寧著

横山草堂

初予致政家居强長史晟書云先生之在位也不患於難進而患於難退今既得謝不患於無復起之日而患其有復起之機比起廢西征過西安見之曰某不幸復起奈何晟曰朝廷以戎事起公安得不出但功成之後宜早退以全晚節耳强汝南人予提學時爲眞寧訓導以文學見知前所言非道義不及此顧予西事甫定旋被召命屢辭不獲媿負忠言

寧夏有沃饒之利故稱樂土自撫馭非人横徵暴歛紛然雜出軍始不堪命逃亡接踵見存者日益困敝至逆瑾時極矣上下交征歛取財物爲脫禍計盤糧科道所歛銀四千兩鎮巡倍之官軍俸廩芻糧經年不得給千戶何錦指揮周昂素

制府雜録　一

梟雄知人怨入骨始懷異志錦頗通文事乃應武舉上京見時政日非歸語昂等曰可舉大事矣屬鎮巡俱更代太監李增總兵姜漢雖無大善不至於前作虐都御史安惟學自陝西布政擢巡撫正德五年二月十九日抵鎮安素嚴明以藏廪空虛軍政廢弛乃與總兵約申嚴禁令追徵積年負欠屯糧追補馬匹被箠撻者多無完膚大理少卿周東清查屯地又復嚴急錦昂等遂激衆爲亂諸臣皆遇害四月五日也寧夏奏事者皆嘗被笞之人遂揚言於朝謂亂乃惟學東所激而成聽者不察和出一口後李姜俱沾卹典惟學既被廕錄又以言者追奪之且錦等蓄謀已非一歲惟學莅任未及兩月況比併公務比之朘削私用者有間矣作惡者何人而惟學乃代伊受禍冤哉蓋亂臣賊子必假藉事端以爲口實故

錦等必殺鎮巡奪其兵柄而後可逞是時惟學雖寬亦不能免也

何錦之亂鎮巡既被殺副總兵楊英領兵在外錦招之不肯入其所部兵聞亂而潰英僅以身遁錦又紿游擊將軍仇鉞入城而奪其兵時陝西總兵曹雄在固原聞變即趨至境上首遣都指揮黃正統游兵三千入靈州以固士人之心約會鄰境將官刻期進討又遣兵戍寧夏中衛及廣武營以捍其所必攻密燒大壩捲掃之草以攻其所必救與靈州守備史鏞輩謀奪取河西之船盡泊之東岸錦聞而懼領兵出守大壩以防決河雄乃議令史鏞潛通仇鉞書謂河東大兵已集以某日渡河俾鉞為內應卒成大功顯名天下而發蹤指示之功何可少哉竟以締姻劉瑾得罪身死家籍良足悼已功

名之士固自有幸不幸者存而世之見利忘義託身匪人者亦可鑒也夫

曹雄長子謙讀書善吟作有機略揣度世事多曲中又樂爲義舉陜西故李參政崙孔主事琦家貧甚妻子不能存活雄上疏請卹其家以勸廉官從之蓋出謙意具其筆也高御史胤先被逮詔獄貧無銖兩之資謙助之路費令人送至京又資給其家類此者尚多然英華太露好惡太明自恃其才智頗輕世傲物故人多忌之雄通好劉瑾初若避禍然至締兒女姻則甚矣謙慮不及此不能力止之卒以黨惡被收繫爲怨家所忌箠死獄中傷哉

予致仕家居時廷議有見推者謙以書來曰此何等時也而先生可復出哉宜致書所厚切勿道及起用二字又曰近日

陝西人才連茹而起山川之不幸也獨不留三五輩以爲後地耶彭濟物不見登用天其有意於將來矣夫以謙之明於料人忠以處人如此而所以自料自處顧若是不尤大可惜哉

靈州邊堡壁間有詩云堪笑書生無勇略演營習陣日紛紛問之乃總制才尙書所作後聞諸邊將云才公見予下操軍令及行營陣圖笑曰此皆古本子何足法邊兵自能殺賊若得驍勇將官賊來驅之使戰有進無退何功不成安用營陣爲哉未幾聞虜在邊檄陝西寧夏兩鎭總兵自興武營出塞促之使前直擣賊營而親率輕騎百餘人徐踵其後賊數十騎自沙窩突出百餘騎皆潰散才中矢墜馬身被數刃而死出不兩逾時竟以屍還興武慟哉予誠書生不諳軍旅嘗以

古人行謹哨探止修戰備爲法每諭諸將曰無事常如有事時隄防有事還如無事時鎮靜又念武侯李靖未嘗廢營陣世無岳武穆豈可恃野戰以爲能哉才之死固出不幸而後之易其言輕進貪功者可以鑑矣

總督張公嘗語及地方事輒斥瑾曰天下事被伊壞得如此時瑾焰方烈張公與予初傾蓋又左右瑾腹心爪牙予默不敢應時貴近家人隨征者數十張公每名給銀百兩令買蔬肉及供馬匹食用曰此外不許分毫侵擾軍民犯者以軍法從事瑾姪男劉奎等二人後至獨不賞曰不愁伊無有也予曰彼亦參隨之數難分彼此若謂其有將聽其取受耶乃笑而與之又欲將瑾盤糧招商諸事有所論列予恐嫌隙遂成密告之曰二公皆帷幄腹心重臣公今在外宜存形迹不宜

輕起釁端張公厲聲曰先生不知吾何畏彼哉予曰固然彼方在帝左右公有言能保其必達乎且扶蘇父子之親蒙恬之有功卒墮趙高之手不可不慮也張公首肯久之後乃知瑾亦頗聞張言將謀不利幸其歸速不及有所爲卒除姦宄於呼吸間然亦危矣祖宗在天之靈實默相之主上之剛斷又豈近代人主之可及哉

中國制禦夷狄惟火器最長顧今所造鎗礮不能致遠兼不善用不能多中近年虜人不甚畏之惟大將軍二將軍三將軍諸銃力大而猛然邊城久不用予昔在定邊營教場取而試之總兵張安輩皆懼謂恐傷人予曰然則遂爲長物耶詢諸軍中必有能用者西安指揮楊宏應曰某曩在陝城教場見用此器越三日花馬池下操宏請先取二將軍試之乃自

裝藥舉火卻立十餘步以俟聲如迅雷遠及三百步營中皆震懾宏神色不動予喜曰破大虜無逾此矣然以欽降者不敢輕用乃市鐵募工於固原鑄造如二將軍式分發邊城營堡各數枚俟賊大舉入寇攻城札營以此擊之當不戰而退自後陝城所在肄習用以爲常至是花馬池參將閻綱告予曰前歲達賊擁衆出城下用公所發鐵銃擊之所傷甚多賊遂遁去又此器衆云止可用之守城予謂行營亦不可無乃議令二騾駕一銃凡用八騾可駕四器出禦之時置之中軍遇有危急劫營潰圍不過數壯士之勞而可當千萬夫之力矣因思往年宣府張穆二游擊被虜圍之數重經二三宿使營中有此豈至全軍覆沒哉

各邊演習營陣止按舊規而行不知變動予謂地利有險易

賊勢有强弱人馬有多寡若不知活變遇警安能濟用乃參酌舊規間出新意令隨機應變如衝三疊陣畢再衝旋陣下一條邊營畢變三才營又變五行營又合爲四門斗底營當分而分當合而合分而不缺合而不亂或人馬方行驟報賊至倉卒之間就於脚下站立拒敵務使彼此人馬相迎盤旋拒捺以決勝負凡坐作進退應援追截悉視中軍旗鼓指揮以類而推隨意生發如下棋局局皆新如此操演使人人知兵初雖甚難久則有益

今之下營布陣或太稠密或太空疎太疎恐敵人乘隙而入太密則旋轉之間人馬擠塞賊來衝擊無所措其手足乃教之按古兵法止則爲營行則爲陣陣中容陣隊間容隊營中有營有正有奇有常有變布列有廣狹同轉離合無相奪倫

部分有疏密左右救援不致淆亂卒有外寇侵軼堅整全備莫可動搖

演陣下營務使人人常存戒心就如賊在目前軍器什物常防遺落馬匹常防奔逸毋容外人得入恐係姦人刺客如一面受敵三面皆當隄防敵來無懼色敵去無惰容久久慣熟臨敵不過如此妝塘夜不收軍人務尋達人達帽妝作眞達賊形狀若無眞達衣只翻穿皮襖乘風拍馬直衝營陣腥臊難聞勢兇惡使我馬慣見遇賊自然不驚是不但習人亦且習馬其衝擊方向悉聽管塘馬官臨期驅使或東或西或來或去或衝其前倏擊其後使官軍應接不暇以上皆予總戎務時軍令才尙書之見嗤者以此知兵者或以爲然姑識其槩以俟後之君子

將領三軍司命安危所係苟非其人則急去之在其位則不可忽且侮予在制府雖衛所庶僚平居未嘗妄笞輕詈一人有足重者必改容禮之苟奸法干紀則亦未嘗假貸故解任之後遺愛恆多才公嘗怪參將閻綱游擊陳善都指揮郭遡不能殺賊褫其衣冠加之巾幗婦服令周游營陣三人皆有時名坐是諸將解體出塞之役心知其非無一爭者比聞其敗各按兵不救且甘心焉是時變起倉卒雖救無益而人情向背可知矣

法曰兵無選鋒曰北凡官軍一隊之中勇怯能否必須區別或混爲一途非惟人心懈怠兵勢不揚且臨敵接戰怯者先逃羣衆被其動搖壯勇亦爲所累故選鋒爲兵家第一義然人才難得舍短取長皆有可用大將之門兼收並蓄庶無遺

才予先年總制通行各邊大小將官各於該管衞所城堡官軍夜不收內逐一試驗揀選弓馬出衆膂力兼人有膽氣有智略四事兼備或三事兼擅者定爲第一等四者之中二事可取者爲第二等一事可取者或二事粗可觀者爲第三等若四事俱無足取但不係羸弱疾病者爲第四等其老弱幼小疾病者定爲第五等一等選備奇兵二等三等選備正兵四等專備守城守堡雜差撥用第五等不堪之人責令選勾精壯戶丁代補騎射之外各採所長如善御兵車者善放銃礮者熟於弩彈牌刀骨朶者善用鉤鎗斧鉞鞭撾者但一藝精熟皆可備二等三等之選此外仍須廣詢博訪有知天文善占候者識地利山川道路遠近險易者善書算者攻巫醫者自虜中來習知虜事者善胡語者腳健善走者眼明善瞭

者形影詭譎善窺探者有雖無他長賦性直類決烈不顧生死者以至百工技藝之人苟有一長俱令開報閲視無異各造冊登籍定與操習條約立爲賞罰規格隨宜器使各得其用行之一年自覺人心奮勵精采一新後予解任南歸此事旋廢今部曲猶能道之方圖舉行而召命下矣姑識之

古之善將兵者不獨選人亦兼選馬蓋馬身首有大小行步有疾遲筋力有强弱平居之際先爲選別出戰之時量力馳用庶幾人馬相當戰功可立若平時漫不挑選用之征戰人强馬弱人欲進而馬不前馬强人弱馬可前而人怯懼雖有猛將安能成功予行令各將官將所部馬隊官軍騎坐馬匹逐一愼選精别等第身力高大馳驟迅疾者選作第一等身力雖小頗能馳驟者作第二等身力雖大行步遲鈍者作第

三等若身首短小又不善行及瘡瘸老瘦者作第四等一等二等專備騎征三等以備雜差四等責令易換中間若有跳蕩超越之材上山下坂足力不倦駐坡驀澗如履坦途者及有十分調良馴熟羣馬動而不嘶金鼓喧而不驚者亦要查出開報以備將官遇急取用令敢戰之兵隨處皆有練兵之將十無一二兵不練而强之應敵其不敗者幸也選兵之說已多不能知不能行而令其選別戰馬其不呀然驚輾然笑者幾希矣

制府雜錄　　丹徒盧堃山校

右楊文襄制府雜錄一卷正德五年西夏兵變公復起督師其被召以來道里日月與所處置興革皆詳於西征日錄其餘事語之宜疏記不能區別日月者文襄復爲此書著之談遷國榷載公論總制才寛之及於難（正德四年十一月己未朔）與曹謙之箠死獄中（正德五年十一月戊辰）皆出於是錄王士貞嘉靖以來首輔傳記監軍張永頒賞部曲公與永所言云云與唐鶴徵皇明輔世編記公在靈州論演營陣之語亦皆采用此書明史公傳言公時帥諸將肆習行陣嘗曰無事時當如有事隄防有事時當如無事鎭靜亦此書之名言也公鑒於才襄愍之死不敢恃野戰故於治軍操演之法言之甚詳其記總戎務時軍令言才倘書之見嗤者知兵者或以爲然姑識其概以俟後之君子又詳記選鋒之法言行之一年人心奮勵予解任

南歸此事旋廢今方圖舉行而召命下矣姑識之然則公整軍御虜之志未竟其施言之蓋有餘慨矣公自正德二年引疾歸丹徒明年劉瑾再入讒語逮下錦衣詔獄凡一百六日乃得還優游於待隱園者一年五年四月公序所作自訟稿言臣得以餘生老林下爲太平一閒人志願足矣是公之初志蓋終身以之雖三公不易也乃是年五月已拜徵命起廢西征隱居之樂遂爲所辱此錄載家居時曹謙以書來曰此何等時也宜致書所厚切勿道及起用二字又過西安時長史强晟謂功成之後宜早退以全晚節所言非道義不及此予媿負忠言云云是公不得終其身於丁卯橋莊石淙精舍至遺疏有死且不瞑之言公之大不幸事也是書見於明史藝文志者一卷明司馬泰文獻彙編曾與西征日錄刊入三

十四卷中（見千頃堂書目卷十五子部類書類）其本罕傳予所見者爲萬歷閒沈節甫紀錄彙編本是錄在其四十二卷中今據以傳刊疑爲節本嘉靖時徐咸皇明名臣言行錄後集卷九引制府雜錄瑾誅實受算於公一則（其文云慶藩寘鐇叛起公復爲總制寘鐇既就擒仍留公爲總制瑾素憾公以事變不得已起用既平頗悔之乃矯詔改公專在寧夏撫馭實陰奪總制之權亡何瑾伏誅衆但知瑾之誅爲永所發不知永實受算於公以遂成之耳）即不見於此本故知非全書也陶珽續說郛中載是錄亦與彙編本同而於達賊腥羶戎胡夷狄等字皆作空白不書虜字又多改作兵字更失其眞矣歲在强圉大荒落秋七月壬辰朔丹徒陳慶年跋

開沙志

二卷

乙未仲春
橫山草堂

序

今上統一海內幅員之廣超越漢唐曾命儒臣纂修大清一統志於是各府州縣莫不搜輯境內之山川土風文物典章之屬薈萃成書獻於公朝以成一代之鉅典未聞境中別畫一區以爲志開沙江中洲耳何以志爲然攷南徐之域帶江淮引甌越舟車輻輳軍民雜處爲東南之雄封而萬里巨浪直瀉海門雙峯特拔而起下有湧沙成五十餘洲惟開沙最大雖遷變無常坍漲不一約其地六十餘里吞吐日月靈氣鍾祥其土田之沃腴物殖之繁庶以及琳宮梵宇故家喬木之遺跡自隋唐至於今千百餘年歷歷可考非若小沙汩沒於煙波浩渺間也顧周禮職方氏掌輿圖內史掌四方之志以備巡狩則夾王車備顧問廣

獻納焉是志之宜詳而不宜略宜精而不宜疏若合郡邑
而志之不無括一漏十之病靈區奧壤無以表著于當世
此侍御王公鐵崖先生之有是輯歟余才識弇陋謬典是
邦閒嘗過沙上省風俗問農桑坊表林立阡陌井然居是
洲者大都耕食鑿飲以恬以熙享我國家太平有道之盛
愧無暇晷攟拾記註是編徵因革識土風臚列標舉其思
精而體要文約而旨該殆有當於周禮之遺意歟余聞侍
御公得扶輿清淑之氣誕育于斯自髫齡習聞父老緒論
今暫憩里門優游泉石復與文人逸士相與討論得實彙
爲一編稽往古之成蹟昭當代之典章正可備史官所采
擇豈徒補郡志遺缺已耶若夫古渡風帆濤聲吼月之勝
讀前人八景詩尤爲神往未知何時簿書少暇棹扁舟一

訪江上無邊風月也不辭蕪陋是爲之序
康熙五十二年歲次癸巳小春鎮江府知府加五級浙西陳
士鑛拜撰

重修開沙志序

大江蜿蜒七千餘里以達於江陰之海門而入海其勢平衍漫流無復奔騰衝突怒濤駭浪之險異而金焦峙乎其中片石孤撑巉巖秀拔其下湧沙洲五十餘而開沙爲最大綿亙六十餘里儼若古子男之邦田土沃腴物產饒裕居民萬餘家習詩書務耕漁風淳俗茂其出仕中朝者亦不乏焉蓋扶輿清淑之氣將竭而彙萃於斯江山映帶風景奇麗雖靈區奧壤無以過之說者謂沙岸善崩長坍不常廣狹靡定然坍此增彼數里閒耳詩云高岸爲谷深谷爲陵內地尚爾而謂沙洲獨以是異歟故嘗以爲中國之地九洲而四海環之九州在水中也鄒衍又言中國於天下乃八十一分居其一分耳中國名曰赤縣神州中國外

如赤縣神州者九乃有大瀛海環其外天地之際焉則此八十一州亦在水中也以九州而視開沙開沙撮土耳以大瀛海所環八十一州而視中國中國不猶之撮土乎然而天之文地之理人物之菁華發越不勝載使謂是瀛海一隅而藐焉勿足誌則人必笑之今開沙猶是也余生長於斯習聞父兄之緒論故老之流傳謹誌勿忘自壯遊四方策名吏部備員大夫之後其離違父母之邦也或三數年或十餘年而開沙之景物恍然在目嘗欲集而志之今蒙

聖恩放歸田里愈得與逸士野老相狎習而開沙乃眞吾里矣先是余族人王建之嘗輯開沙志同社友丁澍臣增修之余因刪其繁蕪補其缺漏要歸於雅馴壬辰冬月攜置

行笥門人吳興溫子鄰翼見爲參訂謂可附野史之林夫
山經水志梵宮道院好事者尚或網羅不遺而況父母之
邦歟以之昭示子孫使皆有重土之思亦名敎之一助也
後之君子續而志之與此沙永永千古焉可已
大清康熙歲次壬辰冬月穀旦
賜進士出身奉直大夫掌山東道事福建道監察御史巡視
西城稽察寶源寶泉兩局前禮部儀制司員外郎充乙酉
科順天鄉試同考官本部主事行取湖廣衡州府臨武縣
知縣加四級充癸酉科本省鄉試同考官里人王之瑚鐵
崖氏撰

開沙志 橫山草堂

開沙志原序

古來彙典故則曰志林紀行實則曰志傳是以山海有經西域有志博物有書五行天官列於史記立言之途雖殊其旨則一後世若氏族若禮樂軍刑諸司執掌郡邑山川靡不考核而著之書凡以永其事俾不泯沒而已予生長大江中雲濤千頃蒹葭一方吞日浴月濯魄盪胸結而爲嗜古之癖其微志固有在矣頃讀公佩張先生八景詩序見其臚列疆里標舉名勝竊嘉其意旨之殷第渠時其去國初未遠蒐羅見聞爲力較易何不遂爲撰志使古昔盛美多所湮沒不無遺憾焉同社二三君子過余言曰沙自隋唐已著外史若梁之刹晉之杏宋之栢千有餘年物色迄今無恙非他僻壤可比雖名賢勝蹟郡志乘未嘗不收

然括一漏十俾從來高雅風流永銷沈於荒煙蔓草此吾黨之咎也子其志之余謝不敏久之取郡志提其綱翼以大家名集舊族家乘遍訪耆碩薦紳耳目所覩記參訂而爲書首里社人材次庵院物產若節孝隱逸罔不闡其幽光即碑記詩歌亦寶惜其遺墨而災祥蠲賑則掇拾於其末凡數年而後成友任子覽而諷曰子不志其大者經緯六宇而筆此也用意雖勤而已渺乎小矣毋乃薄目前而爲千秋業耶余歎曰不然古今升降風會雖殊士生其閒而有所稱述亦各有微寄耳如吾子之言何彈丸此地乎吾沙古稱六十里高下沙微殺其十之四彼郜邾曹滕古子男國其地之大幾何也姑與子論其近者常之馬馱沙沙耳揚之瓜洲洲耳沙之大亦若是也俄而作邑開鎮列

於輿圖俯仰閒不過百年事耳吾沙向爲天吳所嚙幅幀

微削邇否傾泰轉沙之首復漲已過焦山沙之尾漸淤將

抵圖闕復沙之舊日可俟已焉知兩沙日後不遂爲馬馱

瓜鎮耶余姑任裨諶之職俟後之君子取而討論之修飾

之從而潤色之是則余之志也夫

里人王錫極建之氏謹述

開沙志圖考

河圖出於龍馬洛書獻於神龜天地之數以圖而顯昔人著作萃稱圖籍周官掌圖有專職天下土宇形勢悉繪圖於卷首一展卷間不下庭階而四封之內瞭如指掌丹徒負山枕江爲三吳重地凡山川城郭及疆域都圖載在郡邑兩志俾官斯土者獲以周知興替可以按圖而增所未備吾沙介水中央與三山並峙爲西江之砥柱作東海之關梁四面環潮田通灌溉賦稅條糧以四十餘里足抵山區之半自古迄今里仁俗美親遜成風秀者勤於詩書樸者安於耕鑿歷代人文科第暉映郡志者不能悉數邇來遷復之後滄桑變更全盛於昔時稍衰於今日謹依舊志列圖於首使後之君子及生斯土者一覽而知所遞易云

里人丁時霈澍臣氏謹述

開沙形勢全圖

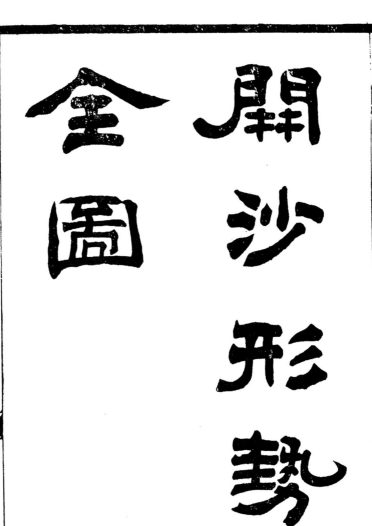

開沙總圖

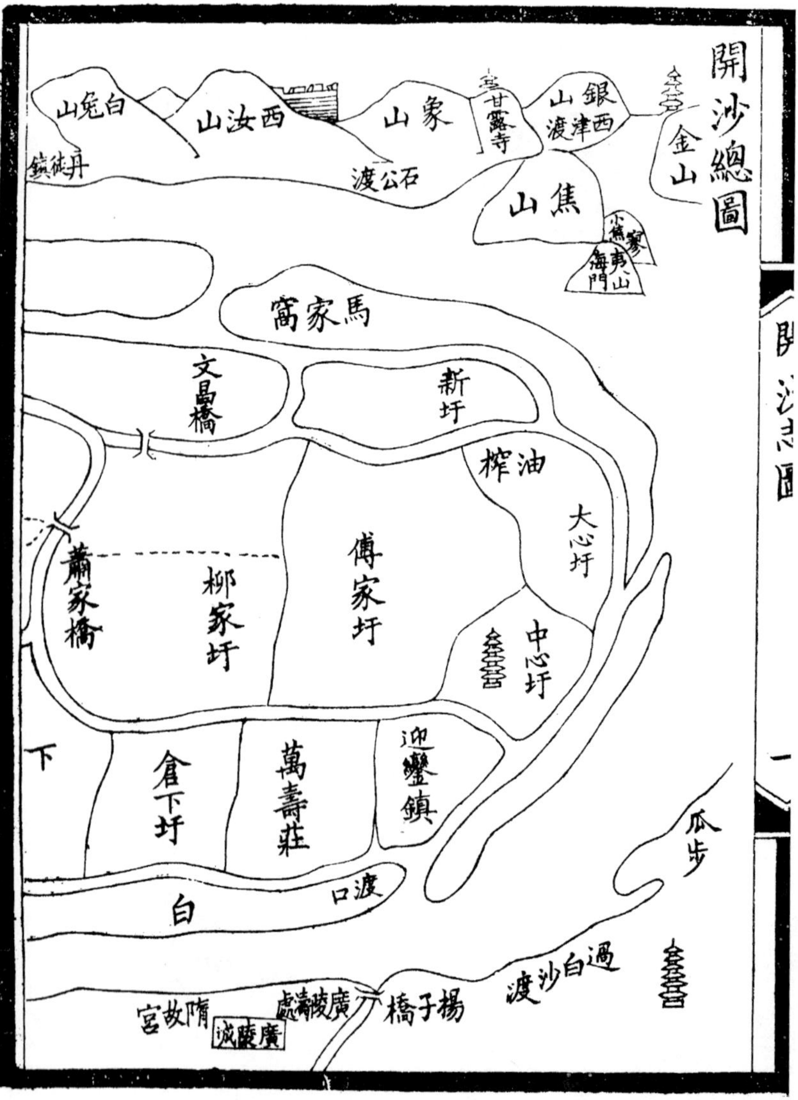
白兔山
西汝山
象山
甘露寺
銀山
西津渡
金山
丹徒鎮
石公渡
焦山
馬家窩
文昌橋
新圩
油榨
大心圩
蕭家橋
柳家圩
傅家圩
中心圩
下
倉下圩
萬壽莊
迎鑾鎮
瓜步
渡口
白
過白沙渡
楊子橋
廣陵濤處
隋故宮
廣陵城

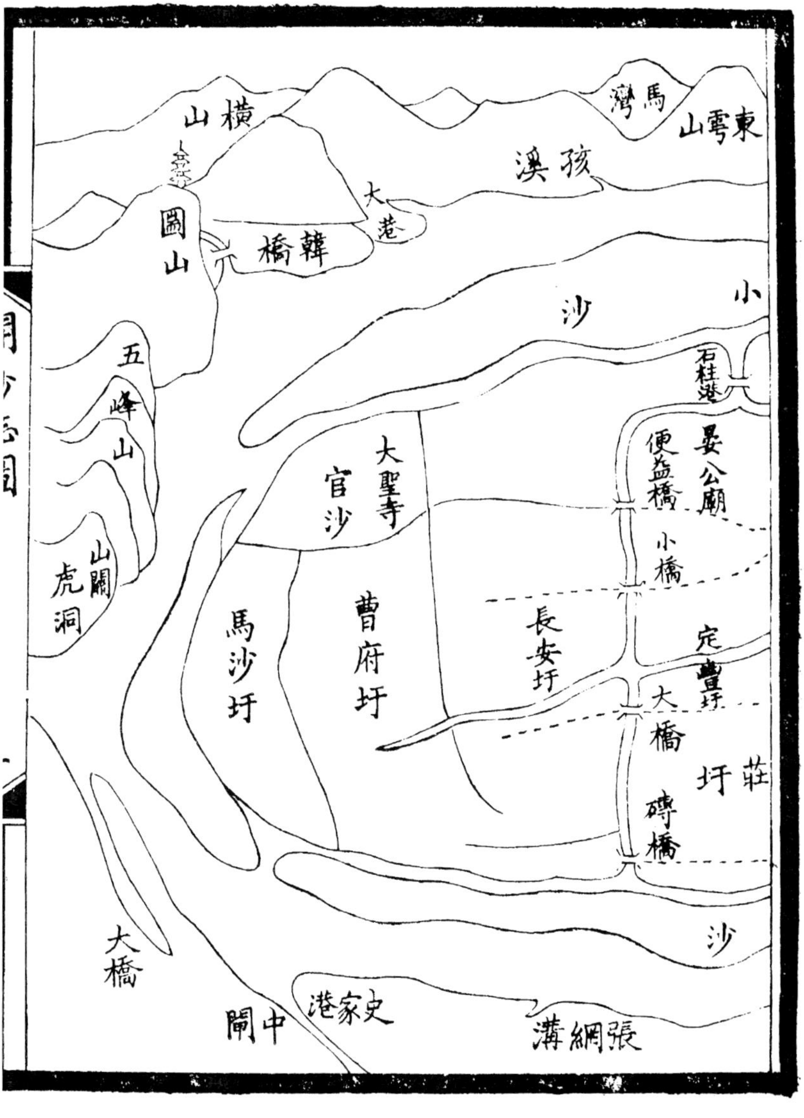
橫山
東雩山
馬灣
孩溪
大港
圌山
韓橋
沙
小
石柱港
五峰山
虎洞山關
大聖寺
官沙
晏公廟
便益橋
小橋
長安圩
馬沙圩
曹府圩
定豐圩
大橋
莊圩
磚橋
沙
大橋
中閘
史家港
張網溝

藤料洲圖

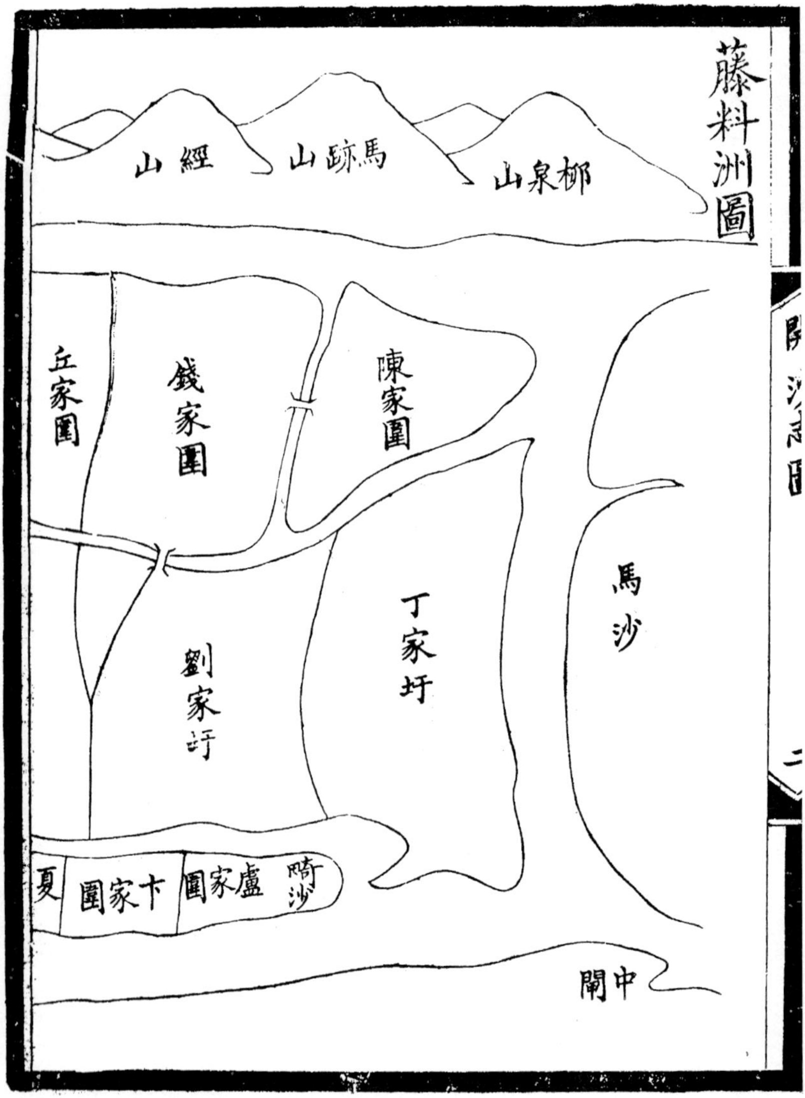

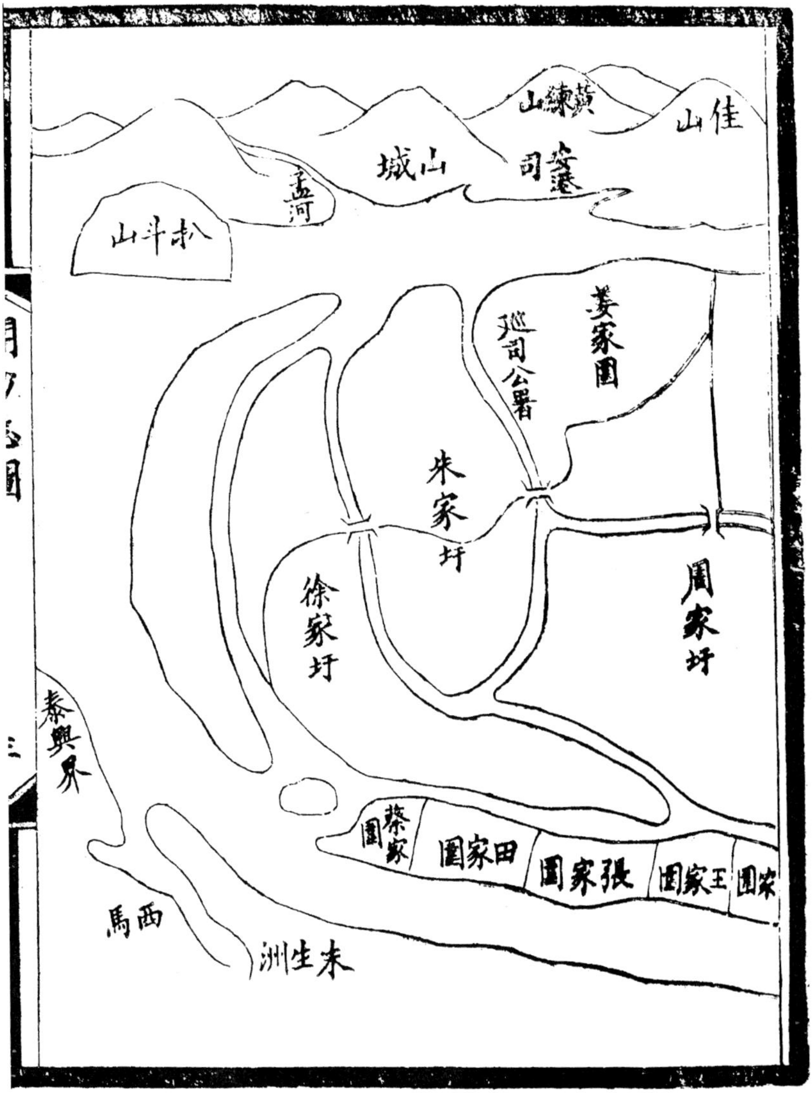

黄練山
佳山
山城
巡司
孟河
扒斗山
姜家圍
巡司公署
朱家圩
徐家圩
周家圩
泰興界
蔡家圍
田家圍
張家圍
王家圍
家圍
西馬
来生洲

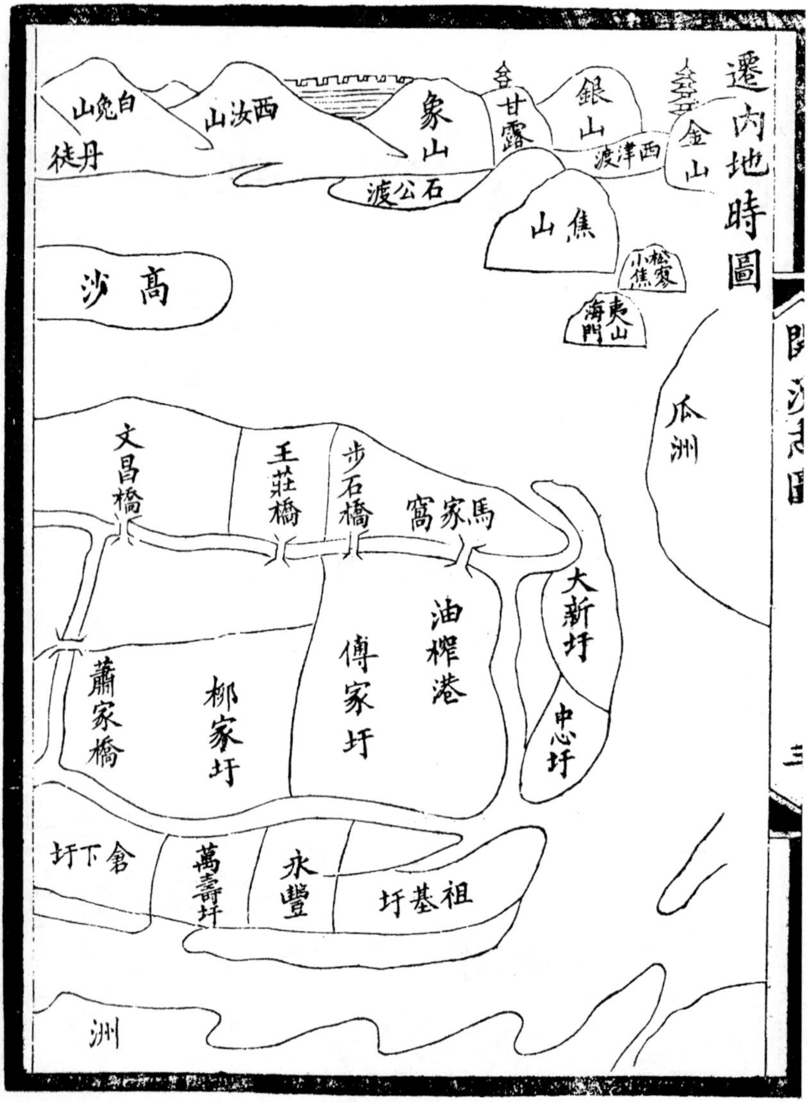
遷内地時圖
白兔山
西汝山
丹徒
象山
甘露
銀山
西津渡
金山
石公渡
焦山
松寥
小焦
東山
海門
高沙
瓜洲
文昌橋
王莊橋
步石橋
馬家窩
油榨港
傅家圩
大新圩
中心圩
蕭家橋
柳家圩
倉下圩
萬壽圩
永豐
祖基圩
洲

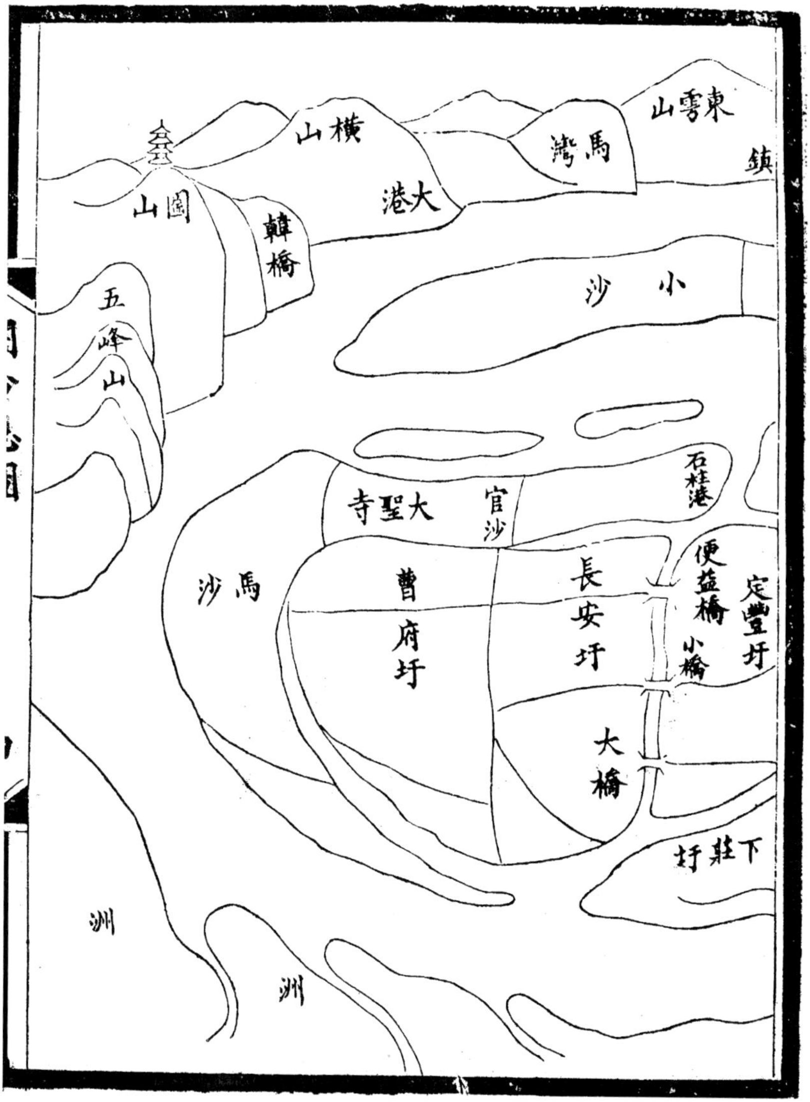
東雪山
橫山
馬灣
鎮
大港
圌山
韓橋
小沙
五峰山
石桂港
大聖寺
官沙
馬沙
曹府圩
長安圩
便益橋
定豐圩
小橋
大橋
下莊圩
洲
洲

開復以後圖

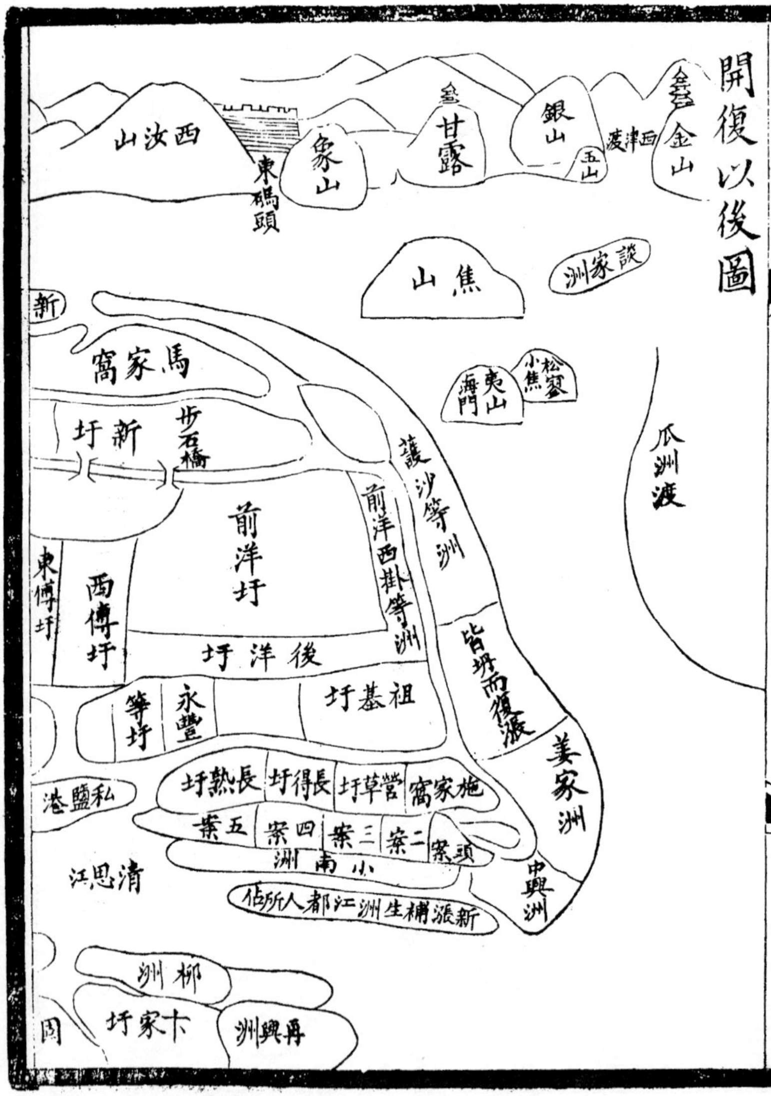
西汝山
東碼頭
象山
甘露
銀山
玉山
西津渡
金山
焦山
談家洲
新
馬家窩
新圩
步石橋
松寥
小焦
夷山
海門
瓜洲渡
護沙等洲
前洋西掛等洲
前洋圩
東傅圩
西傅圩
後洋圩
皆坍而復漲
祖基圩
永豐
等圩
姜家洲
長熟圩
長得圩
營草圩
施家窩
私鹽港
五案
四案
三案
二案
頭案
小南洲
中興洲
清思江
新漲補生洲江都人所佔
柳洲
卞家圩
再興洲
圌

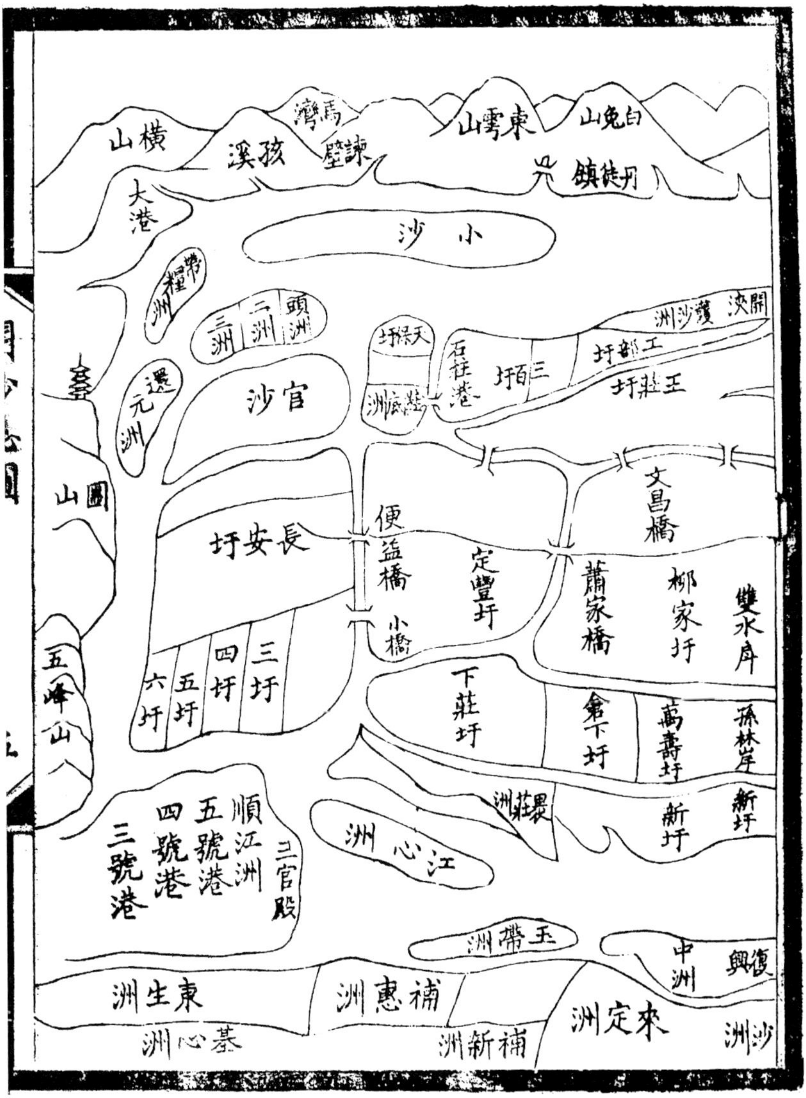
白兔山
東雲山
馬灣
孩溪
横山
諫壁
丹徒鎮
大港
小沙
帶糧洲
頭洲
二洲
三洲
還元洲
官沙
天保圩
石柱港
三百圩
工部圩
王莊圩
圌山
長安圩
便益橋
文昌橋
定豐圩
蕭家橋
柳家圩
小橋
三圩
四圩
五圩
六圩
五峰山
下莊圩
萬壽圩
新圩
新圩
江心洲
順江洲
五號港
四號港
三號港
三官殿
玉帶洲
中洲
復興
東生洲
補惠洲
來定洲
沙洲
基心洲
補新洲

開沙志上卷目錄

開沙志上卷

橫山草堂

里人王錫極建之纂輯
里人丁時霈澍臣增修
里人王之瑚鐵崖刪訂　門人吳興温睿臨鄰翼參校

地輿

總敘開沙藤料沙形勢考

潤城東北九里名洋子江又名京江自京峴北折至東馬鞍石公山入江突爲焦山根盤鯨窟鎖鑰北門東北餘支分峙於滄溟浩瀚間者一曰小焦次曰海門山之陰約里許渚磧崛起於中流者曰開沙又名長沙白沙大沙曰開沙者洪荒初闢即有此沙因名之也曰長沙者計程六十里橫亙三十里而名之也曰白沙者隋煬幸江都宮人晾

粉於沙雪練數十里而名之也曰大沙者中衝爲二沙有大小之别也水陸去郡一十五里首過焦山與象山石公渡斜對尾抱圖山與江北新江口相值京口若無此沙則長江七千里一洩入海不特潤城無以捍蔽而金陵亦無所關鎖矣南有白兎東雩西汝夾拱於前金玉瓜渚鎮抵於西圖塔五峯砥柱於東北則淸思江衣帶相間後則五十餘洲擁護於背遥對江都諸港水勢相應沙之西北舊有塔在中心圍久圮萬厤壬寅僧惠源重建登其上遥盼廣陵城郭千堞煙樹依微儼如圖畫金焦鼎立乎目前境內寺廟載在郡志其來舊矣沙之尾曰曹府圍去大港鎮隔水尋丈可呼而應馬沙圍在圖山之下馬沙東岸中界水泓與之接壤者曰藤料沙計長五十里其中諸圍大者

萬畝次者不下七八千極東曰河墩港有姜家嘴巡檢司公署在焉尾與當江沙相近東北隅曰畸沙屬江都自開沙之首至藤料沙頭止長六十里濶三十里週迴一百八十里轄二十都二十二里自藤料沙之首至姜家嘴止長五十里濶三十里週迴一百五十里轄二十一都二十里概自成弘間海若爲災藤料畸沙日漸淪没沙尾崩坍僅存四十餘里幸東北對江復增順江洲週迴四十餘里北界南新沙皆大沙崩土所漲沙之舊族遷兩洲順江洲屬丹徒南新洲則屬江都然分土分民依稀故業畸料雖有崩坍之苦而獲順南之利亦可無憾也近日驚沙甫定洲渚復漲已過焦山而沙尾將抵圖關中心藤料之舊觀指日可覩矣滄易而仍桑不信然耶

總敘高小沙形勢考

開沙自新開浹渡口南望約五里許煙樹雲林生齒稠疊曰高家沙其發脈自白兔山北折入江結而爲沙阤邐而東曰小沙去城水陸二十里面東雩山諫壁鎮其西南與丹徒鎮相鄰隔水里許東南去孩溪半里舊有半洲橋今廢沙尾復漲密邇黃港柳港洲北與沙接壤曰天生浹其藤料沙崩之舊族多遷居於此境內有上膳院舊傳前宋武帝駐蹕處向有飲馬池走馬隄今悉墾爲田見碑記中有銀杏二株其大蔽牛每秋結實虬枝鐵幹蒼翠多姿非宋元近代物也版籍合計轄四圖堪輿家每指兩沙形勢均如遊龍大沙則逆水而西小沙則順流而東合高小沙其長與廣可抵大沙三之一人物風俗物產大概相同而

高沙較質朴近古云

總敘順江南新洲形勢考

順江洲去郡三十里在大沙東北昔開沙之曹府馬沙二圍田踰四萬餘畝盡坍入江成弘間漲爲蘆灘萬畝被坍諸家告佃南有嚴金北有朱姓爭競不已丹徒江都兩縣親臨分界令兩人各騎馬至相遇處分界而止嚴素善騎南得十之六七北得十之三四且勸兩家結姻以解之嚴有八男朱有九女以嚴四男配朱四女由此定界永息爭端迄今洲之享成業者疇念前人開闢之功哉論地形勢柳港黃港大港諸山列屏於南圖塔五峯鎖鎭於東南新丁課藍駱等洲擁蔽於北皇莊偕樂基心寶定補順補新補興諸圍接壤於西方圓四十餘里江流環抱煙火相聯

田地膏腴世業耕讀人物風俗皆與吾鄉相伯仲而節儉生殖之法爲諸鄉所不及其宅基前有池塘後有竹木近且起酒舍百餘載酤蘇松史橋列市珍貨悉備南北數十餘洲居民皆往來貿易生齒富庶而風俗醇樸同諸吾鄉矣

開沙道里考

白沙離府城東北陸程九里水程九里共計十八里南去丹徒鎮諫壁孩溪大港俱隔江十餘里不等

北去揚州城隔江八里陸程二十里共計二十八里

東去崇明縣海口水程七百里地在圖關之內相隔遙遠

西去焦山隔江八里　甘露十里金山十五里

西南去京口大閘水程十五里

西北去瓜洲水程二十里　儀真六十里　去江甯省城一百八十里
東南上圌山關隔江十五里　三江營隔江十五里
東北去大橋鎮水程十五里陸程二十里共計三十五里

諸洲

姜家洲　焦山洲　工部洲　護沙洲　啟新洲
裏沙洲　順沙洲　補沙洲　南興洲　中興洲
小南洲　復原洲　二　案　三　案
在沙西北與沙接壤
復元洲　復官洲　復盛洲　基沙洲　天復洲
大成洲　復成洲　接界洲　補安洲　南耳洲
復新洲　補順洲　還原洲　帶糧洲　中洲三案

在沙東南與沙相聯皆係坍而復漲者

復興中洲　守業洲　顧沙洲　南興洲　復生洲

中橫洲　寶定洲　團洲圍　基心洲　小洲圍

東生洲　復興洲　四案洲　黃泥洲　啟業洲

天理人心洲　柳　洲　永定洲　中生洲　補惠洲

補新洲　復原洲　補興洲

以上俱係開沙崩土復漲在清思江北其田地俱係開沙墾闢者也

再興洲　卞家圍　預鳴洲　丁家洲　孔家洲

駱家洲　藍家洲　課　洲　安復洲

俱係江都所屬與丹徒連界中有水泓間隔者也

邱域

詩曰帝命式於九圍九州九圍也有四週之義有環守之義外捍江潮內護田宅冬春水涸而加築夏秋水盛而隄防一圍儼若澤國焉又名圩圩圩者岸也司馬貞曰江淮水高於田築隄捍水而佃之曰圩圩以圩岸言圍以週圍言也志各圍

大新圍　中新圍　小新圍　永興圍　永豐圍

復興圍　姜家圍　祖舊圍　錢洋圍　靳家圍

南新圍　菅草圍　官莊圍　南傳家圍　東傳家圍

西傳家圍　萬壽監莊　長沙圍　新腴圍　天字圍

孫林圍　柳家圍　單府套　工部圍　陳家圍

葉家圍　金家圍　倉下圍　四家圍　下莊圍

定豐圍　十字圍　長安圍　官沙圍　曹府圍

馬沙圖

以上俱開沙地址係十三區至十五區二十都一圖至十九圖

津梁 井泉附

先王之教水涸而成梁沙鄉僻壤無臥如龍長如虹者以壯觀覽而緑水橋邊曠懷足適也志津梁

諸港

油榨港與石公渡相對　洲灣港今渡東馬頭　新開浹渡東馬頭今坍　石柱港渡丹徒沙　小長安港南渡丹徒北渡各洲　官沙港渡孩溪大港　王家渡北渡基心洲套東渡順江洲　丁家渡北渡補興及對過洲　潘家渡北渡查家套今移羅漢寺北　鴈口港渡鎮江揚州南北各洲

私鹽港　張家港　虎船套渡鎮江往揚州

諸橋

南條

丁村南橋通馬家窩過東馬頭石公渡　朱村南橋通洲灣過石公渡　王莊南橋通新開浹過石公渡　李村南橋通單府套工部圍　文昌閣南橋通裏沙洲革輋等圍　三接橋金家圍通裏沙革輋等圍　通津橋永豐圍通石柱港過丹徒渡　顧龍橋永豐圍護沙天保等洲　便益橋長安港南永豐通長安圍　龍合橋長安港中橋長安圍通永豐圍　王村橋通官沙及官沙渡

中條

油榨港橋西傳家通南傳家圍　步家石橋西傳家通尹家諸村　輪藏石橋西傳家通丁家諸村　曹村石橋東傳家通丁尹諸村　任村南橋通洲灣過石公渡　王莊石橋通東傳家柳家南圍　盧村橋郎欄杆橋柳家圍通王莊圍　翼龍橋今文昌橋通石柱港過丹徒鎮渡　嗣脈橋今蕭家橋柳家圍通永豐圍　葉村橋通柳家圍　孫村西橋下莊通柳家圍

馮村南橋下莊通永豐圍　蔣村橋　丁村橋　錢村橋　夏村
橋　袁村橋以上俱下莊通永豐圍此係永豐通下莊圍　三接大橋通長安港北過長安
諸圍

北條

張村港橋通官莊營草諸圍　陳村港橋通中興小南補生諸洲　季村橋雙水岸北
通萬壽監莊南通東西傳家　古栢庵橋萬壽圍通東西傳家　平王廟橋萬壽圍通傳柳圍界
岸　夏村雙橋柳家圍通倉下圍　羅漢寺南橋倉下圍通柳家圍　孫李兩村
橋柳家圍通倉下圍渡北江　呂村橋柳家圍通倉下圍　殷楊兩村橋通下莊圍界岸渡北
江

諸井

陳家村井　南北兩井　王家村井　吳家村井
平王廟井　錢家井　輪藏寺井　尹家村井

晏公廟井

寺觀

吾沙未遷之前自晉魏以及宋明梵宇琳宫金碧相望遷後焚毁今雖復業地方凋弊何有餘貲代爲創建然昔時古蹟不可滅沒特爲誌之

寶塔庵在中心圍嘉靖閒郡守張純嘗登焦山指顧開沙言其形勝如逆水遊龍最靈最秀但四面環水嶺阜不聯倘首無鎮壓則尾易消矣當建塔於頂以制其飛騰之勢萬厤壬寅僧慧源募建今圮

彌陀庵在祖舊圍元延祐閒建明成化二年重修崇禎六年因坍僧戒智遷裹腦洲

羅漢寺在倉下圍宋端平二年僧智達建東西有樓天啟六

年因坍遷本圍田中僧如德重建見碑記崇禎六年水崩
復建
輪藏寺在開沙北宋嘉熙四年僧智紹建成化庚子因坍處
士張士誠與僧悟義移建單府套今遷南新圍
華嚴寺在下莊圍元大德三年僧普光建因坍明崇禎壬午
僧照清遷本圍南
古栢庵在萬壽監莊萬厤初建碧霞元君行宮二十九年道
人圓證復於右建佛堂方丈
廻龍庵在陳家圍蕭墳左又名淸隱庵萬厤閒蕭可致建
準提庵在柳家圍蕭橋東北崇禎閒張國禎建
瑞像庵在草鞏圍明崇禎九年僧海印建
念修庵在永豐圍名錢墳庵萬厤年建錢有道於左建立玉

皇殿

靜慧禪林在柳家圍盧村東北盧汝常爲附法和尚山衣住

靜建

大聖寺在曹府圍宋慶元三年僧宗印建正統四年僧覺林

修勒碑成化十五年僧智廣重修萬厯三十三年因坍移

山門廊房於鼎石山移法堂於北山寺餘遷官沙圍晏公

廟左天啟三年僧眞宜力建山門殿宇方丈

時思院在長安圍菊花溝宋寶祐二年建明成化三年修萬

厯戊申因坍遷團沙廟後

通眞觀在曹府圍宋道士許元洪建中三淸殿左眞武殿右

藏經殿後大樓五閒明萬厯九年因坍遷順江洲永豐圍

五聖廟在馬沙圍萬厯三年因坍遷小沙

晏公廟在定豐圍萬厤九年道士劉碧清募里人王紙李奈施地十五年建山門暨三清殿二十七年重建正殿一在小沙明初敕封一在官沙一在小沙中保圍宋里人張傑重建

延陵季子宋賜九里嘉賢廟在錢洋圍

東平忠靖王廟在萬壽監莊宋里人裔傑重建明成化二十二年大修立碑天啟元年道士朱永益募建獻殿法堂崇禎五年重建山門兩廡一在小沙中保圍

大帝廟在高家沙

龍王廟在王莊南圍一在高家沙東夾岸

眞武廟在高家沙東後岸

障沙廟在長安圍東北崇禎閒僧潤澤建一在高家沙郭家

橋崇禎四年遷

虛皇閣在長安圍時思院北　駱從九王耀恂王君寵馮聚先丁日章等爲坍江陡逼僅丈許結社禮虛皇懺拜斗極虔有感坍遂止

畸沙廟在官沙東北與陳府圍接界山門內有大栢萬麻初因坍里人盧卞遷南新洲

八角土地神祠在下莊圍魯班造遷復後蔣宦仍造於圍南

祥瑞庵在城西漕河南雙和橋側舊名悟眞庵爲竹林寺下院

坊表

坊表之建所以示旌勸也遷後十年或坍或毀淹沒無存幸在城者尚有可傳今仍繫其名既以昭前美之不可湮

且俾孝子慈孫百世興感而生其景型振勵之心也

登科坊　爲舉人丁盌建在織染局街

繡豸藩憲二坊　爲御史王濟建在高橋北今移城西東嶽

廟街

儀曹儒憲二坊　爲進士丁璣丁瓚建在織染局南

崇賢坊　爲進士蕭杲建在城隍廟前

孝子坊　爲孝子陳大山建

一門三節坊　爲錢璽妻嚴氏錢輅妻金氏錢聚妻蕭氏建

天褒孝節坊　爲儒童周大順妻盧氏建

義濟坊　爲義民李暹建

祠宇

祠宇之建所以報功德妥先靈也遷徙之後概行折毀今

奉開復有鼎新重建者有未及修舉而基址猶存者前人遺意不可泯滅姑存其名以俟仁人孝子再爲重葺云

范文正公祠　在大聖寺左有像文正未第時嘗寓寺肄業五年學成登第後寶元閒來知潤州爲擴基址重新梵宇給田三十七頃祠前古栢數十株皆公手植載在碑記

文昌書院　在文昌橋南康熙壬申歲蔣維永繼兄亮天未竟之志創建殿宇置地施田以供春秋享獻爲講學會文之所

尹和靖祠　尹族建在南新圍尹村東開復之初首建祠宇爲諸族倡是賢子孫也

宋丁文簡公祠　文簡六世孫瞧建於馬沙圍公號景陽理宗朝總轄蘇湖常鎮權知軍府事駐鎮嘗登焦山眺望見

白沙村墟歎曰此秦之武陵源也吾其適歸於此乎及爲禮部尚書兼觀文殿大學士致政歸潤乃營宅於沙建祠宅東此丁族白沙初祖也璣公登第遷城復建於戴公原今見存

王評事祠　在永豐圍晏公廟後萬厤閒建公爲宋評事位不尊顯而德望甚著於鄉生五子子孫蕃盛科第不絕

陳氏宗祠　在祖舊圍開復後仍建其地族衆蕃衍

丁氏宗祠　在新圩圍丁村東遷毀今丁艮佐獨輸己財建本支祠於宅北

盧氏宗祠　在柳家圍盧村東北

葉氏宗祠　在柳家園南葉村東

錢邑侯祠　在永豐圍墓西萬厤閒建諺稱蕭家陽宅錢家

陰宅推白沙第一

卜氏宗祠　在永豐圍卜村東北

王氏宗祠　在侍御第東北侍御建

蔣氏宗祠　在下莊圍

墳墓

古人已往邱墓猶存古木殘碑流連其下令人欷歔況躬爲子孫者乎且沙區長坍不常百年之墳滄桑變易不能相保當阡山地乃爲得宜是在爲人後者亟爲擇置也

前宋太子墓　在古栢庵內相傳武帝時駕至沙王子薨遂葬於此賜田千畝以供祭掃錫名萬壽監莊上有古栢高一百五十尺大二十圍見張玘八景註每年老幹開發新枝里人記所向以徵祥瑞惜遷後爲兵所斫伐皆成山水

花鳥紋作劒飾以金玉

北宋

工部尚書山甫邱公岳墓　在邱府圍

南宋

總管名麓朱公嶺墓　隨宗澤戰有功　在長安圍暹字溝

統制名郡朱公徽墓　李綱薦北伐陷陣喪其首家人收葬兄墓側

觀文殿大學士景陽丁公瞧墓　白沙丁族初祖　在城西寶蓋山父朝奉母太君符及夫人徐子得酉孫道明曾孫熙拱皆葬此

宋丞相仲潛王公爚墓　在長安圍萬厤丁未冰板棺坍

出首有沈香牌上刻宋大學士王㷆之柩邑人陳永年
感夢獨貲遷石公山時思院僧功滿董其役
宋越江提舉司恭來王公伯道墓　在曹府圍
宋白沙隱士德齋丁公友孝墓　在曹府圍　丁族二世
祖按墓有一十餘畝栢有千株十世至十五世皆祔葬
於傍弘治間爲坍江侵逼玉夫公登第後擇地於甘露
之西北高原植有松楸立有碑記厤年久遠地爲居民
侵占而丁公高塚猶存仍稱丁家墳焉
宋著作郎丞雲朱公峰墓　在輪藏寺南
宋兵部侍郎凊叔茅公湘墓　陸秀夫薦　在馬沙圍
元
黃巖州判官元德郭公景星墓　在釜鼎山

英德州判官必大王公福昌墓　在官沙園

無錫州判官必興王公福隆墓　在官沙園

湖州稅課司大使彥武王公任斌墓　在長安園

張懷遠墓　在長安園菊花溝墓傍有庵名張墳庵

明

中翼大將軍李景淵墓　洪武初　在柳家園蕭鳴謙宅後

南陽知府蘭室丁公禮墓　洪武初耆年辟　在城西寶蓋山　中書九皐升公　監察御史九成恂公祔

長沙府同知趙元亮墓　洪武賢良辟　在馬沙園

南京戶部侍郎趙勉墓　永樂初賢才辟　在馬沙園

四川重慶府同知工部主事丁富墓　歲貢　在曹府園

館陶縣尹丁智墓　永樂舉　在曹府圍
建寧右衛經歷丁寧墓　宣德初舉　在黃山夫人華祔
監察御史王濟墓　弘治舉　在圖山東霞寺北　父沙
隱璉公母嚴氏祔壙西
宛平邑侯錢輝墓　天順貢　在永豐圍舊有巨栢數百
株
靜源先生丁鳳墓　遷永豐圍
郡大賓前溪公丁權墓　在永豐圍　雙洲玘公　雙泉
琥公祔
張令尹墓　在南傳家圍
易洞先生丁元吉墓　在城西寶蓋山
廣東提學副使丁璣墓　成化　在城西白龍岡

南京刑部郎中唐侃墓　正德　在南傅家圍
湖廣按察司副使丁瓚墓　正德　在長山岱
分水縣令尹張玘墓　在官沙圍
福清縣令尹蕭杲墓　弘治　在
會稽縣令尹李懋墓　弘治　在
吉安府學教授吳紳墓　在
金鄉縣學敎諭陳立墓　在
南贛府推官蕭佐墓　正德　在
王少尹墓　在永豐圍
象山縣令王廂墓　嘉靖　在
夏津縣令王燧墓　嘉靖　在丹徒白兎山
陝州知州史司直記言墓　萬厤　在城東濱江

江西監察御史王政新墓　萬厯　在圖南横山

福府長史李蔚墓　萬厯　在

選貢丁偉墓　在長山岱

山東布政劉際可墓　萬厯　在鳳凰山

戸部主政蕭鳴美墓　在鳳凰山

荆府教授丁邦寧墓　在長安圍　弟文寧祔

夏邑縣尹周邦奇墓　在長安圍　兄邦新祔

辰州通判監徧沅軍王錫命墓　在永豐圍　兄白沙逸

史王錫極弟邑庠王錫元祔

臨川邑侯卜震墓　在永豐圍

京江逸史陳三德墓　在小沙

三山逸史許山墓　在石公山

邑廪貢盧時賓墓　在柳家圍宅北

皇清

邑文學丁咏霞墓　在倉下南隅

邑副貢朱羽明墓　在丹徒鎮上黃唐山

郡文學盧文復墓　在本宅西高原

邑文學盧文晉墓　在西傅家圍

煙霞老叟朱世瑞墓　在王莊北小圍

京沙逸叟丁公弘宇墓　在顯揚鳳凰山

曉莊老叟丁公建容墓　在馬灣戴家山　孝友孟賢公

祔

處士魯叔丁公恂墓　在宅北高原

涇陽縣令高隱玉班王公玕墓　在東傅家圍

處士野泉王公泗墓　在大港仙慕山　子奉泉公佾祔
孫　待贈愼宇公立言祔
天褒孝節盧氏墓　在丫髻山之麓　孫媳卞氏祔
太僕寺正卿亮天蔣公寅墓　在茅山岱
孝廉徙九駱公士鵬墓　在長安圍南隅
鎭海縣令蓮友周公如濂墓　在敬睦圍
誥封福建巡海道按察司副使瑞芝蔣公應麟墓　在華蓋
山
誥封文林郎文明王公朝國墓　在馬鞍山

舉辟

漢至六朝專崇舉辟及宋元明亦閒行之自科第之制重而舉辟以得顯仕者鮮矣然惟其罕見愈足重也志舉辟

宋

朱峰字巫雲孝宗淳熙間薦舉任著作郎有文名居輪藏

寺側

茅湘字清叔端宗景定間陸秀夫薦舉擢兵部侍郎見賢

達

郭景星字元德度宗咸淳間以薦辟仕元至台州路黃巖

州判官

郭畀字天錫景星子以薦辟未赴江浙行省辟充掾吏

元

王福昌字必大世祖至元甲申由税戶茂才薦授英德州

判官

王福隆字必興大德間由賢良方正薦任無錫州判

王仕斌字彦武順宗至元乙亥應求賢辟授湖州稅課司

大使

明

趙元亮洪武間舉賢才任長沙府同知遷建慶安院

丁禮字思敬號蘭室洪武初以耆年辟知南陽府事

王信字子忠洪武丁丑應求賢詔授潞州黎城知縣轉靜

寧州隆德縣尹

趙勉字惕若永樂初以舉辟任南京戶部侍郎見家譜

朱玄字惟妙永樂間應求賢詔任潼川州安樂縣尹

丁榮字簡在號京沙宣德間以薦辟授浙江寧波府慈谿

縣丞

朱彬字艮善號鶴洲宣德間以薦舉任路南州同知

選舉

隋唐以來科目之得人較前代倍盛開沙一隅南宮釋褐及鄉貢入仕者後先相望是固金焦之鍾英南徐北固之毓秀也志選舉

進士

宋

王爚字仲潛一字伯晦嘉定十三年進士咸淳二年參知政事恭帝時左丞相見賢達

丁永叔字敬修居丹徒洛陽籍淳熙八年進士仕至兩淮經略使賜紫金魚袋鎮泗州見賢達

邱岳字山甫自高郵徙丹徒嘉定十年進士調安州太湖尉累官工部尚書沿江制置使兼知建康府

丁暿字景陽洛陽人徙居丹徒嘉定十六年進士累官太
中大夫總轄蘇湖常鎮權知軍府事景定五年陞禮部
尚書兼觀文殿大學士見賢達

明

丁璣字玉夫號補齋成化甲午舉人戊戌進士仕至廣東
提督學政見賢達

蕭杲字彥明號遠庵弘治辛酉舉人壬戌進士仕安福知
縣見賢達

丁璜字敬夫璣弟正德癸酉舉人丁丑進士厯官按察司
副使見賢達

劉隟可字禮卿萬厤癸酉舉人丁丑進士官至山東參政
分守東兗道見賢達

李蔚字豹懸號耿中萬厤丁酉舉人甲辰進士官至福府
長史見賢達
王政新字闇生萬厤癸卯舉人丙辰進士任福清知縣考
選御史巡廣西山東轉江西布政司參政見賢達
蔣寅字敬公號亮天順治甲午舉人乙未進士任揭陽知
縣行取刑部主事轉員外郎中陞廣平知府福建副使
浙江督糧參政雲南按察司貴州布政使內陞太僕寺
正卿見賢達
王芝瑚字仲玉號鐵崖康熙壬子舉人壬戌進士任臨武
知縣行取禮部主事轉員外郎
特旨授福建道監察御史巡視西城督理錢局分校鄉會兩
闈見賢達

舉人

明

丁智字希哲永樂庚子舉人任館陶縣有才俊聲

駱玉字伯珍永樂癸卯舉人授博興學教諭

丁璽字九章號友陶宣德丙午舉人任建寧右衛經歷廉靜寡營深躭易學

王濟字汝楫弘治壬子舉人仕至監察御史湖廣參議見賢達

李懋字德卿弘治戊午舉人任會稽縣令見賢達

許完字補之弘治辛酉舉人任蘭谿縣令擢監察御史

蕭佐字世臣號葵軒正德丁卯舉人任江西南贛府推官見賢達

唐侃字廷直號默庵正德癸酉舉人任永豐縣令擢南京
刑部員外郎見賢達
王廂字朝佐嘉靖丁酉舉人任象山縣令見賢達
王燧字時用嘉靖丙午舉人任夏津縣令見賢達
史記言字司直萬厤壬子舉人任陝州知州見賢達
蕭鳴美字虞颺天啟辛酉舉人知涫安縣擢御史調戶部
主事見賢達
國朝
周如濂字蓮友康熙丙午舉人授徐州學正陞鎮海縣令
見鄉賢
駱士鵬字徙九康熙戊午舉人見鄉賢
貢生

國家取士鄉舉進士而外又有歲貢以酬其攻苦之勞復有選貢拔貢恩貢以邀其不次之錄可謂厚矣吾鄉亦有由貢而奮興大有建樹者抑亦瑰奇之士哉志貢生

宋

王伯道字泰來紹興己丑歲貢任越江提舉司正提舉

明

王仕芳字俊芳洪武癸丑以貢任宜縣主簿陞東昌府邱縣尹

丁恢字九成永樂初以貢薦任江西監察御史有才俊聲

姚思恭字克讓永樂初以歲貢授河南開封都司經歷

丁富字公介號節庵永樂間以選貢任四川重慶府同知擢工部主事歷河渠提舉

王浦字時行天順間以選貢授鴻臚寺序班陞行軍司馬
張文字子英以邑貢授河南商邱縣學訓導
劉儀字文禮以邑貢授楚州學教授
丁誠字思誠號逸庵以郡貢授國子監典簿
王鉉字爾玉以選貢成化間任河南府學訓導陞泰安州
新泰縣學教諭
陳隆字符吉以邑貢授遼陽經歷
丁信字惟誠號玉章以邑貢授浙江甯波府府學訓導
錢輝字文照號明齋天順間以邑貢授京衛經歷陞宛平
知縣
夏寅字敬若以邑貢任訓導
趙宗祐號新齋弘治選貢初令羅城以瘴氣辭歸郡舉大

賓

吳紳字公華成化間由邑貢任吉安府學教授

陳立字大本由郡貢任兗州府金鄉縣學教諭歸休日與吳張蕭李諸公聯詩社見三山志及八景詩

張玘字公佩以選貢任河南孟津縣學教諭陞分水縣尹著開沙八景詩并序

丁邦寧字岱宗號江皐嘉靖間選貢任萬安縣訓導陞興國州學正終荊府教授工詩著有草堂稿龍門篇女選郡王妃遊楚十八載卒

李林字翰卿治禮記郡貢授撫州府東鄉縣主簿轉縣丞

王惠號東川南闈擬春秋魁卷未售嘉靖末由貢任遂昌學訓導陞武義縣學教諭

蕭璜號石渠隆慶庚午邑貢任公安縣主簿

周邦新號仰岡萬厤初邑貢任教授

周邦奇號紹岡萬厤間選貢任休寧縣學教諭陞夏邑知縣從祀名宦

龔應奎字仲文號聚星萬厤己亥選貢任績溪縣訓導陞西安縣教諭轉德安府教授

趙世卿號中台泰昌庚申邑貢授訓導

王錫命字申之天啟辛酉選貢崇禎甲戌以人材揀選授辰州府通判攝靖川麻陽辰溪溆浦諸篆後寇大發以才望監偏沅巡撫陳睿軍事著有槐蔭堂稿

陳三德字吉人選貢考授通判高隱數十年高才博學日與羅公倬殷素公等聯耆年社壽九十餘

國朝

趙士修字悟生順治初歲貢授廣東新會縣尹未歸歿於
官

卜震字汝亨號龍占己丑　覃恩作貢　廷試授江西撫
州府臨川縣尹居官有才名見賢達

陳三益字秀芳恩貢訓導棋品最高

蕭懋嘉字元賓戊子郡貢耆年不仕

蔣璽字惟允亮天胞弟也恩貢候選訓導

陳嘉泰字來吉恩貢候選訓導

蔣寀字會公號洞思亮天弟監貢選行人司轉陞廣東雷
州知府居官有廉惠聲卒於任

朱用載字公式歲貢候補訓導

蔣爾庸字乃登恩貢福建福州府福淸縣尹丁艱服闋補
陝西褒城縣

蔣曰廣字坤維亮天子也選貢授眞定府同知以例陞江
西督糧道

蔣爾倫字敦五會公子也拔貢

學校

明興三百年登仕籍者必自諸生始敢謂僅加齊民一等哉謹從明季國初而下其文行足傳者爲之紀

明

成化

蕭鎭字　　蕭智字　　王珣字

宣德

錢　輝字文照

弘治

丁　鳳字棲梧　尹　鸞字子鳴　王秉衡字平甫

潘　字

正德

蕭　佶字　李　火字郁吾　蕭　瑨字右塘

徐　昜字吳江　徐　旦字小江　蕭　珙字佐之

嘉靖

賈　惠字愛軒　顧士元字碧江　王　珣字國玉

王元吉字伯祥　王元善字伯益　蕭　瑗字玉泉

丁　珊字易窗　吳國賢字東吳　李大成字宗孔

趙世艮字京江　王　袞字如徽　崔士能字中虛

潘自新字從吾　丁文寗字西田　杜宗文字養虛

王　策字子謀　陳邦治字麟郊　倪獻忠字鳳岐

蕭可仕字完一　丁一元字蘆江　王　思字愼甫

隆慶

丁昌運字虹岡　蕭可敎字龍溪　徐問德字玉潭

王建中字自東　蕭可維字如橋　盧　桂字

唐　獻字　陳正學字立齋　史　汲字渫川

徐要道字敬所

萬厤

蕭鳴鳳字儀陽　丁艮材字純吾　李可芳字抱素

李可華字鳴寰　王思堯字欽之　朱朝選字京望

史艮材字　唐　時字　王　儆字洪江

蕭鳴謙字益我　蕭鳴亡字雲衢　祝眉齡字季秀
張士英字盥玄　蕭鳴陞字　胡維藩字屏南
史棟材字抱隆　李國紀字廷宰　李承旻字仲元
盧時成字信之　蕭鳴鵬字雲翼　王文炤字曼卿
盧時賓字衡嶽　周宗一字允中　曹國禎字瑞明
蕭應昌字漢翔　蕭鳴善字　蕭懋嘉字元靈
王效曾字魯卿　陳三策字獻仲　李天敘字寅衷
蕭懋觀字元賓　蕭懋昭字元銘　王錫元字簡之
王起龍字翼飛　李元鍾字羹元

天啟

周宗藩字維憲　蕭　緯字五緯　周宗義字羽畫
丁世元字符遠　李明敕字賡虞　王嘉善字容之

吳　喬字季穆　梅　玉字玉如

崇禎

陳三德字叔侯　盧希古字復之　盧希敏字繩之

朱家鼎字玉鉉　丁世聘字起盤　錢有翼字龍羽

張　都字汝悅　陳三益字秀芳　盧希昌字穆之

許　山字南嶙　陳鯤化字士鱗　徐九陔字孟常

朱霞蔚字軒舉　曹日曜字燦如　尹秉鉉字中彌

朱廷鼎字爾調　王觀國字爾侗　張企載字銘右

盧文復字司經　卜　震字汝亨　王鼎臣字公調

李玉聲字元之　陳熊兆字卜公　梅古錦字先甲

祝長庚字西侯

國朝

王世璋字麟徵　韋　鶴字潔臣　曹日彰字闇然
錢有蔭字玉蕃　丁咏霞字曙先　丁時霈字澍臣
朱雲鑑字漢艮　錢艮驥字德生　盧文進字豹起
卜　祺字恂道　朱羽明字子盛　盧　霖字汝霖
徐大受字與可　蔣　憲字文吉　丁一清字天純
朱　赤字石舒　尹東郊字中黃　周之南字維新
周熙績字咸成　尹士英字子超　王之璧字元穀
劉　泰字泰來　丁　昶字麗中　盧顥元字公掄
朱霖沛字時若　蔣　宏字蔚公　祝朝寅字子亮
吳之璨字漢章　蔣爾庸字乃登　蔣爾奇字原一
王之璟字仲奕　吳之琰字玉章　尹世際字予洽
錢　登字介眉　尹世豫字予介　錢世掄字萬選

王　坦字履徵　卞世任字子重　王云卿字佐臣
尹應鵬字上扶　徐之珏字介玉　蔣曰艮字瞿士
任鵬運字羽豐　蔣爾倫字敦五　王士敏字遜修
徐之標字公表　蕭東漢字子宗　胡　鏞字爾艮
夏肩姒字公裕　蔣曰祥字裔文　盧　霆字鎮徐
王之相字鼎臣　盧賜勳字公申　錢山錫字東巖
盧　燦字彥兮　蔣爾常字于夏　朱之遜字韜隱
祝朝寗字子和　尹世泰字予昭　錢如錫字猗成
李　芳字寅赤　丁麟山字乃振　呂聲宏字聞遠
王銘旂字勳常　夏時行字公遠　祝裕姒字聚東
蔣爾鑑字哲衡　張貽穀字燕生　丁　暟字漢昭
王之琳字範玉　蕭　寀字聖和　朱之邃字潛夫

陳荀鶴字方度　王述祖字紹先　蔣宗元字亦厚
卜兆錫字我朋　姚友牧字子荆　季日升字公禮
孫陳範字弘九　卞世襄字時修　蕭　聲字蒼聞
尹思任字道民　朱之瑛字越琴　錢　勳字履祥
王廷鋐字書鑑　盧元華字實君　丁履晉字康接
王嘉賓字鶴書　陳名世字翊興　王翔鳳字在桐
錢　湇字周來　丁　泰字允恭　王家榜字殿先
徐　晟字箕範　尹昆南字定技　劉以誠字允存
劉　琛字令遠　祝正逢字金天　蔣調元字若梅
吳文載字子厚

國學

古之上庠卽今之國學俊秀者皆得肄業其中三年一大

比考其德行道藝而賓興之較鄉學爲尤重志國學

明

盧自新字德卿弘治間授宣平縣丞陞廣東高州通判

王杲字含章正德間入太學能詩文事親孝大學士靳文

僖誌其墓

趙來儀號屏江嘉靖間任延平府知事著有叢棲雜韻

李松字夏卿授長興縣縣丞

趙光洵號兩沙嘉靖間任撫州府臨川縣主簿

盧喬新字惟高隆慶

朱天寵字承俞萬厤間授北城兵馬司吏目陞福州府司

樂主簿

丁偉號鴻齋弘才博學萬厤間貢入太學道過維揚西商

欲延爲西席邀名士聯七篇會諸公讀其文無不稱善羅拜門下其後弟子鄭懋華韓謙陳觀陽高維斗俱登第顯達雅好山水登臨吟嘯年七十八卒葬長山四公皆麻衣執杖建祠而歸

陳明瑞字麟卿號鍾南

丁世琛字斂中

陳三益字季芳

王玗字玉班號瑞庭崇禎閒授涇州判時流寇猖獗有才幹聲擢監撫勦軍平寇有功總制撫按會題陞涇原縣尹

國朝

蔣宜字子咸考授州同知　徐大受字與可授陝西韓城

縣縣丞　丁一淸字天純考授縣丞　蔣爾全字介祉例
貢候選訓導　蔣曰艮字瞿士例貢　尹世際字予治例
貢　尹世豫字予介例貢　吳之燦字漢章　徐之標字
公表　王雲卿字佐臣　蔣曰祥字商文　錢世掄字萬
選　蔣爾奇字原易　王之賓字孚嘉考授縣丞　王之
相字鼎臣考授主簿　蔣曰鍾字容城　許士楨字端臣
孫瓚字瑞吾　王宗榮字子觀　以上俱考授州同知
卞大艮字中惠　夏鳴謙字六吉　尹世覺字予先
王道毅字仲健　王宗元字徵起　王錫恩字公卣　王
道遠字寧致　王廷本字一修　呂文淵字弘瞻　劉紹
芳字希烈　陳書字文裕　王萬鎰字公琰　胡鎬字京
武　王廷鍾字書千考授州同　吳之芳字旭草　張大

倫字備五　王家棟字隆吉考授州同　王家柱字石臣
王啟珍字錫玉　王懋忠字居誠　蔣鵬舉字士衡
蔣曰錦字絅文　蔣復元字貞啟　王德芳字敦五　王
秉倫字公謹　王德昌字公純　王宸圖字肅侯　王廷
鑣字聯飛考授州同　盧玉時字伯潤考授州同　馮堯
典字載虞　蔣曰壽字彭年考授州同　殷廷紳字維書
陳大復字原初　劉以秀字允實　陳士智字臨宜
徐開祖字亢宗　吳之昫字旭章

武科

文武兩榜取士不相統攝明制也中季則武輕今乃與文
並峙矣志武科

宋

朱嶺字名麓紹興閒隨宗澤戰有功授總管葬長安圍
朱徽字名郡嶺弟也李綱薦授統制北伐陷陣喪其首家
人收葬兄墓側

元

張懷遠泰定閒廷議東南近海處潮日至淤爲沃壤有力
能築隄捍水墾田多者爲萬夫長就所儲給以祿佩符
印得傳子孫遠以貲宣力任海口萬戶與朱清張瑄同
起任事禦島夷有功明初以子犯法詔籍沒其田鉅萬
葬長安圍有墳庵後名時思院

明

李景淵國初任屯田萬戶太祖爲吳王時見渠家譜稱中
翼元帥府劄給

李士校字子靖萬厤壬午武舉癸未武進士授鎮江衛鎮
撫
吳鑛字葵中萬厤壬午辛卯兩科武舉
王成身號肖岡萬厤甲午武舉
王恭先字鼎卿成身子天啟甲子武舉
曹瑛字寰宇弘光初誠意伯劉孔昭以人材薦授廣東南
韶參將陞副總兵
國朝
王昌齡字觀㤹順治丁酉武舉授貴州烏撒衛千總以署
守備事卒巡撫疏請　贈振遠將軍
周曰庠字用修順治辛卯武舉壬辰武進士授守備厤陞
副將子應武字仲文以軍功厤陞湖北武昌城守參將

致仕

徐自長字爾成順治戊子武舉

恩封

凡登仕籍榮其身且恩逮其祖父典云渥矣躬爲臣子敢不思所以報稱哉然顯親揚名必以讀書稽古始志恩封

宋

丁素字守道以子畦贈通議大夫禮部侍郎咸淳加贈禮部尚書兼觀文殿大學士有誥敕

明

王璡以子濟誥封監察御史

唐漢以子伲封刑部員外郎

丁元吉號易洞以子璣封中書舍人

錢敏安字近仁以子輝贈京衛經歷宛平縣尹
丁元貞號樗庭以子瓚封工部主事
許顯以子完封監察御史
劉瞧以子際可贈戶部員外郎
李現字野亭以子蔚贈刑部員外郎
蕭可仕以子鳴美贈蘭谿知縣

國朝

蔣棟以孫寅　贈通奉大夫貴州布政使司布政使
蔣應麟字瑞芝以子寅　封通奉大夫貴州布政使司布
政使
王思卿以子世嗣　贈南城兵馬司吏目
王朝國字文明以子之瑚　敕封文林郎臨武縣知縣

待贈掌山東道事福建道監察御史

錄蔭

大臣子孫例得錄蔭古名臣碩輔多有由任子振其家者吾鄉雖無多人亦當志之以爲後世考

明

史元𢜺以父記言蔭錦衣衛百戶

賢達

吾鄉先達多有不負明廷不負所學者自宋及今閒得數十人仰其丰采猶凜凜有生氣特爲表之志賢達

南宋

王爚字伯晦一字仲潛寧宗嘉定十三年進士清修剛勁不阿權勢度宗咸淳元年召赴闕同知樞密院事二年

參知政事三年知樞密院事六月罷恭帝卽位起爲左
丞相固辭不許乙亥德祐元年二月乞罷政不待報而
去尋召爲江東浙西宣撫招撫大使置司臨安以備咨
訪賈似道蕪湖敗還又不終母喪疏劾其旣不死忠又
不死孝下詔切責復言於太后曰本朝權臣稔禍未有
如似道之烈者縉紳草茅疏凡屢上陛下皆抑而不行
付人言於不恤何以謝天下乃貶似道官三月爲左丞
相兼樞密院使都督諸路軍馬六月加平章軍國事一
月兩赴經筵五日一朝七月因與陳宜中不協詔罷平
章以少保觀文殿大學士充醴泉觀使避兵求醫江上
是歲病卒葬稗沙圍至明萬厤末坍江逼棺陳永年爲
遷葬山缺口有石碑

丁丞叔字敬修宋參知政事度謚文簡四世孫也從父素隨駕南遷居京口淳熙八年進士任至兩淮經略使賜紫金魚袋鎭泗州寧宗嘉定金分道入寇遂陷濠梁入眞州江表大震奉敕赴臨安護駕遇金軍力戰而死金退詔旌其家

茅湘字清叔少慷慨有大志與陸秀夫善薦之朝從海上張世傑立益王昰擢湘兵部侍郎端宗崩與秀夫等共立衞王昺爲帝昺由硇州遷新會之厓山祥興二年春張弘範襲厓山世傑軍潰厓山破湘從秀夫負帝蹈海死先是元年六月有大星南流隕海中小星千餘隨之至是帝蹈海越七日屍浮海上者十餘萬秀夫在海上日記二帝及侍從諸臣事甚悉以授禮部侍郎鄧光薦

曰若後死幸傳之厓山破光薦懷書返廬陵已而卒書竟不見於世故海上事莫能詳元祠祀秀夫厓山獨以湘配而史失載萬姓統譜著其略云

丁𣈤字景陽嘉定十六年進士理宗紹定二年授朝散郎通判本府嘉熙四年中憲大夫太府少卿淮東總領權知府事景定改元進大中大夫總轄蘇湖常鎮權知軍府事賦性靜正不阿恰情山水每至焦山見中流雲樹煙火萬家訊其地曰白沙歎曰此秦之武陵源也吾其適歸於此乎景定三年進通議大夫禮部侍郎五年轉資政大夫禮部尙書兼觀文殿大學士其時元軍日逼每建議戰守疏屢上皆爲賈相所抑知事不可爲致政歸潤乃營別業於鄉之馬沙圖偕仲子友信季子友孝

額其庭曰滄江深處每遇佳風日攜諸子遊金焦甘露圌峰諸名勝幾三載病篤肩輿入城端坐而逝葬城西寶蓋山

蕭雷應字震卿號雲心咸淳閒鄉薦能詩文統鎮江路總轄段廷珪序其集見家譜年逾七十老不廢學見郭景星序

明

丁璣字玉夫號補齋弱冠舉成化戊戌進士授中書舍人吳文定寬引爲忘年交成化末以星變應詔疏志道本末時政得失反覆千言而根極於正心如教東宮振綱紀正風俗愼用人重名器蘇民困理財節兵皆切時政末言方士釋老尤宜斥遠疏入爲羣奸所中謫普安州

判官普安去中州萬里璣獨從一僕行泰如也吏部主
事儲巏疏薦之謂以直言徇國棄之嶺海情實可憫乞
取而置之風紀論思之地言論風采必有可觀章下吏
部弘治初入賀吏部尚書王恕延見坐語竟日明日再
欲見不赴乃奏記言今日大本無急正君然非一人一
日之力宜早堅主上嚮道之志開進賢之路庶本正源
清制治保邦可次第而舉恕韙其言欲引爲吏部爲忌
者所沮轉廣信通判歷興國知州南禮部郎中擢廣東
按察司副使提督學政因入賀至清遠峽值山水衝急
舟欲覆即闖窗與妻子俱没翌日得屍猶衣冠兀坐生
平守程朱之學以儀禮久廢欲講行之其教人正容端
坐澄心定氣使躁慮消釋始與講説爲政先風化而一

以誠意將之所著有補齋集八卷大學疑義一卷洪範正誤一卷禮儀注四卷中庸語孟說未脫稿大學士靳貴嘗受業於易洞雖世友而尊事之終身

王濟字汝楫弘治壬子舉於鄉任餘干訓導入爲國子監助教擢監察御史疏陳馬政利弊先是江南歲以養馬解駒爲累至有傾家鬻子者濟請議和馬價民免賠償而馬賴實用至今便之出判東平歷知開州武定擒巨盜馬彪等陞湖廣僉事分巡郴桂會苗蠻龔福全作亂以計擒斬千計陞湖廣參議濟侃侃有氣節遇事敢言居鄉置義田以贍宗人祖居馬沙圍入仕後遷郡城千秋橋北卒祀鄉賢祠葬圖山東霞寺北

唐侃字廷直號默庵正德癸酉舉於鄉選永豐知縣遷武

定知州擢南京刑部員外郎少從丁璣學生平砥礪名檢年二十讀書獨處夜有奔者侃峻拒之明旦遂移其處終不以語人以父被囚繫上書請代弗得乃藉草寢地夜不解衣夏不帷冬不被竟一年父免獄乃止嘗出遊得賈人所遺金不啟囊而還之爲州縣未嘗一日攜妻子數千里外獨與一二童僕飯蔬羹豆榻茅以居永豐人善訟武定俗驍悍君愷悌長者務掩人瑕疵其爲吏尤欲以教化先之不欲以敲朴苛細爲能故所設科條始若迂闊久之吏民感動咸不忍欺立木牌三於庭左曰從刑右曰從化令曰從理者左從和者右久之民多立於右求解嘉靖戊戌章聖梓宮往承天道山東上官檄侃德州供張至則諸內閹牌校挾威凌武勢詾甚

揚言供張不辦捕死欲以恐嚇錢物同事皆懼逃去侃獨身當之先是侃命從者舁一空棺密置旁舍及索錢急侃佯謂曰吾與若詣錢所受錢指棺示之曰吾已辦死矣錢終不可得也乃稍稍引去事遂辦始受命上官哀民閧財甚鉅欲盡以給侃猶恐不塞侃曰以半往足矣至是所需又不及半而以其餘還之公帑諸逃者皆被劾遠去侃乃受旌年五十九卒於南京之官舍貧不能具棺殮尚書及諸僚賻之錢若干乃棺殮以還其家丹徒令茅坤爲經紀葬事請唐順之銘其墓

蕭杲字彦明號遠庵居王莊圍築隄植桃柳構草堂讀書其中高才博學登弘治辛酉鄉薦與及門許完孫方同榜壬戌成進士楊文襄詩云且喜故鄉多舉子更誇同

榜得門生任福安縣令廉幹多才有賢惠聲著三餘集

江上吟

李懋字德卿弘治戊午鄉薦任會稽縣令居官清正不阿

雅好山水詩才俊逸

蕭佐字世臣號葵軒正德丁卯鄉薦任江西南贛府推官

以母憂去任耽意林泉不樂仕進

丁瓚字敬夫易洞弟元貞長子璣之同堂弟也文必根極

理奧簡潔高古正德癸酉鄉薦丁丑進士任工部主事

歷官湖廣按察副使拒干謁絕苞苴風俗爲一變

王廂字朝佐嘉靖丁酉舉於鄉授浙江象山知縣海寇據

舟山貧民依之爲亂招撫以數千計調湖廣益陽縣歲

大水緩征平糶發粟振貸民賴以甦卒於官主簿李孟

春爲治其喪後得廂所積贖鍰二百金馳吏齎送於途其妻使人謝曰我從君子宦遊未聞贖金當爲令有也不受士民祀之名宦

王燧字時用嘉靖丙午舉於鄉知醴陵縣丁憂服除補新喻改贛州府學教授復知夏津縣清介端正家如寒素從祀名宦

劉際可字禮卿舉萬厤癸酉鄉試丁丑進士授戶部主事深沈多計畫初督通州草場罷諸非制入者癸未奉命視楚漕兌時楚糧多秕稗不可食際持威重吏以義繩諸豪貴皆慴服丁亥持節督薊鎮糧儲故事委官多侵剝遂致缺乏之際可躬與二三吏分給塞下事竣向羨萬計晉山東參政分守東兗在官慎刑獄讞決務得其情

至爲廢官子汝弼字思諧官中書舍人好成就後進當世稱之病卒寧陽官舍

李蔚字豹元居王莊李圍少孤銳志讀書一目數行下萬厤丁酉舉於鄉甲辰進士任東莞知縣壬午與廣東鄉試拔解元陳熙昌以知人稱陞大名府同知轉刑部員外郎終福府長史立身清介著天雄雜咏

王政新字闇生萬厤癸卯舉於鄉丙辰進士任福清知縣選御史天啟中兩疏糾逆璫魏忠賢出巡廣西以曹學佺私史事罷歸逆璫修怨及之也崇禎改元起原官巡山東轉江西布政司參政未履任卒政新父任桐城學諭少與左僉都左光斗稱莫逆攻璫時託其孤於友誓以死爭人以爲不媿眞御史云

史記言字司直少失父事孀母以孝聞萬厤壬子舉於鄉
謁選知長沙縣以廉幹最擢陜州知州時盜賊四起陜
疲瘠久當賊衝記言捐家貲募勇敢士聘少室僧道清
太和者晝夜簡練鄉丁賊屯磁鍾鎮迎擊之斬數十級
生擒二十餘人賊首老回回馬守應紫金梁王自用數
十萬眾圍城城堅守三月會所練鄉勇巡撫檄赴他郡
夜大雪守城夫寒慄弗支賊自靈寶來緣城西北角而
上記言縱火自焚僧道清太和排入挾記言出曰死此
中何以自明同砍賊賊披靡莫敢禦遂越城而下賊數
百騎追格三人皆負重創少閒記言力謝道清曰我當
決死此地若無任守責毋相累也二僧因躍身越城河
瞯賊賊誘記言降記言大呼罵曰逆賊今日有死知州

無降知州也身中四矢刃裂腹洞胸以死時崇禎八年十月也事聞贈光祿寺少卿建坊予祭廕子元歷錦衣衛百戶僧道清太和護其喪歸丹徒

蕭鳴美字虞颺舉天啟辛酉鄉試知湻安縣擢御史召對中左門敷陳時事慷慨激切上為動容以論枚卜忤當事意調戶部主事或勸一見要人毅然曰某為令不呈身乞作御史豈今為御史反呈身乞自固耶在戶部計贏縮稽出入汰浮冒時值用兵苦心籌餉以勞瘁卒

國朝

卜震字汝亨號龍占戊子　覃恩拔貢知臨川縣縣凋敝賦稅屢不登震至核戶之有糧無田者履畝丈量黜舞文詭法吏紳衿齊民立限先後輸納邑人稱便積賦

以聾邑多刁訟按詞即理剖決如流期月訟庭無事風俗爲之一變監司新至有所需不予且杖其所遣胥以是爲巡按所劾罷歸生平天才敏捷讀書不循章句嘗示弟子云文章當自成一家毋襲前人敬公澍臣等皆門下弟子

蔣寅字敬公號亮天順治甲午舉於鄉乙未成進士初授揭陽令揭濱海時寇賊未靖有警即躬冒矢石率衆登陴守禦有方寇無所利遁去丁酉陞刑部主政轉郎中壬寅出守廣平恩威並著所在向風丙午擢福建巡海道嚴刁斗遠探偵兵弁邀功擒捕魚者爲賊請於兩臺而釋之全活不可勝數戊申丁內外艱服闋辛亥補浙江糧道漕弊莫甚於浙下車次第釐正務使軍不病民

民不病軍乙丑陞雲南按察使憫滇民新離湯火疑似者悉與開宥興學發賑次第舉行民咸仰戴丁卯陞貴州布政司使黔民與苗雜處少不當往往激生變寅加意撫循修諸葛武侯祠選士民俊秀者肄業其中給與廩餼月有課拔其尤者獎勵之署理黔撫事疏陳地方利弊事數十上皆報可戊辰夏山水漲溺死者無算捐俸賑濟流民以安內陞太僕寺卿卒於京邸爲監司凡監試必諭諸執事曰諸君宜勤慎無誤寒士功名務拔眞才以副　朝廷遴材至意其公忠如此

王之瑚字仲玉號鐵厓壬子鄉舉第三人壬戌成進士壬申謁選授衡州府臨武知縣縣與猺峒接選練鄉兵以備禦苗不敢犯核戶賦稅其有糧無田者請於上司而

谿除之凡免浮糧五百餘石邑人甚德之立義學置書擇師以教邑之子弟士之不能婚娶者予資以完聚風俗丕變督撫上其治行行取禮部主事陞員外郎在臨武充湖廣癸酉科同考官在部又充乙酉科順天同考官所拔皆知名士會有　詔舉部員賢能者陞科道是冬授福建道監察御史巡視西城有士人鬻身於旂下訪知其實爲贖還之稽察寶源寶泉兩局錢法於民生利弊屢有陳奏獨題谿坍江一疏有裨鄉黨造福尤甚焉蓋濱江受坍侍御未筮仕時已目擊其慘一陟臺班卽爲民請命奉　旨允行令該督撫踏勘題覆開除

上以揚　聖天子休德下以拯濱江百萬生靈自疏一上而坍江隨已停徵從此室家得以保聚而嬉遊隴

畝者皆侍御之賜也詳具家傳

鄉賢

白沙地處一隅而亦有行著於鄉者或以德望或以著述或理學名儒或賓筵大耋搜羅表異各以類書志鄉賢

丁元吉字旡咎博學好古尤邃於易隱居敎授學者稱易洞先生與嶺南陳獻章相友善性坦和嘗游山水喜吟詠考論養生治疾之方葬母黃山有九鶴盤旋墓前築廬墓傍名其廬曰九鶴山房云所著書百四十五卷文集六十四卷以子璣封中書舍人靳文僖輓詩云華嶽中峰一夕摧南徐衿佩有誰依行藏空載伊川易笑語竊聞坡老詩眞隱何曾違梓里拜官原不待楓墀江流絕似諸生淚愁繞孤山鶴唳時

錢敏安字近仁號虛中郡庠生蕭鎮見而異之與爲忘年友歷試弗得志遂不復出以詩酒自娱倜儻有古人風子輝佐黃鉞有聲爲宛平縣尹者皆敏安之敎也見鄉人子弟賢者敎之貧者衣食之以迨老羸瘥疾郡侯林一鶚訪其行誼請爲鄉飲賓不赴辭以詩云幸依鄭子同畊谷甘效龐公不入城當世傳之以子輝贈宛平縣尹焚黃於墓吉安府儒學敎授鄧觀志銘

王錫極字建之幼失怙事母以孝聞勤學攻苦課兩弟錫命錫元皆補弟子員而錫命以拔貢授辰州通判薦監偏沅軍皆其訓導力也遊學中州及楚齊閩幾十年復入吳粵探禹穴及天台雁蕩隨歷閩尋武夷諸名勝與諸名士相契五旬始歸論定經史作詩文皆未及梓修

族譜牒每歲冬至台祀又修郡志數年而後成年七十抱病以詩文託南嶙許先生而卒生子三長曰治安次曰治新授浮屠法名了如三曰治湝今居吳門

周宗藩字維憲號君益郡庠生設帳維揚積勞成瘵四旬外即絕意舉子業披羅古今典籍天文地理及邊防山海人物無不悉究編摩三十載集三百二十卷名曰讀書鑑生平事父母孝待宗族厚在鄉黨解紛息爭重然諾余公韓先生好友也寄金二百　國初盜橫劫搶兩沙寇至先生挾余公物避逃寇退覓公韓而還之其一介不欺類此道憲胡亶將刊其集不果壽九十餘卒

丁恆字魯叔博學勵名節父養中以事繫獄恆上書請代羈維揚獄五載讀書弗輟遂深究經史常客居河南與

主人相得許妻以女未婚也値流寇至猝舉家逃散適丁與女遇攜之行昏黑投空舍依焉女有慚色丁曰余豈不待父母命而野合者耶遂扃其戶而自宿戶外不及於亂又常於瓜鎮脫少婦於難不受謝金故爲世所推重云

周邦字勉齋素行方嚴而鄉黨之窮乏者往往賴其周濟苦雨積雪之辰令老僕擔米負柴覘竈煙之未舉者量人多寡給以升斗束薪置門外而去不欲其知兩庠重其行舉鄉飲大賓媳盧氏守節被旌人以爲勉齋之遺

丁時霈字澍臣號臥滄博學能文少補弟子員試輒高等建春江草堂延集名流讀書其中一時如駱徙九徐與可周咸成輩及從門下者皆在其內爲一沙文學之宗

開沙一志雖始於王建之而探索補輯實臥滄之力居多晩年尤肆力於詩學與等輩唱和動輒盈帙志中不能盡載其於方名書數之學無不通曉而醫道尤極精妙壽至八十顏如童子識者以爲有得於內養之功云

駱士鵬字徙九一字雲程天資英敏嘗云經書皆古聖賢思之所寄一源既徹發爲文章惟靜而虛虛而意生自滔滔乎無盡故遇小試機與所至筆不停揮同試者方構思士鵬已投卷出矣生平設教必與諸生坐靜然後爲之解說十八入泮四十有六方獲賓薦公車二上抱屈而終事親孝交友初若緘訥久則至性相感知無不言稍踰矩晝直道相規每云通天地人三才方謂儒者天文何可不學至於命之理微即人生干支衰旺以定

窮通限生死禍福無不確驗地理則大鴻蔣先生所授
嘗爲所親營葬卽精於堪輿者不能窺蓋大鴻於極子
泠謙許一代傳四人公其一也詩文藏稿百卷俱未授
梓年五十有一卒

王朝國字文明性敏捷佐其父愼予公家以饒裕孝親敬
長好善惡惡親厚閒有隕越必爲救正卽素所不協者
一行可嘉深爲推許仗義輕財鄉鄰待以舉火者不可
勝數尤於讀書士加愛敬友朋相過樽酒欵留或久不
相見必就館致契闊生四子長君伯玉性謹厚早卒次
卽侍御公三叔玉四季玉孫及曾孫三十餘人復業後
充拓基宇煥然一新宅北種竹養魚培花植柳日與知
己逍遙林下　誥封文林郎年七十而終

蕭舟若諱瀛元賓先生孤子也少有至性母蚤逝事父惟謹有餘貲卽分惠族兄弟元賓先生病篤衣不解帶焚香祝天願以己年益父算翁歿結廬墓側哭聲遠達聞者哀之三年始歸稱吾鄉孝子云

王之璉字叔玉侍御胞弟性坦直醕厚惠及鄉黨棺木生死均被兩庠重其行舉鄉飲大賓生子三長廷鍾國學次廷鉉邑庠

李羅篁字貢廷別號方壺性嗜學博通經史不得志於有司隱居教授賦詩自樂浙中王公闇生聞其名聘至幕精明仁恕遇疑獄多所平活偶一日曾活一人而家之仲子渡江遭溺救甦及家書至驗其時日卽所活一人之時日也其善感之速如此家居嘗誦周南之詩以訓

子婦閨門雍穆至今言家範者必推焉

徐承統字啟元質性渾厚樂善不倦尤篤於天倫髦年兄弟雖一臠一酌必相共也故舊不遺平居古史一編未嘗釋手丹顏鶴髮儼同黃綺之侶壽八十六易簀時正衣冠端坐而逝

朱羽明字子淩幼孤事母純孝賦性聰穎博學補弟子員與盧豹起蔣亮天相友善慷慨正直曉暢時務有經濟才中康熙壬子科副榜齎志而歿士林惜之有詩集藏於家時若雨蒼卽其仲子叔子也

盧文晉字豹起稟姿清健心純孝友事父用吾翁母張孺人色養兼至學有本源文尚理法補邑庠生言動不苟卻賂還金士林重之授徒課業誠心竭力遊其門者皆

戚令器蔣亮天朱子淩尤雅重之庭訓二子公掄公升
英年入泮文行克肖壽八十有四正襟端逝所謂存順
歿甯者歟

徐鎮字南洲操行正直舉郡大賓二次妻錢氏年百歲生
七子孫二十三曾孫五十餘元孫十五人諸子皆成立
而六子勗七子旦孫行曾孫九玄三世皆名列膠庠夫
婦齊眉壽八十有二目覩曾元五代共百餘人合邑欽
爲人瑞焉

耆英

王仕字恆吉壽百歲凡三荷養老　覃恩賜帛賜肉執
餚縣堂無有居其上者同宗侍御在臺班諸大老有壽
百歲詩其同時諸老俱沐　恩賜肉帛者列於左

孫光字壽九十四　徐思禹字明吾壽九十　駱守道字在中壽九十四　馮國祥字體陽壽八十七　徐汝賓字見恂壽八十五　王寶國字啟明壽八十二　王觀國字爾尚邑庠生侍御從叔壽八十四夫婦齊眉　徐文選字奉江壽八十五　駱守正字子方壽八十五　葉叔光壽九十三　丁德甫壽九十三　駱應麟字君瑞壽八十一　吴必達字貞甫壽九十餘舉鄉飲大賓　徐國器字君爵壽九十　林有栢字秀之博聞强記善説古今果報壽八十　王敬賢字恭聘壽八十六　卜予仁壽八十五　王正倫字理之壽八十三　丁時雍字治龍壽八十　倪應麒字元美壽八十三　丁時霈字澍臣壽八十二　李羅簠字貢廷壽八十三　徐承統字啟元壽八十六　尹

秉善字中美壽九十五　潘邦禧字養洲壽八十六　曹國英字省吾壽八十三　史正言字明諫壽八十三

散秩

吏員五年考滿卽赴部候選亦得登仕籍邀一命之榮獲蒙薦舉閒有膺榮秩居高位如徐澄江其人者安見吏道一途不足奮興建豎哉爲志散秩

明

郭文可洪武初以人才辟爲幕吏

王霖字時濟景泰閒由典史擢南宮縣丞

李杲字世明弘治閒任順昌典史九載以勤恪見稱

陸景字時明正德閒任樂清縣典史和八景詩續梓

王珏字士奇嘉靖初任平順縣典史

王　山字仁夫嘉靖間任東鄉陽穀兩縣主簿

杜　傑號鷗沙嘉靖間任高唐州恩縣丞才敏操潔吟律甚佳

王廷理字國蘊任泰縣巡檢睦族修譜甚重於宗

朱　洲號海峯隆慶初由府令史考中授遵化縣丞轉東阿丞不近女色邑有大辟餽三千金不受卒寘於法反爲中傷罷歸

李　勳字大功任瓊州吏目轉慶元永平兩府照磨

祝　朗號玄溪萬厤初任饒州浮梁縣典史

史　磐號竹窗授任縣典史

王　侃字太直任廣信府照磨

周　淪號雅庵任江西萍鄉縣典史

張　稷號近川任廣東河泊所大史
盧　錮號靜齋任長沙府攸縣典史
樊邦文號南橋任獻縣典史轉泰安州吏目
尹士彬號少塘任輝縣典史
張鳳翼號岐山任桐廬縣典史轉阜林司巡檢
王思恭字子讓任鉛山縣典史
盧　鐘號臨川任金華府浦江縣典史
史　梅號竹居性豪俠能詩歌甘露寺僧洪源謀逆力辨於郡守鍾庚陽及當道指爲客僧免連坐就銓試錄上等授弋陽縣典史政績見稱於時
徐　交號敬吾任慶遠府宜山縣典史
季應元號葵吾任贛州龍南縣典史

祝　尊號明宇任嵊縣典史

許　瑁號豫西任茶陵州吏目感夢建　關聖廟於石公渡

王元方字汝義任平陰縣典史

張思曾字樂山任建寧府松溪縣典史

許　瑶字玉成號連城任河內縣主簿

張思敏號敏齋任雲南　吏目

涂養浩號文臺任攸縣典史

徐宗堯字翼勳任磁州涉縣典史

王桂芳號敬塘任寧津縣典史

祝　第號若松任　縣典史朴厚老成多著述

周應耀字薇垣任陝西醴泉縣典史

周思恩號海門天啟初授寧遠尉敘平寇功陞長寧主簿
李廷龍號蘭嵎任韶州曲江縣典史
孫顯祚號振華任仁化縣典史工文翰精刑名
夏　號魁吾任　縣
王存道號明齋任涪州彭水縣典史
李應徵字安輿三考皆首選任汝川滎縣兩尉敏於吏治
陞長青主簿終青州衛經歷
祝士卓字魁吾任廣西桂林縣丞
吳崇仁號樂吾任寧津吏目陞若水巡檢
王立和號青槐任西鄉縣主簿陞桂林府衛經歷
許應華號完實任容美司知事轉台州衛經歷終廣東都
司經歷

周正冠號蘭室任南豐尉南海縣主簿陞永平武昌兩衛經歷
丁邦道號雲峰任鳳陽衛倉大使
丁邦儒號肖州任南京織染局司務
盧時輔字傚予崇禎初任寧波府慈谿縣典史
卜　熹號振東任　衛牧馬所吏目
邱　號鳳竹任
王履泰號慶雲任肇慶府陽江縣丞陞台州衛經歷
錢大有號濟宇任原州分宜縣典史
丁世傑字超庸授象山縣典史
卜大經號維寰任成都綿竹縣典史
張文衡字伯平授建府倉大使

張文璧字華玉任泰順縣典史

王維義字仁宇任建甯府批驗所大使

國朝

朱家棟字玉維康熙初授廣州府　倉大使精於醫爲

王府療疾多獲效刻感應經報應錄

陳起龍字躍門任福建泉州府經歷

尹秉赤字完初任江西饒州府經歷

劉　字元美

潘　字在茲

王　字聖唯任浙江慈谿縣典史

王　字敬公任北京南城兵馬司吏目有幹才

蕭　字培初任博白縣沙河司巡檢

劉國梁字九柱任長揚縣簡家司巡檢

潘　字允文

錢聯錫字汝芳

宋大經字尊五

王之珩字楚白候選經歷

王士德字進公候選經歷

王　汴字臨穎考授禮部儒士

王廷鉉字公鼎考授禮部儒士

王廷錦字書雲考授禮部儒士

胡應禎字來琛考授經歷

史朝譜字文世考授經歷

烈女

吾郡節烈婦白沙獨錢氏一門三節盧氏孝節曾經旌表建坊其他苦節自守辛勤數十年泯沒不傳何可勝數今照郡邑志入其未載者取事之有足徵信具存於篇志烈女

明

嚴氏錢璽妻也年二十四守節八十四卒子鷺娶金氏年二十八守節七十八卒子聚娶蕭氏年二十九守節八十六卒隆慶初巡按御史疏聞旌其門曰一門三節其後子孫繁衍皆三節之遺也隆慶四年歲在庚午十月初十日本府差官賫龍牌聖旨二字下書旌表錢氏一門三節又白金五十兩絹十端米十石

陳氏錢思文妻也思文死苦節自矢教子有翼成立入邑

庠年六十卒

王氏辰州通判王申之女也歸高邦祚五載邦祚夭没長子松在襁褓次子槤遺娠生也矢節撫二子事後姑盡孝卒年四十有六

王氏錢有科妻年二十九夫亡足不踰閾事舅姑訓孤兒閭里多稱頌之

邱氏王元誠妻也元誠死遺一子一女子大臣甫授室夭没邱慟夫無可承嗣取女適賈氏者之子以繼大臣後守節四十餘年壽八十一終

劉氏王浦曾孫王進賢妻也年二十八而進賢死子命通甫週歲苦節三十載五十七卒

國朝

盧氏周大順妻也年十九大順死遺孤世賢甫九月盧截
髮自誓嘗刲股以瘳舅疾苦節四十餘年年六十六巡
按御史秦世禎以聞奉　旨旌表建天褒孝節坊於宅
東又三載卒其敎孤極嚴世賢亦克承母志長而孺慕
不少衰既舉子不入妻室母强之五日一至焉孫熙績
弱冠補郡庠事祖母孝敬其建坊也約費千金內徙之
日巋然獨存或見坊柱巨蛇繞之得不毀十餘載沙民
復業五年後風雨雷電蛇騰空而去坊亦仆節孝没於
康熙丁未之正月也自查厤日擇十八日午時先一日
扶杖別鄰右至期沐浴服新衣命家人具數十人饌啟
中門設香案端坐廳事觀者如堵皆焚香羅拜節孝命
入給以飯羹比至辰末云接者官吏已至亦各饗之焚

冥錠有差令家人皆誦接引佛已亦誦佛不絶口涎下
墜結十一珠或曰此堅固子也比正午佛聲漸微氣絶
矣縣令聞之拈香禮拜畢始殮堅固子置諸袖中蓋節
孝氣不游散故臨終時著神異云

王氏周東之妻也東之以法死王服金末死

王氏嚴時聞妻也年二十九夫且死謂之曰子幼姑老家
貧何恃而能守王泣對曰我恨不能相從地下者痛老
姑無養弱子無育耳敢有異志傾奩篋以營葬後姑卒
喪葬盡禮敎子甚嚴

王氏錢世嘉妻諸生如錫之母夫死未一載家被回祿貲
財燬盡而叔世明繼没姪山錫甫一週撫如已出如錫
山錫並爲諸生苦節三十餘載年六十七卒諸孫繁衍

此苦節得孝子順孫之報云

張氏馮世第妻世第没撫二孤矢志守節

葉氏王憲文妻也年二十二而寡四十餘年而卒

卞氏錢世斌妻年十九斌死遺孤遇歲傾箱篋以助翁完官税母欲令其更適微諷止之氏曰不能與夫俱死留此身外物何用撫膺一慟嘔血不止數年卒

吴氏周熙綢妻也年二十九而熙綢死有奪其志者節益堅撫二孤成立凡三十年而終

陳氏王懋佐妻也懋佐死年二十有九生二女以姪承嗣苦節凡三十年而卒

王氏孫正琰妻年二十六守節諸生上其事於府旌其節曰貞操範世

徐氏傳欽之妻也年二十有娠夫出半載生一子二十餘年信音斷絕氏躬紡績爲子營娶迄於成立

王氏吳怲玉妻年二十六怲玉佐府掾以盜糧事覺而逃氏攜兒女依父九成以居孤克樹立授室女亦擇配今已逾五旬廑夫君或存或亡之慘者幾三十年此亦守節之變

錢氏許世泰妻也世泰死遺孤三舅復繼沒叔逼之嫁不可依其兄錢九錫以自存無何喪二子苦節二十有餘年後長子瑞龍成立能養其母今年逾五旬含飴弄孫云

范氏錢肖錫妻也肖錫死氏年二十六遺孤四歲一女尚在襁褓守節十八年而孤沒及女適人後年已五十餘

形影相弔聞者哀之

錢氏郭秀明妻年二十八守節今年六十

潘氏諸生張穀詒妻也年二十九穀詒死誓死守孤閭里賢之

卞氏王錫暠妻國學生卞大亘女蔣太僕嫡甥而侍御王鐵崖之冢婦也年十七歸錫暠隨父之臨武任越一歲回而錫暠死卞年十八撫週歲遺孤誓死守節屏居鄉莊督僮僕以耕二十餘年孤冢榜補邑庠生舉二孫俟郡縣上聞旌表建坊與一門三節天褒孝節二坊後先相望云

丁氏尹應經妻也年十九應經歿子秉赤方襁褓丁誓志不二自守凜然苦志撫秉赤成立屢奉旌獎年五十一

卒
徐氏張日昭妻也賦性貞淑年二十六日昭早卒遺孤時昌甫七齡徐氏撫育成人娶媳茅氏生三子而時昌又早卒遺三幼孫偕媳茅氏苦節自守五十餘年三孫成立婚娶壽八十有一
王氏尹士龍妻蔣太僕夫人姊也年二十二士龍早卒遺孤甫十月勵志自守撫孤世壽成立
孔氏夏天球妻也年二十四而寡無子生一女適李氏躬紡績自給此尤守節之烈者焉
盧氏陳大潢妻也年二十六夫亡無子撫幼姪元亮爲己子迄於成立
錢氏王鼎鉉妻也年十九夫殁遺孤甫襁褓錢誓死守節

撫孤之壐成立凡三十載而卒
王氏李宇文妻也年二十六宇文死遺孤甫五齡苦節自
守孤亦成立善經營致饒裕焉
王氏曹文德妻氏年二十五文德死矢志苦守撫二遺孤
今皆成立完娶
蔣氏潘希孔妻希孔死氏年二十九淡泊苦守撫二遺孤
今皆完娶
張氏蔣長榮妻也長榮死年二十五紡績苦守孤子完娶
生孫滿堂
崔氏諸生李啟祺妻也氏年二十六子甫一月祺卽捐館
撫孤成立完娶
徐氏季應春妻應春死氏年二十一矢志苦守撫孤成立

完娶生孫滿堂壽登八十郡侯以守貞訓義旌節

物產

開沙介水中央無他異產土於五穀宜秈宜麥於果宜桃宜李於村阜宜竹柳桑槐洲灘則宜蘆荻池沼則宜菱芡荷菰其餘花木毛羽之屬則往往同於他處勿勝載也聊取異物數種及土產之美者紀之以備覽云

蓮　菱　芡實　茭菰　荸薺　桃　梅　杏　李　石榴　枇杷　花紅　胡桃　梨　棗　柹　榛　香櫞　木瓜　茭白

辛夷　丁香　芙蓉　錦帶　麗春　子午　黃馨　史君子　花柳分春

慈竹　瀟湘竹　水竹　筷竹　朱竹　方竹　灰竹　鳳

尾竹　園筍

水檀　烏桕　石楠　枳椇

鱘魚　鰣魚　鱭魚　鮆魚　鮰魚　鱸魚　鰱魚　鯉魚

白魚　青魚　鰻魚　鯽魚　河豚　銀魚

開沙志上卷終

鄉後學陶繼友
陳學庚校